돈키호테, 상식파괴로 경영하라

역발상으로 매출을 올리는 일본 소매업 강자의 장사법

돈키호테,
상식파괴로 —— 경영하라

사카이 다이스케 지음 ★ 정지영 옮김

연매출 2조 엔의 **돈키호테**가 들려주는
디테일 경영 이야기!

시그마북스
Sigma Books

돈키호테, 상식파괴로 경영하라

발행일 2025년 11월 7일 초판 1쇄 발행
지은이 사카이 다이스케
옮긴이 정지영
발행인 강학경
발행처 시그마북스
마케팅 정제용
에디터 최연정, 최윤정, 양수진
디자인 강경희, 정민애, 김문배

등록번호 제10-965호
주소 서울특별시 영등포구 양평로 22길 21 선유도코오롱디지털타워 A402호
전자우편 sigmabooks@spress.co.kr
홈페이지 http://www.sigmabooks.co.kr
전화 (02) 2062-5288~9
팩시밀리 (02) 323-4197
ISBN 979-11-6862-415-3 (03320)

버라이어티 스토어
돈키호테로!

다시 만난 장소는 도쿄역의 야에스 지하상가(통칭 야에치카)였다. 2021년 5월 '오카시돈키', '오사케돈키'라는 현수막을 내건 새 점포가 오픈했다.

'돈키'라고 하면, 바로 그 돈키호테?

이시카와현에서 나고 자란 나에게 돈키호테라고 하면 교외에 있는 도로변 상점의 이미지였다. 설마 도쿄 한복판에 있는 도쿄역에서 그 돈키호테를 만나게 될 줄이야.

현수막 사이로 눈에 들어온 것은 좁은 통로에 산더미처럼 쌓인 상품과 독특한 광고 문구들. 그야말로 기억 속 돈키호테 자체였다. 그래, 이런 느낌이었지. 놀라움과 동시에 그리움이 북받쳤다.

신종 코로나바이러스의 여파는 엄청나서, 도쿄 도심의 중심 번화가조차 셔터를 내린 거리로 바꾸었다. 야에치카도 마찬가지였다. 활기를 잃은 상점가에 '돈키호테'라는 글자가 존재감을 드러냈다. 이 상점은 오후 9시까지 영업한다. 교외의 점포처럼 불빛이 번쩍번쩍하며 불야성을 이루는 일은 없다. 그래도 오랜만에 돈키호테를 봤을 때 "아침이 오지 않는 밤은 없다"라는 말이 떠올랐다. 코로나 사태도 언젠가는 아침이 온다. 사실 돈키호테가 생기면서 주변이 확 밝아진 느낌이 들었다.

돈키호테와 재회 직전인 4월, 나는 사내의 인사이동으로 〈닛케이 비즈니스〉에 배정되었다. 담당 업계는 소매업. 돈키호테는 안성맞춤인 연구 대상이 되었다. 과자와 술만 판매하는 돈키호테 매장이 야에치카에 생긴 것을 재빨리 인터넷판으로 보도하자, 무슨 이유인지 읽는 사람이 상상 이상으로 많았다.

이후 소매업 담당으로 다양한 기업을 취재하는 동안 돈키호테의 이색적인 면모를 피부로 느끼게 되었다. 한 명의 소비자로서 막연히 돈키호테에서 쇼핑할 때와는 전혀 다른 깨달음이었다.

점포 하나하나가 독자적으로 상품을 매입해 가격 설정과 진열 방식을 결정한다. 그 결정권은 점장이 아니라 각각의 담당자에게 있다. 그것이 '메이트(mate)'라고 부르는 아르바이트인 경우도 많다. 일본의 소매기업은 본사가 절대적인 권한을 가지고, 점포는 운영에 전념해 경영 효율을 올리는 미국식 체인스토어 이론을 따르는 기업뿐이지만, 그것과는 정반대라고 해야 할까? 반기를 드는 듯한 전략이었다. 동종업계의 타사가 온라인 판매에서 활로를 찾는 가운데, 오프라인 매장만이 할 수 있는 상품 구성과 즐거움을 추구하는 자세가 반대로 신선하게 다가왔다.

현장에서 이렇게 마음대로 하는데 어떻게 이익을 낼 수 있을까? 조직이 어떻게 정리되고 있을까? 여러 가지 의문이 들었다.

세븐, 이온, 그리고 돈키의 시대

돈키호테를 운영하는 팬 퍼시픽 인터내셔널 홀딩스(PPIH)는 2019년 대형 종합슈퍼마켓 유니를 완전 자회사로 만들어 매출액 1조 엔이 넘는 종합소매그룹으로 도약했다.

경이로운 것은 돈키호테 1호점 오픈부터 꾸준히 매출과 영업이익이 증가하고 있다는 점이다. 2024년 6월에 35기 연속 매출 및 이익 증가의 달성이 확실시되고 있다. PPIH의 매출액은 이제 2조 엔을 넘어 세븐&아이홀딩스, 이온, 패스트리테일링에 이어 소매업계 4위로 올라섰다. 설마 '세븐, 이온, 돈키'라고 칭해지는 시대가 오리라고 누가 상상할 수 있었을까?

그런 돈키호테의 저력을 파헤치려고 한 것이 〈닛케이 비즈니스〉 2023년 9월 18일 호의 메인 특집인 **'진격의 돈키호테 어느새 소매업계 4위가 된 이단아'**다.

어느새 이렇게까지 성장하다니!

그런 목소리가 높다. 독자들도 같은 마음이지 않을까? 잡지가 나오자 큰 호응을 얻었다.

〈닛케이 비즈니스〉의 메인 특집은 총 31쪽으로 근래 보기 드문 분량이었는데, 그래도 잡지라는 특성상 할애할 수 있는 페이지 수는 한도가 있었다. 하는 수 없이 잘라낸 에피소드가 많았고, 풀어내고 싶은 수수께끼도 몇 가지 남았다. 무엇보다 특집을 마치고도 PPIH는 다양한 프로젝트에 도전하며 국내외에서 많은 점포를 열고 있었다.

'진격의 돈키호테'의 완전판[이 책의 원제는 '진격의 돈키호테(進擊の ドンキ)'이다-옮긴이]을 세상에 내보내고 싶은데, 가능할까? 이런 생각으로 취재를 더욱 거듭한 후에 집필한 것이 바로 이 책이다.

목표는 비저너리 컴퍼니

기업의 성장을 다루는 비즈니스 서적에서는 어떤 한 사람을 주인공으로 삼아 이야기를 진행하는 흐름이 많다. 창업자나 회장, 사장과 같은 경영진이 그 주인공이다.

PPIH에서도 창업자 야스다 다카오의 존재는 물론 크다. 그러나 현 사장 CEO(최고경영책임자)인 요시다 나오키를 비롯해 창업자에게 배턴을 건네받은 역대 경영진이 성과를 남겨 왔기 때문에 지속적인 매출 및 이익 증가를 이룬 셈이기도 하다. 그렇다면 이 이야기의 주인공은 과연 누구일까?

잇달아 솟아오르는 수수께끼를 쫓는 사이에 "이 이야기를 알고 싶다면 그 사람에게도 물어보세요"라는 말을 들으며 핵심 인물이 점점 늘어났다. 만나는 사람마다 지극히 논리적으로 사업을 이야기하는 것이 인상적이라서 무심코 품고 있던 '장난스러운 회사'라는 이미지가 뒤집혀 갔다. 그도 그럴 것이, 돈키호테가 지향하는 바가 '비저너리 컴퍼니(Visionary Company, 경영사상가 짐 콜린스가 만든 용어로, '업계 정상급 기업의 지위를 수십 년간 지키는 미래 지향적 초일류 기업'을 뜻함-옮긴이)'라는 말을 듣고 더욱 놀랐다.

경영학의 거장 짐 콜린스가 기업 영속의 조건을 설명한 명저 『성공하는 기업들의 8가지 습관』에서 배움을 얻어 그 이념을 바탕으로 경영을 추구한다고 한다.

한때는 '불량한 아이들 소굴'이라고 야유를 받았던 돈키호테. 세상을 떠들썩하게 하는 불미스러운 사건도 적지 않았고, 치안 악화의 원인으로 지목되며 2000년 전후에는 각지에서 출점 반대 운동이 벌어지기도 했다.

그런데 현재는 어떤가? 돈키호테로 남녀노소 누구나 발길을 옮기고, 특히 10대부터 20대 중반의 Z세대 사이에서는 절대적인 지지를 얻고 있다. 엔저 현상을 배경으로 급증하는 인바운드(일본 방문 외국인)에게 돈키호테는 일본을 대표하는 관광 명소다.

모두가 주인공

PPIH 사장 CEO 요시다 나오키를 인터뷰했을 때의 일이다. 지금까지 취재한 사람들의 이름을 알리자 "우리 회사의 올스타 멤버로군요"라는 답이 돌아왔다. 그리고 "다들 무슨 말을 했는지 나는 전혀 몰라요. 아무 말도 안 해줬거든요. 정말 지독한 회사네요"라며 웃었다. 그 표정은 어딘가 자랑스럽기도 하고, 동료들을 전폭적으로 신뢰하는 것처럼 보였다.

PPIH가 경영이념이라고 강조하는 '과감한 권한위임'은 점포 운영만의 이야기가 아니다. 경영에서도 권한이 과감하게 위임되어 각 관리자가 그야말로 '경영자'가 되어 부하 직원과 조직을 힘차게 이끌고 있다. 장난꾸러기 같았던 돈키호테는 어느새 자립한 '어른'의 집단이 되었다.

창업자에게도 사장에게도 말할 수 없는 중요한 이야기가 분명 많이 잠재되어 있을 것이다. 회사 밖에 있는 관찰자이기 때문에 다룰 수 있는 것이 있을지도 모른다. 그런 생각에서 '등장인물 모두가 주인공'이라는 콘셉트에 도전하기로 했다.

책을 컬러로 만든 것도 비즈니스 서적으로는 드문 일이다. 과감한 권한위임의 결과로 매장과 상품에 '두근거리는 설렘'이 넘치는 것이 돈키호테의 매력이다. 소매업을 즐길 거리로 만든 현장의 역량을 전하려면 '컬러'가 필요하다. 이단아 돈키호테를 하나의 기업으로 있는 그대로 다룬다는 것은 이쪽도 책 만들기의 상식을 일단 버리고, 공격적일 필요가 있다는 생각도 작용했다.

돈키호테의 이야기는 승승장구의 연속이 아니다. 지속적인 매출 및 이익의 성장률에는 기복이 있고, 다음의 큰 도약을 대비해 웅크린 시기도 있었다. 돈키호테의 전신인 '도둑시장(泥棒市場)'의 열기를 간직하면서 규범을 준수하고, 강력한 리더가 물러난 뒤에도 성장을 이어가는 '비저너리 컴퍼니'가 되기 위해 무엇을 해왔을까?

고군분투한 것은 종업원 한 사람 한 사람이다. 때로는 치열하게 시행착오를 겪고, 화려한 실패와 방향 전환을 거듭하면서 번창하는 점포를 만들어 훌륭한 장사꾼으로 자립해왔다.

'인간 드라마'도 곳곳에 넣었다. 그래서 돈키호테의 점포처럼 어디를 들춰봐도 흥미롭다. 이 책에서 그렇게 느껴준다면 더할 나위 없이 기쁠 것이다.

Contents

제 3 장 | 파격적인 상품 만들기

제 4 장 | 일을 게임처럼 하는 구조

바다를 건넌 돈키호테

저것은 혹시? 이국땅에서 낯익은 일러스트가 눈에 들어왔다. 모자를 쓴 푸른색 펭귄은 영락없는 '돈펭'이었다. 일본 잡화 할인점 '돈키호테'의 공식 캐릭터다.

2023년 8월 하순 싱가포르 제일의 번화가 오차드 로드에 있는 상업시설에서 돈펭이 가리키는 대로 에스컬레이터를 타고 지하로 내려가니 '돈돈돈키(DON DON DONKI)'라는 낯선 간판이 나타났다.

노란색에 검은색 장식은 일본의 돈키호테를 방불케 한다. 싱가포르에서는 보기 드문 24시간 영업이다. 머리 위에서는 "돈돈돈, 돈키"라는 멜로디가 울려 퍼진다. 가사는 영어로 나오지만, 돈키호테의 테마송 〈미라클 쇼핑〉과 멜로디가 완전히 똑같다.

해외에는 일본 기업을 가장한 체인점이 종종 눈에 띄는데, 여기도 돈키호테를 모방한 매장인가? 그런 생각이 들 법도 하지만, 사실은 정말로 본사에서 운영하고 있다.

싱가포르 오차드 로드의 상업시설. 지하로 내려가는 에스컬레이터 앞에서부터 돈펭이 마중을 나온다(저자 촬영).

돈키호테를 산하에 둔 팬 퍼시픽 인터내셔널 홀딩스(PPIH)는 지금 '돈돈돈키'라는 새로운 업태를 아시아에서 급속히 확장시키고 있다.

싱가포르에서 널리 퍼지다

싱가포르 1호점은 2017년 12월 1일 문을 연, 바로 이 오차드 센트럴점이다. 그로부터 만 6년이 지난 2023년 12월 1일, 싱가포르에서 16번째 매장이 되는 티옹바루 프라자점이 오픈했다. 집객력이 있는 대형 쇼핑몰을 중심으로 국토가 좁은 싱가포르에서 '돈돈돈키'가 널리 퍼지고 있다.

매장 안은 마치 일본의 생산품을 모아 놓은 테마파크 같았다. 예를 들어 오차드 센트럴점에서는 당시의 인기 상품으로 일본산 복숭아가 대대적으로 팔리고 있었다. 'Japanese Peach(일본의 복숭아)' 'So Sweet Juicy and Delicious(아주 달콤하고 과즙이 풍부해 맛있다)'라고 쓰인 팝 광고에 이끌리듯 남녀노소가 걸음을 멈춘다. 돈돈돈키는 잡화 할인점으로 자리 잡은 일본의 돈키호테와 달리 '일본 전문'이라는 새로운 업태를 내세우고 있다.

도미넌트(집중 출점)가 진행된 적도 있어, 현지의 인지도는 계속

한여름 싱가포르 돈돈도키의 특별 세일 상품은 'So Sweet Juicy' 'Japanese Peach'였다(저자 촬영).

상승 중이다. 〈미라클 쇼핑〉이 흘러나오자 쇼핑객들은 "돈돈돈, 돈키"라며 즐겁게 흥얼거렸다.

"돈펭은 일본보다 여기가 더 인기 있을지도 모릅니다."

2022년 싱가포르에 부임해 상품 총괄 본부장을 맡은 마쓰다 다쓰노리 씨는 말했다. 매장 안에는 돈펭이 큼지막하게 그려진 접이식 우산 등이 쭉 진열되어 있다. 메이드 인 재팬의 느긋한 분위기의 캐릭터는 싱가포르의 거리에 녹아들었다.

마쓰다 씨에 의하면 현지에서 점포 운영을 담당하는 '팬 퍼시픽 리테일 매니지먼트(PPRM)'라는 기업명은 몰라도 돈키호테에 근무하고 있다고 하면, "그 돈키호테?! 나도 자주 가요"라며 단번에 반응이 온다고 한다.

돈키호테의 열기는 싱가포르에만 머물지 않는다. 2023년 12월에는 대만 남부의 가오슝 시에 새로운 점포 '돈돈돈키 가오슝 따리'가 오픈했다. 같은 해 8월에는 타이베이 3호점 '돈돈돈키 시티 링크 난강', 11월에는 타이중 1호점 '돈돈돈키 타이중 타이거시티'를 열었다. 대만의 북부, 중부, 남부에 각각 교두보를 구축해서 빠르게 5호점 체제를 확립했다.

2024년 1월과 6월에는 쿠알라룸푸 쇼핑몰에 각각 말레이시아 4호점, 5호점이 되는 '조네쓰 바이 돈돈돈키'가 탄생했다. 조네쓰는 돈키호테의 오리지널 상품 브랜드 '정열가격(情熱価格)'에서 따왔

돈키호테의 공식 캐릭터 돈펭의 우산이 쭉 진열되어 있다. 싱가포르에서 돈펭의 인기는 일본을 앞지를 기세라고 한다(저자 촬영).

다. 이 외에 홍콩 10개, 태국 8개, 마카오 2개 등 불과 6년 반 만에 아시아 전역에 총 40개 이상의 점포를 확장했다.

아시아 사업의 매출액은 전년 대비 약 20% 증가한 823억 엔 (2023년 6월 기준). 1,000억 엔 달성이 눈앞으로 다가왔다. PPIH 창업 회장 겸 최고 고문인 야스다 다카오 씨는 "해외에서 널리 전개할 수 있는 확장성 높은 업태가 발견되었다"라며 자신감을 내비쳤다. 앞으로도 포기 없이 출점을 계속하겠다는 자세다.

34기 연속 매출·이익 증가, 2조 엔 기업을 향해

돈키호테의 아시아 진출은 일본 소매업계의 세대교체를 상징하는 사건이기도 하다. 예를 들어 태국 방콕에서는 최근 몇 년간 일본 백화점들이 잇달아 철수했는데, 2021년 12월에 도큐 백화점의 터에 들어선 것이 '돈돈돈키'였다. '일본인 주재원의 납품업체'라는 분위기를 벗어나지 못한 백화점과는 반대로, 돈돈돈키의 매장 안은 현지 고객으로 붐비고 있다. 아시아 내에서의 인지도는 세계적으로 이름을 알린 의류 소매업 '유니클로'에 육박하는 기세다.

돈돈돈키를 방문했다가 "일본의 돈키호테에도 가 보고 싶다"라고 일본을 방문하는 관광객도 최근 급증하고 있다. 돈돈돈키는 '일본의 얼굴'로 인바운드 고객을 불러들이는 광고탑이 되어, 일본 돈키호테의 매출을 끌어올리는 선순환도 만들어 내고 있다.

돈키호테를 보유한 PPIH 매출액은 2023년 6월기 기준에서 1조 9,367억 엔, 영업이익은 1,052억 엔, 처음으로 1,000억 엔 대에 올라섰다. 2024년 6월기에는 드디어 매출액 2조 엔을 돌파했다(PPIH의 회계연도 기준은 전년도 7월부터 당해연도 6월이다-옮긴이). 실적 호조로 주가도 상승세를 이어가고 있다. 2024년 3월 28일에는 한때 상장 이래 최고가인 4,122엔까지 치솟아 시가총액이 2조 6,000억 엔을 넘어섰다.

진격의 돈키호테, 그 시작은 1989년으로 거슬러 올라간다. 이때 도쿄도 후추시에 돈키호테 1호점이 첫발을 내디뎠다. 이후 34기 연속 매출 및 이익 증가라는 금자탑을 세웠다. 어느새 일본 내 소매업 그룹에서 세븐&아이 홀딩스, 이온, 패스트리테일링에 이어 매출액 4위로 부상했다. 리먼 쇼크나 신종 코로나바이러스 사태에도 아랑곳하지 않고, 2030년에는 매출액 3조 엔을 목표로 하는 거대 그룹으로 빠르게 발전했다.

어떻게 이렇게까지 급성장할 수 있었을까? 그것은 업계의 상식으로 여겨지는 경영 기법이 아닌, 독자적인 비즈니스 모델을 확립했기 때문이다.

현대에 되살아난 세르반테스의 돈키호테

일본의 소매업계는 대부분 미국에서 태어난 '체인스토어 이론'을 따라 본사가 모든 권한을 가지고, 매장은 판매에 전념하여 경영 효율을 높여 왔다. 어느 매장이나 같은 상품을 취급하며, 같은 매대를 구성하고, 같은 서비스를 제공한다. 본사가 매장을 완전히 컨트롤해서 일정한 품질을 담보하면서 여러 점포를 운영하는 방식이다.

돈키호테를 창업한 야스다 씨는 그런 체인스토어 경영이 유행하던 시대에 일부러 이 이론을 무시하는 길을 택했다. "언제 망할지 모르는 작은 회사에서 다른 사람들과 같은 경기 종목으로 싸우면 절대 이길 수 없다"라는 인식이 있었기 때문이다.

키워드는 **주권재현**이다. '주권재민'을 비틀어 만든 표현으로, 현장에 철저하게 권한을 위임하는 돈키호테의 철칙을 보여준다. 현장에서 멀리 떨어진 본사보다도 소비자와 매일 접하는 매장이 훨씬 대단하다. 그렇다면 성선설을 바탕으로 현장에 모든 권한을 넘기자는 발상이다. 어떤 상품을 매입해서 얼마에 팔 것인가? 점포의 어디에 진열해서 어떤 식으로 판매할 것인가? 현장을 믿고 이런 부분을 모두 맡기기 때문에 많은 점포를 운영하면서도 세계에 하나밖에 없는 개성을 가진 매장이 완성된다.

"체인점도 아니고 개인 상점도 아닙니다. 이것이 바로 코페르니쿠스적 전

환."(야스다 다카오)

이를 해냈기 때문에 돈키호테는 업계의 이단아로 이름을 날리게 되었다.

일본의 '잃어버린 30년'(1990년대 초 일본의 거품경제 붕괴 이후 시작된 장기 불황과 저성장을 의미-옮긴이)을 거쳐 거쳐 체인스토어 이론의 한계가 보이기 시작한 지금, 그사이에도 계속 성과를 낸 돈키호테의 독특한 경영전략이 재검토되고 있다. 그 광경은 돈키호테라는 이름의 유래가 된 스페인 문호 세르반테스의 명작 『돈키호테』와도 통한다.

행동적 이상주의자로 기존 상식이나 권위에 굴하지 않는 '편력의 기사' 돈키호테처럼, 새로운 유통업을 창조하고 싶다는 염원을 담아 창업자 야스다 씨의 손으로 현대에 탄생한 돈키호테는 일본에서 힘을 모아 마침내 바다를 건넜다. 환태평양을 의미하는 '팬퍼시픽(Pan Pacific)'을 사명에 붙여 아시아에서 출점 공세를 펼치며, 북미에서는 인수합병(M&A)을 구사해 점포망을 순조롭게 넓히고 있다.

세르반테스가 이야기를 지은 지 400여 년이 지난 지금, 이단아 돈키호테는 세계의 드넓은 바다로 과감히 뛰어들고 있다. 그 모험담을 하나씩 풀어나가 보자.

도둑시장에서
소매업계 4위로 도약

잡화 할인점 돈키호테를 운영하는 팬 퍼시픽 인터내셔널 홀딩스 (PPIH)는 1989년에 도쿄도 후추시에 1호점을 오픈한 이후, 34기 연속 매출 및 이익 증가를 달성했다. 일본 소매업계에서 매출액 4위로 약진했고, 2023년 6월기에는 영업이익 1,000억 엔을 돌파했다. 2024년 6월기에 매출액은 2조 엔을 넘어 매출 및 이익 증가의 기록을 '35기 연속'으로 갈아치우는 것은 거의 확실시되고 있다.

그동안 일본 내에서 '나가사키야'와 '유니'라는 종합슈퍼마켓을 그룹에 편입시키고, 미국에서는 하와이나 캘리포니아에서 슈퍼마켓을 인수했다. 아시아에서는 일본 생산품에 특화된 돈돈돈키로 출점 공세를 이어나가고 있다.

창업자 야스다 다카오는 "매출이 매년 몇십 %씩 늘어나 복리 효과가 나왔을 뿐"이라고 회고했지만, 이 정도로 안정적인 성장을 보이는 기업은 드물다.

주식시장의 평가도 높아서 주가가 10년 사이에 4배 이상 상승했다. JP모건증권의 무라타 다로 시니어 애널리스트는 "변화 대응력이 있고, 조직 운영 방식이 독특하다. 매니지먼트에 독자성이 있어 우수하다"고 강점을 말했다.

그런 돈키호테의 출발점은 1978년 창업자 야스다 씨가 도쿄 니시오기쿠보에 문을 연 약 $60m^2$ 크기의 잡화점 도둑시장(泥棒市場)이었다. 단종된 상품 등의 이월상품을 대량으로 사들여 골판지 상자를 천장까지 닿을 정도로 쌓았다. 다만 그러면 무엇을 팔고 있는지 모르기 때문에 골판지에 손으로 쓴 광고 문구를 잔뜩 붙였다. 이것이 **압축진열**과 **팝 홍수**의 시작이 되었고, 그 후 돈키호테로 계승되었다.

도둑시장을 인기 매장으로 만든 야스다 씨가 다점포화와 기업화를 노리고 승부를 건 것이 돈키호테 1호점이다. 기존의 상식과 권위를 깨고 고군분투하며 거대한 유통업계에 도전하는 자신을, 여윈 말을 타고 풍차로 돌진하는 영웅에 겹쳐보았다.

현장에서 일하는 종업원에게 "대기업을 따라 하지 말고 개성적인 매장을 만들자"라고 로망을 이야기하고, 압축진열과 팝 홍수의 노하우를 손수 가르쳐 주었다. 그러나 생각처럼 숙달되지 않았다. 그러던 중 야스다 본인이 점점 바빠져 고민 끝에 가르치는 일을 중단한 것이 전환점이 되었다.

34기 연속 매출 및 이익 증가

• PPIH 매출액과 영업이익의 추이

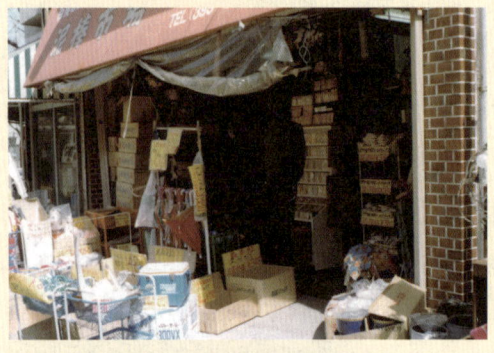

돈키호테의 전신 도둑시장. 심야까지 영업을 계속해서 나이트마켓(Night Market)의 수요를 찾아냈다(PPIH 제공).

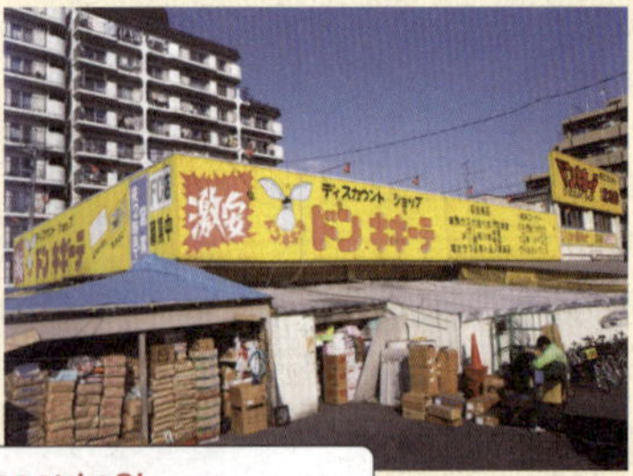

激安
ディスカウント ショップ
ドン キホーテ

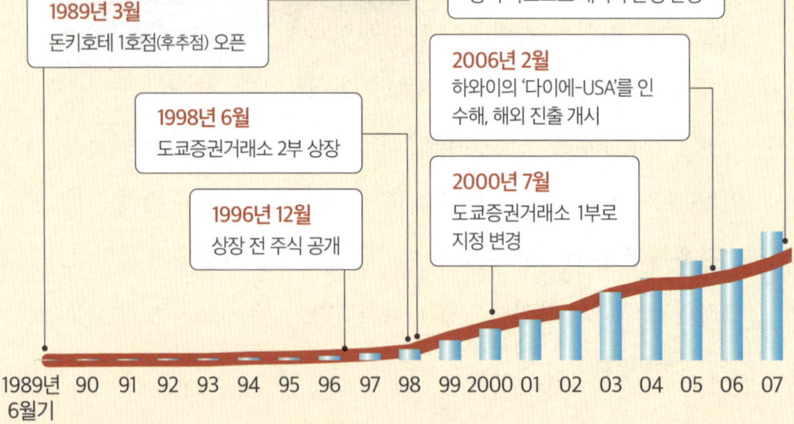

2007년 10월
나가사키야를 연결 자회사화
1998년 9월
공식 마스코트 캐릭터 돈펭 탄생
1989년 3월
돈키호테 1호점(후추점) 오픈
2006년 2월
하와이의 '다이에-USA'를 인수해, 해외 진출 개시
1998년 6월
도쿄증권거래소 2부 상장
2000년 7월
도쿄증권거래소 1부로 지정 변경
1996년 12월
상장 전 주식 공개
1989년 6월기
90
91
92
93
94
95
96
97
98
99
2000
01
02
03
04
05
06
07

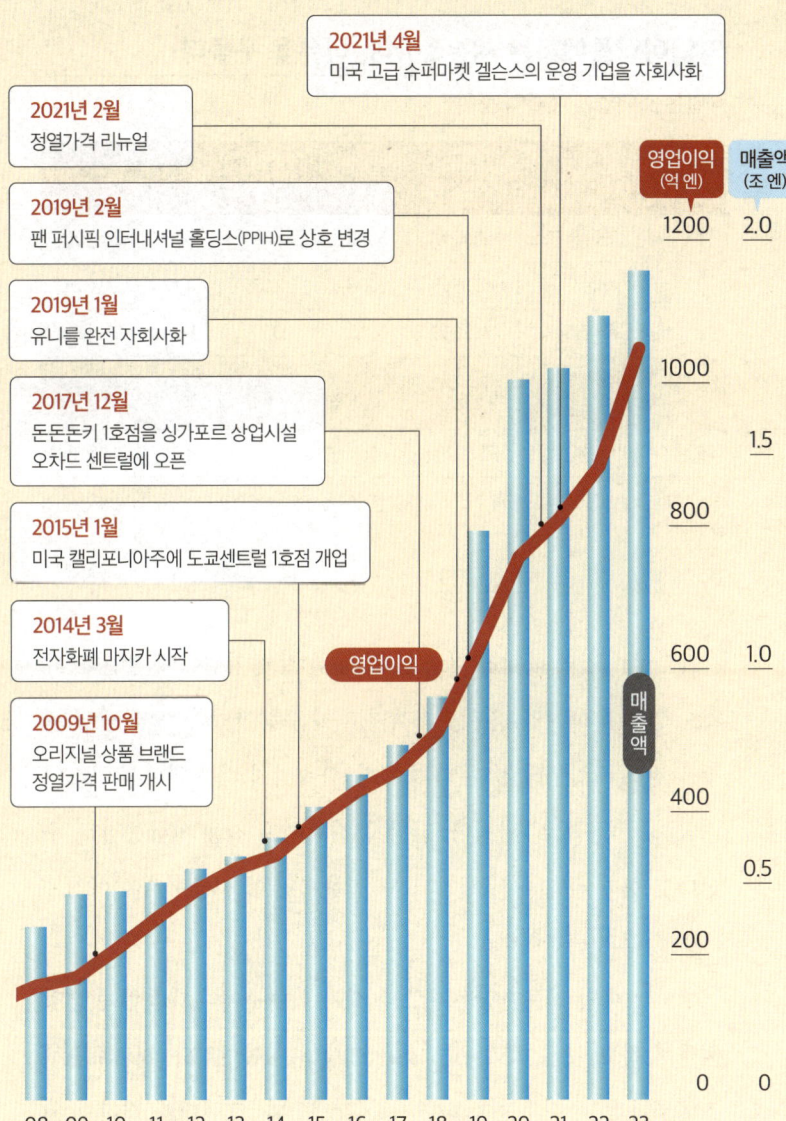

2021년 4월
미국 고급 슈퍼마켓 겔슨스의 운영 기업을 자회사화

2021년 2월
정열가격 리뉴얼

2019년 2월
팬 퍼시픽 인터내셔널 홀딩스(PPIH)로 상호 변경

2019년 1월
유니를 완전 자회사화

2017년 12월
돈돈돈키 1호점을 싱가포르 상업시설
오차드 센트럴에 오픈

2015년 1월
미국 캘리포니아주에 도쿄센트럴 1호점 개업

2014년 3월
전자화폐 마지카 시작

2009년 10월
오리지널 상품 브랜드
정열가격 판매 개시

영업이익
(억 엔)

매출액
(조 엔)

1200 2.0

1000

800 1.5

600 1.0

400

200 0.5

0 0

영업이익

매출액

08 09 10 11 12 13 14 15 16 17 18 19 20 21 22 23

영업이익률에서는 세븐&아이, 이온을 웃돌다

● 일본 소매업계 매출액 순위

순위	기업명	매출액 (억 엔)	영업이익 (억 엔)	영업 이익률(%)	ROE(%)	결산기
1	세븐&아이 홀딩스	11조 4717	5342	4.66	6.25	24년 2월
2	이온	9조 5535	2508	2.63	4.37	24년 2월
3	패스트리테일링	2조 7665	3810	13.77	17.51	23년 8월
4	팬 퍼시픽 인터내셔널 홀딩스	1조 9367	1052	5.43	15.65	23년 6월
5	야마다 홀딩스	1조 5920	414	2.61	3.94	24년 3월

딜로이트토마츠그룹이 발표한 「세계의 소매업 랭킹 2023」 등을 바탕으로 작성(ROE는 자기자본이익률).

가르치는 것이 아니라, 스스로 하게 한다. 종업원에게 맡긴다. 그것도 일부가 아니라 전부 맡기겠다고 마음을 먹었다. 각각 담당 매장을 정해 매입부터 진열, 가격 책정, 판촉까지 전부 알아서 하라며 대담하게 '통째로' 넘겼다. 담당자 전원에게 전용 예금통장도 주었다고 한다. 여기에서 시작되는 '권한위임'이 지금으로 이어지는 PPIH 강점의 근간이다.

이미 소매업 전문가였던 야스다 씨가 아마추어나 다름없는 종업원들이 하고 싶은 대로 두는 것은 예삿일이 아니었다. 지켜보면서 조마조마했고, 실수는 산더미처럼 발생했다. 그런데도 견디며 지

아시아는 물론 미국 지역 고객도 증가 중

● **국적별 면세 매출액 구성**

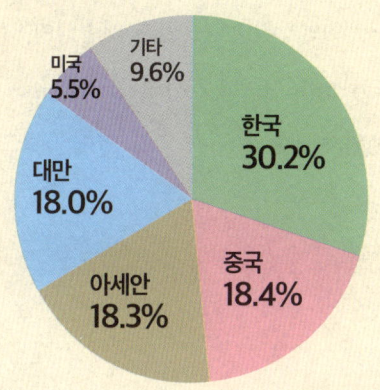

한국
30.2%

중국
18.4%

아세안
18.3%

대만
18.0%

미국
5.5%

기타
9.6%

2024년 6월기 3분기까지의 누계

켜본 것은, "이전과 달리 직원들이 활기차게 일을 시작했기 때문입니다"라고 야스다 씨가 저서『돈키호테 CEO』에 적었다.

그로부터 35년을 거쳐 야스다 씨가 만든 PPIH는 정작 본인조차 꿈도 꾸지 못했다고 털어놓을 정도의 거대 기업 그룹으로 우뚝 섰다. 영업이익률로 비교하면 이제 세븐&아이 홀딩스, 이온이라는 소매업계의 두 강자보다 돈을 벌어들이는 힘이 뛰어나다. '유니'를 인수한 효과도 있어서 과거 5년의 연평균성장률에서는 패스트리테일링도 웃돌았다.

인바운드 고객의 인기도 실적을 올리는 데 한몫하고 있다. 신종 코로나바이러스 사태가 진정된 데다가 기록적인 엔저 현상도 순풍이 되어 돈키호테를 찾는 인바운드 손님이 급증했다. 가장 최근의 결산(2023년 7월~2024년 3월기)에는 면세 매출액이 813억 엔에 달해서 전년 동기(210억 엔)보다 4배 가까이 성장했다. 코로나 이전(2019년 6월기)의 연간 면세 매출액(684억 엔)도 크게 웃돌고 있다.

제 1 장

일본의 식품은
제2의 자동차 산업

그곳은 백화점의
지하 식품관 같은 공간

"엄청난 Price" "SURPRISINGLY CHEAP!"

2017년 12월 싱가포르에서 가장 번화한 거리에 '돈돈돈키' 1호점, 오차드 센트럴점이 화려하게 문을 열었다. 매장 안에는 저렴함을 내세우는 손 글씨 광고문으로 가득 차 있었다.

흔히 '팝 홍수'라고 불리는 이 광경은 전형적인 일본 돈키호테의 모습이다. 하지만 진열된 상품은 돈키호테 같으면서도 돈키호테가 아니다. 그것이 아시아에서 급속도로 확장세를 펼치는 돈돈돈키의 정체다.

돈돈돈키가 일본의 돈키호테와 다른 것은 일본산 제품만 취급한다는 점이다. 특히 싱가포르에서는 식품 비율이 90%를 차지한다. 신선식품은 물론 반찬, 도시락, 초밥, 다코야키까지 무엇이든 갖춰놓았다. 낫토는 먹는 방법을 설명하는 영어 광고문을 첨부해 판매하고 있다. 매장 중심부에는 장어만 모아 놓은 특설 코너가 있고,

낫토 판매대에 먹는 방법을 설명하는 영어 광고문이 있다(저자 촬영).

'내 마음대로 튀김'이라고 쓰인 한쪽 구석에서는 주방장이 즉흥적으로 만드는 채소 튀김이 매일 종류를 바꿔가며 진열된다. 마치 일본의 백화점 지하 식품관처럼 다채로운 상품 구성을 보여준다.

이곳은 **일본 브랜드에 특화된 전문 매장**를 콘셉트로 한다. 깔끔하게 일본에 집중한 이 새로운 업태를 만들어 낸 것은 돈키호테의 창립자인 팬 퍼시픽 인터내셔널 홀딩스(PPIH) 창업 회장이자 최고 고문인 야스다 다카오 씨다. 그가 2015년 싱가포르로 이주해 일본 식품이 지나치게 비싼 모습을 보고 화가 난 것이 계기가 되었다고 한다.

돈키호테는 **초저가의 전당**이라는 수식어가 따라다닌다. 소비자에게 저렴하게 상품을 제공하려면 어떻게 해야 할지, 평생 수많은 고민 끝에 일본을 대표하는 유통 그룹을 일궈낸 야스다 씨에게 싱가포르 슈퍼마켓에서 본 일본 식품은 부당하게 비싼 느낌이었다. 아무리 운송비나 관세가 붙었다고 해도 일본의 몇 배나 되는 가격에 팔리고 있는 상황을 두고 볼 수는 없었다.

"야스다가 분노에 차서 조직한 군대가 저였어요."

상무집행임원이자 아시아 사업 책임자인 마치다 사토시 씨는 이 1호점이 열린 다음 달 싱가포르에 초빙되었다. 사장 CEO 요시다 나오키 씨가 "마치다는 '더 돈키호테(The Don Quijote)'라고 말해도 될 정도로 (돈키호테의 역사를 다 아는) 사내에서도 유명한 사람입니다"라고 말할 정도로 실력자다.

마치다 씨가 돈키호테에 입사한 것은 1998년. 아직 일본 전역에 돈키호테 점포가 10개뿐이었던 시절이다. 2006년 수도권에서 전국으로 진격에 시동을 걸던 타이밍에 간사이 지구 지사장에 취임했다. 그야말로 선봉장이 되어 돈키호테의 전국 확장을 추진해, 규슈를 제외한 서일본 거의 모든 점포의 출점에 관여했다.

그런 마치다 씨가 싱가포르에 부임한 뒤 돈돈돈키는 맹렬한 속도로 점포 수를 늘려나갔다. 현재 싱가포르, 태국, 말레이시아, 홍콩, 대만, 마카오를 합쳐 40개가 넘는 점포가 있다. 날아가는 새도 떨어뜨릴 기세지만, 처음부터 명확하게 콘셉트가 정해져 있던 것은 아니다. "원래는 일본의 돈키호테처럼 만들려고 상품을 구성했습니다"라고 마치다 씨는 밝혔다.

하루에 3,000개가 팔린 군고구마

처음에는 일본 돈키호테처럼 브랜드 제품과 다양한 잡화를 풍성하게 들여놓았다. 하지만 싱가포르 사람들에게 생각만큼 어필하지 못했다. 그런 분위기가 크게 달라진 것은 군고구마 판매를 시작한 이후였다. 불과 하루 만에 무려 3,000개가 팔렸기 때문이다.

"공급이 따라가지 못합니다. 군고구마가 이 정도로 큰 인기를 끌

것이라고는 예상 못 했어요."(마치다)

군고구마는 돈키호테의 핵심 콘텐츠다. 일본에서는 10분에 100개꼴로 팔린다고 하며, 군고구마만으로 연간 15억 엔을 벌어들인다. 군고구마의 판매를 시작한 계기는 2011년 동일본 대지진이었다. 판로가 끊겨 난처해진 이바라키현의 고구마 농가를 살리기 위해 매장에 들여놓은 것이 시작이었다. 군고구마라고 하면 추운 계절에 생각난다는 인상이 있지만, 돈키호테는 이듬해인 2012년 오키나와현에 처음 진출해, 더운 지역에서도 군고구마가 잘 팔린다는 사실을 깨달았다.

연중 안정적으로 공급할 수 있도록 제조 방법을 검토한 끝에 군고구마의 품질이 향상되었다. 수확한 고구마를 전용 저장고에서 숙성시켜 단맛을 끌어내고, 실크스위트, 베니하루카 등 품종도 확대했다.

촉촉하고 달콤한 맛으로 호평을 받고 입소문이 나면서 명실상부한 인기 상품으로 우뚝 섰다. 지금은 **군고구마 마이스터**라는 사내 자격증까지 생겼고, 군고구마를 활용한 파생상품을 연달아 개발할 정도로 힘을 쏟고 있다.

일본에서 갈고 닦은 군고구마의 신통력이 과연 해외에서도 통할 것인가? 반신반의하면서도 지푸라기라도 잡는 심정으로 매장에 진열했다. 그러자 적도에 가까워 열대 기후인 싱가포르에서도 군

설탕이 들어가지 않은 천연 디저트로 싱가포르에서 군고구마를 판매하는, 돈키호테 공식 캐릭터 돈펭. 다채로운 품종의 상품을 갖추고 있다(저자 촬영).

고구마는 당당히 사람들의 마음을 사로잡았다.

"Get The Yakiimo(고구마를 뜻함) Here!" "No Sugar Added" "Japanese Baked Sweet Potato"

공식 캐릭터 돈펭의 코믹한 일러스트와 함께 군고구마의 매력을 압축한 영어 광고문이 구매 의욕을 자극한다. 이곳 오차드 센트럴에서도 방문객들이 하나둘씩 손을 뻗어 장바구니에 담는 모습을 볼 수 있다.

들자 하니 싱가포르 사람들은 군고구마를 디저트 느낌으로 먹는다고 한다. 돈돈돈키의 출점과 함께 군고구마가 전파되어 이제 아시아 사업으로만 한 달에 약 220만 개(2023년 12월 기준 실적)의 매출을 올리는 규모가 되었다. 최근 아시아에서 군고구마 인기가 높아지고 있다고 자주 보도되는데, 그 불씨를 댕긴 것은 틀림없이 돈키호테다.

군고구마가 잘 팔리자 이번에는 매장에서 일본 과일의 취급을 확대했다. 폭발적으로 인기를 끈 것은 딸기다. 태국 1호점에서는 첫날에만 3,000팩이 팔렸다. 마치다 씨가 놀란 것은 현지인에게 "딸기가 이렇게 달콤한 과일이었군요"라는 말을 들었을 때라고 한다. 일본 식품에는 잠재력이 있다는 확신이 들었기 때문에 매장 안을 점점 일본 중심으로 바꿔 갈 수 있었다.

메이드 바이 재팬이라는 역발상

그렇다 해도 일본에서 상품을 다양하게 가져오려면 운송비가 상승해 판매가격이 뛸 수밖에 없다. 그러면 '초저가'라는 간판이 무색해진다. 그래서 돈돈돈키는 현지 기업과 손잡고 일본 식품 개발에 나섰다.

두부를 예로 들어보겠다. 싱가포르 매장에는 2싱가포르달러(약 2,200원 정도)부터 진열한다. 부드러운 두부, 면 두부, 두툼하게 썬 두부, 두유까지 종류도 다양하다. 어떻게 이 정도로 싸게 할 수 있을까? 간수는 일본에서 들여오고, 두부 자체는 싱가포르 내에서 제조하기 때문이다.

법 규제로 수입이 어려운 식재료도 있지만 조달이 안 되면 직접 만들면 된다는 것이 돈키호테의 방식이다. 원래 동남아시아에는 일본계 기업의 식품 공장이 다수 있다. '메이드 인 재팬'이 아닌 **메이드 바이 재팬**을 섞어 뛰어난 상품 구성과 저렴한 가격을 확보하는 데 성공했다.

일본이라는 주제로 특화된 매장으로 구성하자 개성이 생겨 쇼핑몰에서 입점을 요청하는 일도 증가했다. 마치다 씨에 따르면 방문객의 90~95%는 현지의 주민이며, 그 원동력은 일본 식품이다.

"히라가나와 가타카나를 활용해 그럴듯하게 일본 느낌을 연출하

'도(ド)'라는 글자가 들어간 패키지로 친숙한 오리지널 상품 브랜드 정열가격은 아시아에서도 인기가 있다. 돈키호테식 진열과 팝 광고는 바다를 건너서도 건재하다(저자 촬영).

는 매장은 이곳에 수도 없이 있어요. 하지만 우리 매장에 오면 일본 상품을 안심하고 살 수 있다는 것은 하나의 방문 동기가 될 것입니다."(마치다)

'도(ㅏ)'라는 글자가 들어간 패키지로 친숙한 오리지널 상품 '정열가격' 시리즈는 일본보다 아시아 쪽에서 인지도가 있고, 인기도 높고, 브랜드 파워도 있다고 한다.

돈돈돈키에서 놀라운 점은 점장 이하를 모두 현지인으로 채워 매장을 운영하고 있다는 것이다. 일본인이 있는 점포는 없다. 그럼에도 돈키호테 특유의 팝 광고와 진열 노하우가 곳곳에 스며들어 있다.

상품과 음식을 함께 판매하는 새로운 방식

일본의 돈키호테와 다른 또 하나의 특징은 매장에서 푸드코트를 운영한다는 점이다. 그중에서도 신선한 재료를 선별했다는 **선선 초밥**(鮮選寿司, SENSEN SUSHI)은 행렬이 끊이지 않을 정도로 인기다. 이 외에 와규를 꼬치구이로 만든 **와규 꼬치**, 바 형태로 술을 잠깐 마실 수 있는 **드링크드렁크돈키** 등 독특한 네이밍이 많다.

주먹밥을 파는 **도미타 정미소**에는 정미소를 병설했다. 니가타현에

대만의 매장 내에서 봉지라면을 조리하는 오타메시도를 개설했다. 싱가포르에서는 초밥집에 행렬이 끊이지 않고, 주먹밥은 매장에서 만든다(상단: PPIH 제공, 하단: 저자 촬영)

서 생산한 고시이부키 품종을 이곳에서 도정해 주먹밥을 만든다. 2023년 8월, 대만에 오픈한 매장에서는 일본의 봉지라면을 점내에서 조리하는 **오타메시도**를 열었다.

푸드코트를 운영하는 것은 일본 식재료의 소비를 확대하고 싶은 의도가 있기 때문이다. 주먹밥 매장을 연 것도 **"주먹밥을 파는 것이 목적은 아닙니다. 일본의 쌀을 팔고 싶어요"**라고 마치다 씨는 힘주어 말했다. 주먹밥을 선보여 현지 고객에게 그 맛을 알리고 쌀 자체를 구매하도록 한다. 음식과 상품 판매의 경계를 허물어 **함께 판매**하는 새로운 판매 방식을 실천하고 있는 것이다.

PPIH는 2020년 아시아를 포함한 환태평양 지역에 일본 농축수산물 수출을 확대하는 연계 조직인 **팬 퍼시픽 인터내셔널 클럽(PPIC)**을 설립했다. 이미 에히메, 가고시마, 구마모토 등의 8개 현과 삿포로시와 협정을 맺어 돈돈돈키의 매장에서 산지 직송 페어를 개최하고 있다.

"일본에 있을 때는 지자체 분들과 이야기할 기회가 없었는데, 해외에 오자마자 여러 지자체 분들과 명함을 교환하게 되었습니다. 반응이 전혀 달라요."(마치다)

돈돈돈키는 일본 내 생산자들이 세계적인 일본 식품의 인기를 수익화하는 거점으로도 주목의 대상이 되고 있다.

지금이야말로 성장통을 이겨내라

동남아시아에 진출한 지 6년이 넘었고, 아시아 사업만으로 매출 1,000억 엔을 예상했지만, 마치다 씨의 표정은 결코 밝지 않았다. 2023년 7~12월기의 결산 설명회에서는 "전혀 만족스럽지 않습니다. 실망스러운 수치입니다"라며 반성의 뜻을 밝혔다.

매우 호조였던 지난해 같은 결산기와 비교했을 때 매출액에서 마이너스 2억 엔, 영업이익에서 마이너스 9억 엔이라는 감소를 보였기 때문이다. 특히 출점을 늘린 것에 비해 매출액의 성장이 아쉽다는 현 상황을 인식하고 있었다. 단기간에 대량 출점을 진행시키면서 따라오는 일종의 '성장통'이라고 파악 중이다.

앞으로 계속 성장하려면 무엇이 필요할까? 고민을 거듭한 뒤 마치다 씨가 도달한 결론은 "돈키호테식 권한위임과 과감한 도전으로 개척해나가야 한다"라는 것이었다.

권한위임은 돈키호테의 경영을 상징하는 용어다. 돈키호테에서는 상품 매입부터 진열, 매대 구성, 가격 책정, 팝 광고 작성과 매장 연출의 전반까지 현장 점원은 물론 '메이트'라고 부르는 아르바이트생에게 모든 것을 맡긴다. 이런 방침은 아시아 진출에서도 유지되고 있다.

현장 담당자가 권한을 좁고 깊게 행사해, 판매 여부의 책임까지

상무집행임원이자 아시아 사업 책임자인 마치다 사토시 씨는 돈키호테의 역사를 꿰뚫고 있는 사내의 유명 인사다. 이전에는 간사이, 지금은 아시아 진출의 사령탑을 맡고 있다(PPIH 제공).

짙어지기 때문에 시류에 맞고, 항상 신선도 높은 매장이 완성된다는 생각이다. 그 현장력의 강도를 단적으로 나타내는 표현으로 주권재민을 비튼 '주권재현(주권은 현장에 있다)'이라는 철학이 있다. 이는 본사에서 전략을 세워 어느 매장이나 비슷한 매대 구성, 상품 구성을 통해 매장의 효율화를 도모하는 체인스토어 이론과는 정반대의 경영 스타일이다.

마치다 씨가 되새긴 것은 간사이 시절의 경험이었다. 간토 지방의 점포 운영이 궤도에 오르자 용기 있게 미개척지에 출점 공세를 걸었지만, 고전을 면치 못했다. 장소가 바뀌면 잘 팔리는 상품도 바뀐다. 특히 당시 간사이 지구의 최대 점포였던 니시노미야점은 간토 지방에 비해 상품 조달력이 약하기도 해서, 매장의 매력이 부족하다는 점이 과제였다.

과감히 매장의 레이아웃, 상품 구성, 연출, 판촉 하나하나를 처음부터 재검토하는 개장을 몇 번이나 반복했다. 간토 지방에서도 많은 사원들이 도움을 주러 와서 무엇을 매입해서 어떻게 진열해야 잘 팔릴지, 재고가 부족하지 않으려면 어떤 운영체제를 만들어야 할지 현장 담당자와 함께 의논하는 날들이 이어졌다.

그 과정에서 어느 순간 매출 숫자가 빠르게 올라가기 시작했다. 뭔가 특별한 일을 한 것은 아니다. 대화를 거듭한 결과 스스로 생각하고 행동하는 문화가 현장에 스며들었다. 마치다 씨가 그런 반응을 느낀 순간, 수치가 올라갔다.

이때 알게 된 것은 **"돈키호테의 강력함은 개개인의 힘**에서 나온다는 것입니다. 담당자의 수준이 향상하면 그때부터 매장의 성장이 엄청 빨라졌습니다(마치다)"라고 한다. 같은 일을 아시아에서 해낼 수 있을까? 그렇게 자문해보니 아직 해볼 수 있는 일이 많았다.

창업자 야스다 씨에게 수백 번이나 들은 것은 **"팝 광고는 고객에게 보내는 러브레터다"**라는 말이다. 마치다 씨의 뇌리에 격언처럼 새겨져 있다. 러브레터를 쓸 때는 누구나 어떻게 해야 상대방의 마음을 울릴 수 있을지 진지하게 생각하기 마련이다. 그것은 팝 광고도 마찬가지다. 팔고 싶다는 독선적인 메시지로는 방문하는 고객의 마음을 움직이기 어렵다.

돈돈돈키에는 일본인 점원이 없는 경우도 있어서 마치다 씨는 이렇게 전망했다. "아직 팝 광고가 러브레터가 되지 않았어요. 담당자가 마음을 담으려면 우선 그 상품의 장점을 이해한 후에, 고객에게 전달할 방법을 찾아 제작해야 해요. 점포를 빠르게 확대하다 보니 팝 광고를 표면적으로만 알려주었습니다. 이 현상을 개선하려면 권한위임을 더 깊이 진행시켜야 해요."

무슨 일이든 모든 것이 뜻대로 될 리는 없다. 언어도 문화도 다른 타국이라면 더욱 그렇다. 그렇지만 아무것도 없었던 곳에서 5~6년 만에 매출액 800억 엔을 넘는 사업 규모로 성장시킨 속도감은 굉장하다고 말할 수밖에 없다.

돈키호테답게 때로 촌스럽고 꾸준히 시행착오를 반복하며, 돈돈돈키는 성장하고 있다. 과감하게 진격을 거듭해 '돈키'라는 애칭이 일본에서 시민권을 얻었듯, 지금의 성장통을 넘어선 뒤에는 '돈키'가 아시아 전역에서 통하는 이름이 되어 있을지도 모른다.

로스앤젤레스에서
도쿄센트럴을

처음부터 새로운 업태를 시작한 아시아 사업과 대조되는 것이 북미 사업이다. 2006년 당시 일본 대형 유통업체 다이에 산하였던 '다이에-USA'를 인수해 하와이에 진출한 이래, 미국에서는 일관적으로 인수합병을 통해 사업영역을 넓혀 왔다. 2013년에 회원제 할인점 '마루카이', 2021년에 고급 슈퍼마켓 '겔슨스'의 운영 회사를 각각 인수했다. 2024년 3월 말 기준으로 점포명도 고객층도 다른 65개의 점포를 운영하고 있다.

그중에서도 호조를 보이는 곳은 미국 로스앤젤레스를 중심으로 많은 점포를 운영 중인 '도쿄센트럴'이다. 그런데 왜 로스앤젤레스에서 도쿄일까? 게다가 센트럴은 어떤 의미일까?

"말 그대로예요. 도쿄 중앙이라는 의미죠."

이렇게 말하며 웃는 사람은 미국 등 해외 사업을 총괄하는 PPIH 이사 겸 전무집행임원 CMO(글로벌) 마쓰모토 가즈히로 씨다.

도쿄센트럴 등 미국 점포의 핵심 콘텐츠 역시 초밥과 해물덮밥을 비롯한 일본의 식품이다(PPIH 제공).

매장 안은 아시아를 석권한 돈돈돈키와 마찬가지로 일본의 식품을 강화한 슈퍼마켓이다. 이곳을 돈키호테라고 이름 붙이지 않은 데는 이유가 있다.

"(창업 회장) 야스다 씨가 말씀하셨어요. 돈키호테는 미국인이 볼 때 스페인어라서 일본이 연상되지 않을 것이라고요. 일본의 슈퍼임을 상기시키려면 어떤 점포명이 좋을까? 여러 가지 안이 올라와 최종적으로 '도쿄센트럴'로 정했습니다."

해외에서는 거리의 중심에 있는 철도역에 종종 '센트럴'을 붙인다. 도쿄센트럴도 일본의 수도 도쿄 한복판에서 온 매장을 연상시킨다. 굉장히 직접적으로 지은 이름이 결과적으로 로스앤젤레스의 소비자들에게 강한 인상을 준 셈이다.

유례없는 물가 상승으로 일본 식품은 점점 더 그림의 떡이 되어가고 있었다. 그런데 비교적 저렴한 데다가 무엇이든 손에 넣을 수 있는 놀라운 매장으로 도쿄센트럴은 소비자들이 요긴하게 사용할 만한 곳이다. 이곳의 상품 구성은 현지에서 거주하는 일본인들이 일본 슈퍼와 비교해도 손색이 없다며 보증할 정도였다.

도쿄센트럴은 2015년 1월에 인수한 '마루카이'를 개장하는 형태로 오픈했다. 마루카이는 원래 일본계 사람들을 위한 회원제 할인점으로 입지를 다졌지만, "로스앤젤레스에서 일본계 사람들이 줄어드는 가운데 5년 뒤, 10년 뒤를 내다보았을 때 이대로라면 용두

사미가 된다고 느꼈습니다. 로컬(현지) 고객을 더욱 늘려야 했어요"라고 마쓰모토 씨가 말했다.

'도쿄센트럴'로 간판을 바꾸고 일본 브랜드에 특화된 매장으로 변모하자 현지에 거주하는 일본인은 물론, 일본을 좋아하는 중국계 미국인의 발길도 끌어당겼다. 매출액은 개장 전보다 배로 늘었고, 신종 코로나 사태를 거치면서도 순조롭게 성장하고 있다. 아시아계 이외의 젊은 층이 방문하는 경우도 증가했다고 마쓰모토 씨가 말했다.

2023년 봄에는 현지에서 인력을 최대한 동원해 도시락, 반찬, 초밥, 해물덮밥의 공급을 본격화했다. 앞으로는 남은 마루카이를 전부 도쿄센트럴로 개장해, 도쿄센트럴의 새로운 점포를 점점 확장할 계획이다.

고급 슈퍼로 일본 음식 공세 펼치기

돈키호테는 할인점이라는 이미지가 강하다. 하지만 2021년 인수합병으로 산하에 둔 '겔슨스'는 로스앤젤레스 등 남부 캘리포니아를 중심으로 사업을 전개되는 고급 슈퍼마켓이다. 또한 창업 70년이 넘은 노포이며, "하이엔드 마켓으로, 경제적 여유가 있는 부유한 시니어층의 지지를 받고 있습니다"라고 마쓰모토 씨가 말한다.

다만 가족 단위 세대가 많은 지역에서는 겔슨스의 브랜드력이 다소 약하다. 돈을 벌고 있어도 집을 사고 아이를 키우다 보면 실제 쓸 수 있는 돈이 줄어든다. 가족 단위 세대의 구매 욕구를 어떻게 자극하는지가 과제였다. 여기에서도 돌파구로 떠오른 것은 일본 음식이었다.

"겔슨스 멤버들도 아시아에서 일본 음식이 특별하다는 이미지를 갖고 있습니다. 그들과 이야기하다 보면 미국인의 눈에 비치는 일본의 모습이 보입니다. 미국에서 오래 살고 있는 그들과 미국의 소비자를 대상으로 일본 상품을 판매한다면 어떻게 할 것인지 논의할 수 있는 것은 우리에게 큰 도움이 됩니다."(마쓰모토)

상품군을 넓힌다는 의미에서도 딸기와 사과를 비롯해 돈돈돈키와 도쿄센트럴에서 평가가 좋았던 일본산 제품을 넣기로 했다. 승부수를 던진 것이 2023년 11월 1일에 오픈한 '겔슨스 West LA at West Edge(웨스트에지)'다.

겔슨스가 PPIH 그룹에 들어가 처음으로 내놓은 새로운 점포이며, 프리미엄 슈퍼의 플래그십 스토어로 자리매김했다. 장소는 로스앤젤레스의 서부다. 웨스트에지는 주택, 오피스, 상업시설로 구성된 새로운 거리를 조성하는 대규모 복합 개발 프로젝트인데, 겔슨스가 입주 점포 중에 최대 면적을 차지했다.

여유로운 매장 내에서는 와인과 초밥의 페어링을 즐길 수 있는 '와인&스시바'와 베이커리 카페를 병설했고, 수제 반찬, 신선한 청과, 정육 등도 풍성하게 갖추었다. 식품마켓과 레스토랑을 융합한 '맛집 슈퍼마켓'으로 일본을 포함한 전 세계의 음식 체험을 내세워 고객층을 넓혀 갔다. 아시아계 주민을 단단히 사로잡은 도쿄센트럴과 미국의 부유층을 고객으로 품은 겔슨스. 이 두 개의 간판으로 미국 서부 해안의 마켓을 깊숙이 공략하는 전략이다.

도쿄센트럴의 라이벌은 한국계 슈퍼마켓인 'H마트'다. 1982년 미국 뉴욕에 1호점을 출점하고, 미국 전역에 약 90개의 점포를 운영 중이다. 한국을 비롯한 아시아의 식재료를 갖춰 놓은 것으로 정평이 나 있고, 캐나다와 영국에도 진출했다.

"(아시안 슈퍼마켓이라는 업태로) H마트가 100개의 점포를 냈다면, 그 정도 시장이 이미 존재한다는 뜻이에요. 도쿄센트럴로 아시아인 상권에서 확실히 수익을 거두어 아시아인 이외의 다수 세력을 취할 수 있는 업태를 창조할 것입니다. 그 과정에서 겔슨스와의 시너지도 발견할 수 있을 테고요. 그럴 수 있다면 북미 사업의 가능성은 무한대라고 봅니다. 다른 세계가 열릴 거예요"라고 마쓰모토 씨는 적극적이었다.

한편 열대의 섬인 미국 하와이에서는 인수한 매장의 이름을 남기는 형태로 다각화를 꾀하고 있다. 현지 밀착의 노포 슈퍼마켓인

'타임스 슈퍼마켓'을 오아후섬, 카우아이섬, 마우이섬에 24개 운영하는 한편, 오아후섬의 호놀룰루에서 '마루카이' 한 곳을 운영 중이다. 돈키호테도 일본과 현지의 생산품을 둘 다 취급하는 대규모 점포로 오아후섬에 3개의 점포를 마련해, 총 28개의 점포를 구성했다.

얇게 썬 고기는, 재팬 스타일 컷

"얼마나 차별화된 매장을 만들 것인지를 중요시하고 있습니다."(마쓰모토)

관광객이 많은 지역, 부유층이 많이 사는 지역, 이민자가 많은 지역, 그중에서도 일본계 사람이 많은 지역, 필리핀인이 많은 지역 등으로 세분화해서 진열하는 상품을 바꾼다고 한다. 그러는 사이에 입지를 불문하고 어디서든 잘 팔리는 핵심 콘텐츠가 부상했다. 바로 초밥과 얇게 썬 고기다.

어느 날 타임스 슈퍼마켓 매장에 일본 초밥 장인을 투입해 초밥을 진열하자 매출이 단숨에 치솟았다. "갑자기 120% 오르는 경우(전날 대비)도 있어요. 지금까지 하루 1,000달러를 팔지 못했던 매장이라도 초밥 장인이 들어가면 어디든 1,000달러를 반드시 달성해

요. 이미 가능성이 있는 거지요."(마쓰모토)

미국에서 초밥이라고 하면 캘리포니아 롤 같은 형태가 일반적이다. 일반적인 초밥은 특별한 느낌이 있어서, 그것을 슈퍼에 진열하면 보기 쉽지 않기 때문에 금세 팔린다고 한다.

그래서 일본 초밥 장인을 각 점포에 파견해 현지 직원들에게 생선을 써는 방법을 전수하기로 했다. 생선을 제대로 손질하기만 하면, 나머지는 밥을 뭉치는 로봇의 힘을 빌려 맛있는 초밥이 완성된다고 한다.

밥을 뭉치는 로봇은 오랜 역사가 있다. 1981년 스즈모 기공의 창업자 고(故) 스즈키 기사쿠 씨가 1호기를 개발한 초밥 로봇으로 거슬러 올라간다. 지금까지 장인의 기술로 여겨져 온 밥을 뭉치는 일을 자동화해서, 싸고 맛있는 초밥을 먹을 수 있는 일본 초밥 문화의 발전을 이면에서 뒷받침해왔다.

"생선을 썰 수만 있으면 밥 뭉치에 올릴 수 있습니다. 게다가 어설프게 사람이 밥을 쥐는 것보다 로봇을 사용하는 편이 폭신한 느낌으로 완성됩니다."(마쓰모토) 일본에서 탄생한 첨단 장비의 힘까지 활용해 초밥을 전 점포에 공급할 수 있는 체제를 조기에 갖추려는 전략이다.

그다음이 얇게 썬 고기다. 초밥은 영어 표기가 'SUSHI'가 될 정도로 세계적인 음식이 되었다고 하지만, 얇게 썬 고기가 왜 핵심 콘텐츠가 되었을까?

이는 샤부샤부, 스키야키, 야키니쿠 등 일본을 대표하는 고기 요리는 모두 얇게 썬 고기가 필요한데, 해외 슈퍼에서는 구하기가 어렵기 때문이다. 마쓰모토 씨는 이것이 차별화 포인트가 될 것이라고 생각했다.

덩어리 고기뿐인 미국에서 일부러 얇게 썬 고기를 양산했다. 얇게 썬 고기가 '재팬 스타일 컷'으로 널리 퍼질 수 있도록 우선은 하와이의 점포에 비밀 병기를 도입했다. 바로 와타나베 슬라이서다. 식육 가공 기계 등을 취급하는 기업인 와타나베푸드맥(나고야시)에서 만들어 낸 슬라이서로, 미국에서는 '와타나베 슬라이서'라고 일반 명사화가 될 정도로 알려져 있다. 현지 직원들도 처음 보는 와타나베 슬라이서의 위력에 흥분을 감추지 못했다.

"가즈(마쓰모토 씨의 애칭), 이것 봐. 와타나베 슬라이서가 들어갔으니 이제 완벽해."

얇게 썬 고기만 구하면 가정에서 맛볼 수 있는 일본 요리의 범위가 훨씬 늘어난다. 고기를 얇게 썬다는 작은 수고가 부가가치를 창출해 기존 매장의 매출을 단숨에 끌어올린 것이다. 얇게 썬 고기를 구하기 힘든 것은 미국에만 국한된 이야기가 아니다. 예를 들어 유럽에서도 일반적인 식품슈퍼에서 얇게 썬 고기를 보기가 어렵다. 열대의 섬을 무대로 전 세계 어디서나 싸울 수 있는 상품을 발굴한 것이다.

마쓰모토 씨는 현재 이사 직책으로 전 세계를 날아다니지만, 정작 본인은 이렇게 될 것이라고 전혀 상상하지 못했다고 한다.

"아르바이트로 들어가서 해외로 간다고는 상상도 못 했어요."

1995년, 마쓰모토 씨는 돈키호테 기사라즈점의 개점 스텝에 메이트(mate)로 들어가서 다음 해에 정사원으로 승격했다. 1997년 독립해 창업을 시도했지만, 좌절을 겪고 재입사 1호가 되었다. 아시아에서 '돈돈돈키'를 확장한다는 이야기를 듣고, 평생 다시없을 기회이며, 지금 가지 않으면 무조건 후회한다고 굳게 결심한 뒤 싱가포르로 보내달라고 직접 제안해 바다를 건넜다.

열정과 의욕이 있으면 바로 발탁하는 것이 돈키호테의 방식이다. 실력은 없었다고 겸손하게 말하는 마쓰모토 씨도 해외에서 온갖 풍파를 겪으며 점점 씩씩해졌다.

괌에 등장한 돈키 마을

2024년 4월 25일. 마침내 돈키호테는 미국 괌에 마을을 만들었다. 쇼핑몰 '빌리지오브돈키(VILLAGE of DONKI)', 직역하면 '돈키 마을'이 된다. PPIH 그룹 최대 규모의 상업시설이다.

그 중심이 되는 미국 첫 상륙의 '돈돈돈키'가 베일을 벗었다. 새로운 점포 10개에 상당하는 약 2만 5,000개의 아이템을 갖추고, 섬전체의 수요를 가져가겠다고 마쓰모토 씨는 기세가 등등했다. 일본의 식품과 화장품, 캐릭터 상품을 시작으로 하와이나 로스앤젤레스에서 반응이 있었던 얇게 썬 고기, 아시아의 돈돈돈키에서 큰인기를 끌었던 군고구마 등 지금까지 해외 사업의 성과를 가져온드림팀 같은 점포로 완성되었다.

오픈하자마자 새로운 유망주도 발견되었다. 잘게 썬 활어를 양념장에 찍은 하와이 요리 포케(pake)다. 차가운 포케와 따뜻한 밥을 나누어 제공했더니 큰 인기를 끌었다. 그 즉시 포케의 본고장 하와이 매장에 역수입했다. 이처럼 성공 사례를 확산시켜 나가며 앞으로 북미 비즈니스 확대의 발판으로 삼는 것도 괌 점포의 중요한 역할이다.

괌은 자유무역항이기 때문에 관세가 붙지 않는다. 따라서 일본에서 조달망을 구축해 경쟁사보다 낮은 가격을 실현했다. 미국 본토에서 매입하는 상품은 캘리포니아의 자사 창고에서 직송해 중간마진(수수료)을 절감했다. 2006년부터 쌓아온 북미 사업 '규모의 경제'를 활용해 높은 이익률을 확보하는 전략에 나섰다.

빌리지오브돈키에는 돈돈돈키에 더해 직영 초밥 레스토랑인 와카사쿠라, 드러그스토어 마쓰모토키요시, 100엔 숍 다이소, 우동의

괌에 등장한 빌리지오브돈키(PPIH 제공).

마루가메 제면, 카레 하우스 코코이찌방야 등 일본 업체의 입점을 적극적으로 유치했다.

한편 하와이 현지 타코 식당 마우이타코, 대만에서 온 홍차 전문점 완포티숍 등도 입주하고 있어 일본, 아시아, 미국의 장점만을 고루 살린 라인업이 완성되었다.

하와이에서도 도쿄센트럴로

2주 뒤인 2024년 5월 10일에는 하와이 최초의 '도쿄센트럴'을 오픈했다. 오아후섬의 카일루아 쇼핑센터 한 모퉁이에 있으며 라니카이 해변과도 가깝다. 현지 주민뿐 아니라 많은 관광객으로 북적이는 구역이지만, 인근에 일본 식품을 취급하는 슈퍼나 음식점이 없는 것에 주목했다. 인수한 현지의 타임스 슈퍼마켓을 리뉴얼해서 일본의 음식을 중심으로 한 도쿄센트럴로 공세를 펼치기로 했다. 일본과 하와이를 융합시킨 'Kawaii & Hawaii' 코너를 마련해, 일본의 캐릭터 상품과 하와이의 기념품을 갖춘 매장으로 주민과 관광객을 전부 잡으려는 전략이다.

돈키호테의 창업에 이어 해외 사업을 처음부터 개척한 PPIH 창업 회장 겸 명예 고문 야스다 씨는 **"일본의 음식은 제2의 자동차 산업이 될 수 있다"**라고 확신에 차서 말했다. 세계를 석권할 만한 잠재력이 있는데도 전 세계의 일식 레스토랑이나 슈퍼마켓 대부분을 외국인이 경영하고 있다는 것은, 일본에 큰 손실이라는 뜻이다. 이것이 PPIH 그룹을 일본 밖으로 밀어내는 엔진이 되고 있다.

JP모건증권의 무라타 다로 시니어 애널리스트는 아시아에서 돈돈돈키의 업태가 거의 확립된 것에 비해, 북미는 인수합병 대상 기업에 개선할 여지가 크다고 지적한다. 2023년 6월기 북미 사업의 매출액은 전기 대비 20% 가까이 성장해 2,335억 엔으로 호조이지만, 한층 더 성장할 수 있다고 보는 것이다.

아시아와 북미의 매출액을 합하면 이미 3,000억 엔을 넘지만, 목표는 해외에서만 매출액 1조 엔이다. 세계는 넓고 PPIH가 아직 진출하지 않은 지역이 많다. 미개척의 비옥한 시장은 끝없이 펼쳐져 있지만, 지금까지 일본 소매기업들은 번번이 서구의 높은 벽에 가로막혀 '아시아 기업'이라는 한계를 벗어나지 못했다.

'팬 퍼시픽'이라고 붙인 회사명대로 환태평양을 두루 돌아다니는 세계적인 소매업 그룹을 향해 장대한 모험담은 이제 막 시작되었다.

유루캬라의 원조?
Z세대에게 인기 있는 돈펭

돈키호테의 공식 캐릭터라는 바로 '돈펭'이다. '유루캬라'(일본의 지
자체나 기업이 홍보 목적으로 만드는 마스코트 캐릭터-옮긴이)라는 말이 없
던 1998년, 사내 공모로 탄생했다.

돈펭은 남극에서 태어나 도쿄에서 자란 펭귄이라는 설정으로,
생일은 9월 8일의 남자아이다. 키, 몸무게, 가슴·허리·엉덩이 모
두 98cm(kg). 취미는 다이빙, 낚시, 동영상 공유 사이트 틱톡으로,
의외로 활동적이다.

심야영업을 하는 돈키호테와 마찬가지로 돈펭도 밤을 매우 좋아
한다. 돈키호테에서 종종 눈에 띄는 '달에 올라탄 돈펭' 일러스트
에는, 밤에 외로우면 항상 돈펭이 있으니 돈키호테로 오라는 메시
지가 담겨 있다.

돈펭이 새로 태어난 것을 계기로 제작된 것이 돈키의 테마송 〈미
라클 쇼핑〉이다. 모처럼 캐릭터가 생겼으니 노래도 있으면 좋겠다

고 생각한 창업자 야스다 다카오 씨가 가수로 데뷔한 경험이 있는 사원(당시) 다나카 마이미 씨에게 작사와 작곡을 제안했다. 다나카 씨는 실제로 장바구니를 들고 매장 안을 돌아다니며 '쇼핑할 때 저절로 타게 되는 리듬'을 멜로디에 담았다. "기분은 보물찾기" "볼륨 만점 초저가 정글" "한밤중에도 즐거운 매장"이라는 돈키호테의 매력이 멋지게 가사로 표현된 것이 특징이다.

다나카 씨가 돈키호테에 들어간 것은 음악 활동을 하기 위해 생활비를 벌어야 했기 때문이었다. 1994년 우연히 집 근처에 있던 돈키호테 1호점인 후추점에서 메이트 구인을 보고, 음악 활동과 병행할 수 있을 것 같아서 들어갔다. 타고난 감성을 살려서 팝 광고를 쓰고, 정글 같은 매장을 만들자 금세 매출이 늘어났고, 야스다 씨에게 정규직으로 스카우트되었다. 다나카 씨는 그 후 간부로 등용되어 부장 자리에까지 올랐다. 돈펭도, 테마송도, 사내에서 만들었다는 것은 현장을 중시하는 돈키호테의 색깔을 잘 보여준다.

돈펭 샌들로 큰 인기를 끌다

'25세'가 된 돈펭은 사람으로 비유하면 Z세대다. 신기하게도 지금 돈펭이 귀엽다며 빠진 사람도 여고생을 비롯한 Z세대다. 2020년경부터 돈펭이 그려진 티셔츠나 돈펭의 얼굴을 크게 장식한 샌들이 불티나게 팔리면서 돈펭 상품이 SNS에서 화제가 되었다. 돈펭의 존재가 Z세대 방문에 큰 동기가 되고 있다.

돈펭 샌들을 고안한 것은 PPIH 홍보실 실장을 맡고 있는 가마다 고헤이 씨다. 메이트 출신으로 돈펭과 함께 경력을 쌓아왔다. 그야말로 돈펭에 대한 깊은 애정이 낳은 히트상품이라고 할 수 있다.

이때부터 돈펭 상품을 양산하는 사내 프로젝트가 가동

하기 시작해 2023년 8월에는 전국의 돈펭 팬을 모은 '돈펭 서밋'를 개최했다. 팬에게서 직접 아이디어를 모아 발매된 것은 돈펭의 아크릴 스탠드, 숄더백, 접이식 거울이다. 팬들의 뜨거운 마음을 받아들여서 차례차례 상품화로 진행하고 있다.

그리고 돈펭의 인기를 또렷이 보여준 '사건'은 2022년 12월 발생했다.

돈펭의 졸업이 파문을 일으키다

돈키호테의 공식 트위터(현 X) 계정에서 '중요한 공지'라는 제목으로 공식 캐릭터 자리를 돈펭에서 새로운 캐릭터 '도조짱'으로 교대한다고 발표했다. 돈키호테의 오리지널 상품 브랜드 정열가격을 더 널리 알리려는 의도였지만, 타임라인에서는 단호히 반대를 외치는 글들이 줄을 이었다.

"인정 못 해!"

"이게 가능한 일? 교대 안 해도 되는데."

"오늘 만우절 아니에요."

"그런 짓하면 이제 돈키호테 안 가요."

일반 사용자뿐 아니라 다른 기업 공식 계정까지 서운하다는 반

교토 　　　　　 아이치 　　　　　 홋카이도

응을 내놓자 논란이 되었다. 개중에는 논란을 노린 마케팅이라는 의심도 제기되었지만, 그렇지 않았다. 실은 이때 사장 CEO 요시다 나오키 씨를 비롯한 임원들은 정말 아무 말도 듣지 못했던 것이다.

급히 임원 회의가 열렸고, 그날 밤에 돈펭의 졸업을 철회했다. 공식 트위터 계정에서 '사죄와 보고'라는 제목의 문서를 공표해 "우리가 생각하고 있는 이상으로 고객이 돈펭을 생각하는 마음을 재확인할 수 있었습니다. (중략) 다시 한번 돈펭을 깊이 생각하고, PPIH 그룹 전 직원 일동은 영원히 돈펭을 사랑할 것입니다. 이번에 큰 소란을 피워 죄송합니다"라고 맹세했다.

오키나와   후쿠오카   오사카

기념일도 등록하는 현지 캐릭터화

돈펭은 출점 지역이 넓어지면서 지역색을 강화해나갔다.

마리모(홋카이도), 팬더(도쿄), 샤치호코(아이치), 마이코(교토), 다코
야키(오사카), 명란젓(후쿠오카), 시서(오키나와) 등 그 지방 특유의 모
자를 쓴 표정이 풍부한 현지 돈펭이 차례차례로 등장했다. 지금은
해외 버전도 있고, 정월이나 칠석 같은 계절 이벤트, 별자리를 딴
돈펭 등 수없이 많은 변형이 있다.

참고로 돈펭 옆에 자주 등장하는 여자 펭귄의 이름은 '돈코'다.
배의 빨간 하트 무늬가 트레이드마크로, 친구 돈펭을 쫓아 남극에
서 왔다. 3월 3일생이다. 돈펭, 돈코의 생일은 일본 기념일 협회에
의해 각각 돈펭의 날, 돈코의 날로 인정받고 있다. 지금은 돈펭 탄
생제, 돈코 탄생제를 개최할 정도로 인기가 있다.

아오모리	아키타	이와테	야마가타	미야기	후쿠시마
니가타	군마	도치기	이바라키	지바	사이타마
도쿄	가나가와	시즈오카	야마나시	나가노	도야마
이시카와	후쿠이	시가	기후	미에	나라
와카야마	돗토리	시마네	효고	오카야마	히로시마
야마구치	도쿠시마	가가와	에히메	고치	사가
나가사키	오이타	미야자키	구마모토	가고시마	하와이

2023년 9월의 돈펭 탄생제에서는 돈펭 최초의 공식 단행본인 『돈펭과 돈코의 극악 난이도를 넘은 충격 난이도의 틀린 그림 찾기』가 출간되었다. 『돈펭 영어 회화 순발력 있게 말하면 멋진 표현』도 출간되어 돈펭은 마침내 학습서에도 진출했다.

돈키호테의 세계 진출과 함께 바다를 건넌 돈펭. 싱가포르에서는 이미 정규 시민권을 얻었다. 이는 기업 캐릭터의 영역을 넘어 세계적 브랜드가 될 가능성을 내포하고 있다.

제 **2** 장

자유자재로 변신하는
매장 구성

전국에서 터져 나온
반성문

2023년 8월 24일, 도쿄 시부야에 **도미세**라는 이름의 새로운 업태가 등장했다. 팔고 남은 산더미 같은 상품과 함께 얼굴을 내민 사원의 반성문이 늘어서 있었다.

"대량으로 만들어 남고 말았습니다" "상품의 장점을 선달하지 못했습니다" "본체의 색상을 파스텔 핑크로 한 것이 완전실패였습니다"

너덜너덜한 골판지에 크게 쓰인 **완전실패**(ドすべり)라는 글자. "이 대로 팔리지 않으면 관두겠습니다"라고 선언하고, 세금 별도로 10엔, 100엔이라는 초저가에 판매하고 있다.

'도미세'는 할인점 돈키호테의 오리지널 상품 브랜드인 '정열가격'을 모아 놓은 플래그십 스토어다. 모든 코너 명칭에 '도(ド)'가 붙어 있으며 **도과자**, **도밥**, **도뷰티** 등 카테고리별로 상품이 진열되어 있다. 그중에서도 유달리 이색적인 것은 정열가격의 실패작을 모

은 완전실패 코너다. 실패를 허용하고 지나치게 공격적이었을 뿐이라며 오히려 무용담으로 바꿔놓았다. 전 세계를 둘러봐도 이런 연출이 버젓이 통하는 곳은 돈키호테 이외에는 없을 것이다. 숨길 것도 없이 선구자들이 요란하게 저질러온 역사가 있기 때문이다.

"실패는 지천에 널렸어요. 이 회사에 실패한 적이 없는 사람은 아마 없을 겁니다."

돈키호테를 운영하는 PPIH 상석집행임원 CIO(최고통합책임자) 가루베 데쓰야 씨는 그렇게 호언장담했다.

완전실패는 상품 개발의 실패지만, 이에 앞서 2년 전, 매입의 실패를 드러내는 프로젝트가 시동을 걸었다. 바로 **실패마켓**(しくじり 市)이다.

지나치게 매입을 많이 한 상품을 떨이나 다름없는 가격으로 팔았다. 2021년 9월, **담당자의 매입 실패마켓**이라고 이름 붙여 12개의 점포에서 처음 개최하자 큰 화제를 모았고. 다음 해 2022년에 전국으로 확대했다. 제목은 '**돈키호테 전국 실패마켓 완전 떠들썩하게 저질렀습니다**'이다. 홈페이지에는 이런 알림이 게재됐다.

날마다 전력으로 초저가 상품을 매입한 결과,

전국의 돈키호테에서 떠들썩하게

실패하고 말았습니다.

각지에서 터져 나온 담당자의 거듭된 매입 실패…

잘 팔릴 것이라고 생각했던 것은 담당자뿐이었습니다.

거듭되는 실패가 창고를 압박하고 있습니다.

이대로는 날마다 달라지는 고객의 니즈에

맞출 수 없다고 크게 반성했습니다.

이 사태를 개선하고,

고객에게 새로운 초저가 상품을 제공하기 위해

돈키호테 전국 실패마켓을 개최합니다.

재고를 전부 처리하는 세일이기 때문에 아무리 팔아도 적자다. 그러나 홍보 효과가 커서 실패마켓을 계기로 처음 돈키호테를 방문했다는 고객도 적지 않다고 한다.

"우리 회사에는 '사람의 실패만큼 흥미로운 것은 없다'는 공통 언어가 있어요. 창업 회장님(야스다 다카오)의 말씀이지만요. 우리가 보기에 각각의 상품은 (매입 실수로 인해) 적자로 손해를 보고 있는 것이지만, 타인의 손해를 즐기고 싶어 하는 것이 사람의 본성입니다. 고객의 입장에서는 돈키호테가 실패했기 때문에 재밌게 느껴집니다. 그래서 손님을 모을 수 있었던 측면이 있어요."(가루베)

한 번 방문하면 다른 상품에도 눈길이 간다. 신규 고객의 개척뿐 아니라 구매까지 유발해 매출도 증가한다. 실패를 드러내 매장의 평판이 떨어질 리스크도 있지만, 오히려 교묘하게 고객의 구매 의욕을 자극해 팬을 늘리는 데 성공했다.

실패는, 무료 수업료!

"어떻게든 재고문제를 해결해야 했습니다."(가루베)

실패마켓을 시작한 계기는 이런 위기감이었다. 본사가 취합해 상품을 발주하고 현장은 매뉴얼대로 움직이면 되는 일반 체인점과 달리, 돈키호테는 현장에 전적으로 권한을 위임한다. 사원뿐 아니라 메이트라고 부르는 아르바이트에게도 상품 매입, 가격 책정, 팝광고 작성, 상품 진열까지 맡긴다.

그렇기 때문에 현장에서는 과도하게 매입해서 당황하는 오산이 빈번히 일어난다. 실패가 쌓이면 재고가 늘어나 상품회전율이 떨어진다. 그만큼 이익을 압박해 경영을 갉아먹는다. 그렇다고 현장에 어떻게 하라고 명령하는 것은 돈키호테의 방식에 어긋난다. 실패를 허용하면서 영업이익을 올리려면 어떻게 해야 할까?

그래서 생각해낸 것이 **실패를 소재로 해서 판매하는 역발상**이다. 이 전략은 '실패마켓'이라는 인상적인 명칭도 맞물려 순식간에 SNS로 확산되었다. 실패를 긍정적으로 마무리하는 장소가 생기자 매

호평을 받으며 전국에서 개최된 실패마켓(PPIH 제공).

입 담당자도 틀림없이 가슴을 쓸어내렸을 것이다.

소매업에서 매입은 장사의 핵심이다. 체인스토어 방식의 경영에서는 중요한 매입을 본사가 담당하며, 불량 재고를 떠안는 책임도 본사에 있다. 하지만 돈키호테에서는 매입을 현장에 있는 개개인이 담당하기 때문에 책임도 당사자가 진다. 무조건 팔릴 것이라고 생각해서 매입했는데, 팔리지 않으면 담당자는 몹시 초조해질 것이다. 그러나 가루베 씨에 따르면 돈키호테에서는 매입에 실패해도 상사에게 혼나는 일은 없다고 한다. 성장의 밑거름이 되기 때문이다.

"어떻게 했으면 팔렸을까? 어떤 식으로 팔아야 좋을까? **실패했기 때문에 이렇게 진지하게 생각하게 됩니다. 무료 수업료가 되는 셈이에요.**"(가루베)

가루베 씨 본인도 수없이 많은 실패를 겪었다. 지금도 기억에 생생한 것이 25년 전 입사 초기, 가전 담당이었을 때의 일이다. 지금은 대기업 가전 브랜드와도 거래하는 돈키호테이지만, 당시에는 기업들이 상대해주지 않았다. 가루베 씨는 눈에 띄는 상품을 빠르고 싸게 매입할 수 있도록 도쿄 아키하바라의 현금 도매상에 자주 다녔다.

"현금 도매상은 시세가 매일 바뀌어요. 어느 날 싸다고 생각해서 2만 엔에 100대를 매입한 상품이 다음날 1만 3,000엔이 되어 있더라고요. 그다음은 지옥이죠. 단번에 시세가 폭삭 떨어지니 차액인 7,000엔은 어떻게 해야 하나. 어쩔 수 없이 적자를 각오하며 울며 불며 팔았습니다. 그런 경험이 많아요."

의지할 수 있는 것은 자신의 감과 경험, 그리고 배짱뿐이다. 돌이켜보면 쌓아 올린 실패만큼 얻는 것도 컸다고 한다. "실패해도 좋다고 말해도 세상에는 실패하는 방법을 모르는 사람이 태반이잖아요"라고 가루베 씨는 말했다.

도전이 없으면 실패도 없다. 실패했다는 것은 리스크를 감수했다는 증거이기도 하다. 도전할 수 있을 만큼의 권한이 현장에 있기 때문에 그 경지에 도달할 수 있다. 세상에는 리스크를 감수할 권리조차 갖지 못하는 사람도 많지만, 돈키호테는 다르다.

"모두가 실패를 반복하며 어떻게든 하기 위해 조바심을 내고, 발버둥 칩니다. 그것이 지금도, 내일도, 모레도 계속 전국에서 일어나고 있어요. 이것이 우리의 강점입니다."(가루베)

이것은 돈돈돈키를 비롯한 해외 점포에서도 마찬가지다. 점장 이하로 일본인은 한 명도 없지만, 그대로 매장이 돌아가고 있다. 체인점의 상식을 완전히 무시한 거꾸로 가는 경영에서 그야말로 진면목을 보여주고 있다.

개업 약 8개월 만의 놀라운 폐점

실패하고 방향을 전환하는 것은 개개인만이 아니다. 사내 프로젝트도 마찬가지다. 새로운 업태로 대대적으로 등장한 '도미세'의 경우, 2024년 4월 7일 24시를 기점으로 1호점인 '시부야 도겐자카도리 도도점'이 갑자기 문을 닫았다.

오픈한 지 8개월도 되지 않았을 때였다. 조기 철수한 것은 오픈 전 예상했던 매출에 미치지 못한 기간이 이어졌기 때문이다. 바로 근처의 메가돈키호테 시부야 본점과 자기잠식을 일으켜 매장의 매력을 제대로 알리지 못한 것이 요인이라고 파악했다. 보도자료에는 다음과 같은 자학 섞인 글이 적혀 있었다.

도미세는 '도(ド)'를 넘어선 놀라움이 모이는 '놀라운 전문점'을 콘셉트로 내걸었는데, 이 매장에 관해서는 대대적으로 오픈한 지 1년을 채우지 못하고, 폐점이라는 가장 큰 놀라움을 제공하는 사태가 벌어졌습니다.

그래도 돈키호테는 주저앉지 않았다. 뒤를 이어 2024년 4월 23일에 개점한 매장이 10대부터 20대 중반의 Z세대를 타깃으로 한 **키라키라돈키**(キラキラドンキ, 반짝반짝 돈키)다.

'놀라운 전문점'에서 '반짝반짝 전문점'으로 탈바꿈해서 세계적으로 인기를 끄는 일본의 귀여움을 선보이는 매장으로 변모했다.
화장품, 스킨케어, 헤어케어, 컬러 콘택트렌즈 등 귀엽고, 예쁜 것
들을 스스로 프로듀싱할 수 있는 상품을 내놓았다.

인바운드(일본 방문 외국인) 손님을 끌어들이기 위해 복고풍 불량
식품 코너나 빨간 초롱을 걸어 술집 느낌을 내는 술 코너 등 '재패
니즈 팝 컬처'도 표현했다. 놀라운 폐점 후 지체 없이 재기를 꾀했
다. 변신이 빠른 돈키호테 방식의 한 수였다.

'키라키라돈키'는 도쿄 오다이바를 시작으로 나고야, 삿포로에
도 점포를 넓혔고, 이번에 시부야 도겐자카도리 도도점이 5번째 매
장이 되었다. 요코하마 월드포터스점과 같은 날 출점해서 요코하
마와 시부야라는 거대 상권을 한꺼번에 공략하려고 했다. 실패를
기회로 보고 공세에 나선 것이다. 그 반복이 '이단아 돈키호테'를
거대 소매기업으로 끌어 올렸다.

키라키라돈키를 선택한 것은 Z세대를 사로잡는 데 확실한 가능
성을 느꼈기 때문이다. 눈에 띄는 성장을 보여준 곳은 나고야역 앞
의 키라키라돈키다. 그곳에서 목격한 것은 지금까지의 돈키호테
이미지를 뒤바꾸는 놀라운 광경이었다.

Z세대의 성지가 된
돈키호테

나고야역 앞의 패션 쇼핑몰 긴테츠파세의 5층에 여고생들이 줄지어 들어가는 장소가 있다. 목적지는 '키라키라돈키'다. 매장의 디지털 간판에는 이렇게 적혀 있었다.

Z세대의 성지 #키라키라돈키예요

핑크를 바탕으로 한 선명한 상점 내부는 그야말로 반짝이는 느낌이 넘친다. 고객층이 매우 젊어서 30대 후반의 필자는 왠지 진정이 되지 않았다.

로드숍도 아닌데 여고생들이 무리 지어 이 매장을 찾는 것은 다채로운 상품 구성에 있다. 교복, 저렴한 화장품, 팬 활동용 아이템, 산리오 상품, 한국의 잡화, 젤리 등의 포켓 과자까지. 사진 찍기 좋은 공간을 구축해놓은 매장 안에 Z세대 사이에서 유행하는 아이템이 빽빽하게 진열되어 있다.

가장 눈에 띄는 공간은 컬러 콘택트렌즈 코너다. 지금 가장 주목받는 여성 모델들의 포스터가 한데 모여 "당신은 분명 반할 거예요" "마음을 사로잡는 무적의 렌즈" 등의 광고 문구가 쇼핑객들을 홀린다. 이 매장의 컬러 콘택트렌즈 매출액은 전국적으로 최고 수준이다. 소형 점포이고 오후 8시까지 10시간만 영업하는데도, 아이치현 내의 돈키호테 중에서 24시간 영업을 하는 대형 점포인 돈키호테 사카에 본점의 뒤를 잇는다.

판매 수량은 한 달에 몇천 점 단위다. "학교에서 돌아오는 길에 모두 컬러 콘택트렌즈를 사러 와줍니다. 오픈했을 때 목표보다 판매가 대폭 늘었어요"라며 웃는 사람은 이 매상의 점장을 맡고 있는 오모리 오카 씨. 27세의 Z세대이지만, 이미 돈키호테 경력 10년 이상의 전문가다.

오모리 씨는 아이치현 도요타시에서 태어나고 자라서 고교생 때 메이트로 돈키호테 도요타점에서 일하기 시작했다. 아르바이트를 하면서 책임 있는 업무를 맡아 "(당시의 선배보다) 무조건 내가 매출을 올릴 거야"라고 경쟁 의식을 불태워 21세에 정사원으로 입사했다. 그러다가 기후현 내 돈키호테에서 장난감 매장의 책임자로 있던 2023년 3월의 일이다. 지사장이 갑자기 직접 면담을 요청했다.

"이번에 나고야역 앞에 '키라키라돈키'라고 하는 매장을 냅니다.

점장을 할 사람은 당신밖에 없어요. 꼭 해주세요.”

오픈은 2023년 6월. 시간이 별로 없었다. 솔직히 불안하기도 했다. 거기다가 긴테츠파세의 키라키라돈키는 도쿄 오다이바에 이은 2호점으로 도카이 지방의 첫 출점이었다. 현지 미디어가 일제히 보도할 정도로 세간의 주목도가 높았다.

“저는 점장 경험도 없고, 도심 점포에서 일한 적도 없고, 키라키라돈키가 타깃으로 하는 화장품이나 과자를 취급한 적도 없었어요.”(오모리)

하지만 지사장은 어느 때보다 진지한 눈빛이었다. 간곡한 부탁을 거절할 수 없어 그 자리에서 점장 자리를 수락했다.

25명 메이트 모집에 464명 지원

가장 힘든 일은 채용 면접이었다. 돈키호테에서는 염색도, 네일도, 피어싱도 자유다(제4장 참조). 이 매장에서는 더 나아가 사복 근무까지 가능하게 했다. 자신답게 일할 수 있다는 점이 좋아 보였는지, 25명의 메이트 모집에 1주일 동안 250명이 지원했다. 이후에는 464명으로 불어났다. 매일 아침부터 면접을 보는 날들이 이어졌다.

“매장에 맞는 사람을 판별하기가 너무 어려워서 첫 일주일이 가

장 힘들었어요."(오모리)

다만 자기 나름대로 이런 매장을 만들고 싶다는 비전은 가지고 있었다.

"방문하는 고객이 좋다고 느끼는 매장을 만들고 싶었어요. 역시 나고야역 앞이기 때문에 세련되어 보이고, 머리카락도 여러 가지 색을 시도하면서 사복도 귀엽게 입는 사람들을 뽑았습니다."

반드시 했던 질문은 "평소에 어디에 돈을 사용하세요?"였다. 취미가 많은 것은 물론이고, 특히 늘 입는 옷을 중시했다.

"어떤 고객이라도 들어오기 쉽도록 (종업원의) 의상 계통도 일부러 여러 장르로 할까 싶었어요. 빈티지를 좋아하는 사람도 있고, 러블리한 패션, 위태로운 병약미를 추구하는 패션, 캐주얼하게 입는 사람도 있어요."(오모리)

돈키호테에는 **고객친화성**이라는 말이 있다. 매장 구성을 타깃 고객에 가장 가까운 점원이 관여해야 한다는 생각이다. 실제로 긴테츠파세의 키라키라돈키에서도 오모리 씨의 면접 거쳐 평균 연령 19세라는 Z세대의 중심에 있는 다양한 스타일의 점원들이 모였다.

점원이 Z세대이기 때문에 Z세대의 트렌드를 훤히 알 수 있다. 자신의 주변에서 쓰는 아이템을 적극적으로 매입하고, SNS를 이용해 인플루언서들의 애용품을 샅샅이 확인하는 것도 게을리하지 않는다. 그 안에서 새로운 인기 상품이 나오기 때문이다.

특히 매장의 얼굴이 되는 입구는 진열 상품을 자주 교체해 신선도를 유지한다. 아이패드를 이용해 눈길을 끄는 팝 광고를 양산하고, 키라키라돈키 한정 상품으로 토트백이나 클리어파일 등도 마련했다.

판매 목표를 달성하면 "대박!"이라고 분위기를 띄워 매장의 사기도 올렸다. 반대로 잘 안 팔리면 무엇이 잘못되었는지 반성하고 다음에 살린다. 그런 행동은 마케터 그 자체다.

점포는 현장 조사의 무대이기도 하다. 방문객이 어느 상품 앞에 오래 있는지, 바구니에 자주 넣는 물건이 무엇인지, 어떤 사복을 입고 있는지, 어느 정도 길이의 양말을 신고 있는지. 이런 모습을 날마다 관찰하면 고객을 추가로 모으는 데 돌파구가 되어 준다.

컬러 콘택트렌즈 코너를 과감히 넓히거나 조끼, 카디건 같은 교복 스타일, 가방의 구색을 늘린 것도 뿌리 깊은 수요가 있다고 감지했기 때문이다. 가장 유의하는 것은 상품도, 공간도 일단은 귀엽게 보이는 일이었다. 그래서 진열 스타일도 바꿨다.

"(이른바) 돈키호테식 진열을 하면 별로 귀엽지 않아요. 어떻게 하면 더 예뻐 보일지 '로프트'나 '플라자' 같은 다른 매장도 개인적으로 둘러보면서 매장의 진열 방식을 공부하고 있어요."(오모리)

방문객의 니즈를 파악하기 위해 아날로그 기법도 도입했다. 바로 '의견상자'다.

키라키라돈키에 두었으면 하는 물건 모집 중!

매장 중간쯤 분홍색으로 포장한 버스형 매대 옆에 돈키호테의 공식 캐릭터인 돈펭과 돈코 일러스트를 곁들여 설치했다. 디지털 전성시대에 과연 어느 정도의 효과가 있을까 의구심도 들었지만, 뚜껑을 열어보니 예상을 뛰어넘는 반응이 있었다. 많을 때는 일주일에 50장 정도의 수기 메시지가 들어 있었다. 오픈 2개월 만에 그 수는 400장을 넘었다.

"요즘은 화려하고 튀는 아이템을 원하는 의견이 많아서, 그걸 참고해 호피 무늬 키티 잠옷을 들여놨는데 순식간에 팔렸어요. 우리만의 지식으로는 한계가 있으니 고객의 목소리에 도움을 받고 있습니다."(오모리)

여고생들이 진짜로 원하는 것을 가시화하는 데 성공한 것만은 아니다. 쇼핑객이 봐도 자신이 원하는 상품이 실제로 매장에 진열되면 기분이 좋고, 또 오고 싶다고 생각할 것이다. 의견상자는 매장과 손님의 커뮤니케이션을 촉진해 단골 고객을 만드는 장치로도 기능하고 있다.

어느새 면적이 늘어나다

오픈하고 딱 반년 지난 2023년 12월 초. 긴테츠파세의 키라키라돈키를 방문하자 이변이 일어나고 있었다. 일반적인 영업을 계속하면서 같은 층에서 매장의 면적을 늘려 기간 한정 크리스마스 스토어를 오픈한 것이다.

트리, 오너먼트, 과자 전부 있어요~

크리스마스 아이템이 빽빽이 채워진 스토어 앞에서 홍보 담당자가 눈을 동그랗게 뜨고 있었다. 마치 아닌 밤중에 홍두깨처럼 '아니, 어느 사이에?'라고 감탄했다. 물어보니 점포가 입주해 있는 빌딩 오너 측과 교섭해 공간을 사용하게 되었다고 한다.

"이만큼 상품을 들여놓기가 힘들었겠어요."

홍보 담당이 오모리 씨에게 역질문을 거듭했다. "그래도 (사내의) 윗분들한테 허가는 받았어요"라고 오모리 씨는 끝까지 천연덕스러운 표정을 지었다.

"갑자기 (출점이) 정해져서 맨땅에서 판매 물품을 준비해야 했어요. 계절상품은 반년 전에 예약하지 않으면 (점포에) 들일 수 없는데, 제가 원래 장난감 담당이었기 때문에 주변 지인들에게 꼭 넣고 싶다고 부탁해서 들일 수 있었어요."

기간을 나누어 계절에 따라 팝업 스토어를 하는 시도는 2023년 10월의 핼러윈부터 시작되었다.

"본점과는 별개로 작은 매장이라는 이미지예요. 핼러윈 때도 3주 만에 텅텅 빌 정도로 전부 팔렸어요." 오모리 씨는 그 당시의 반응을 말했다. 긴테츠파세 측도 빈 공간으로 두기보다는 집객력이 있는 키라키라돈키에게 맡기는 편이 사람이 붐벼서 좋겠다고 판단한 듯하다.

의외였던 것은 Z세대를 타깃으로 매장을 구성했는데도, 그 부모나 조부모 세대도 발걸음을 한다는 것이었다. 오모리 씨의 말로는 "주말에는 정말 가족 단위의 고객만 있어요. 유모차를 밀고 오시는 분들도 눈에 띄어요. 남자 손님도 오시고, 손자의 부탁으로 선물을 사러 왔다는 할머니도 만났어요. 매장이 좁아서 죄송한 마음뿐이에요."

물론 좋은 일만 있는 것은 아니다. 젊음을 전파하는 매장인 만큼 때로는 지적도 있다. 직원들끼리 떠들고 있어서 쇼핑하기 불편했다는 불만이 도착했을 때는 젊은 직원에게 접객의 중요성을 어떻게 전달해야 할지 고민이 되었다.

"힘들게 발걸음해주셨는데 나쁜 이미지를 주는 것은 안타깝고 아쉬워요. 밝고 즐거운 매장으로 만들고 싶은데, 저도 직급상 할 말은 해야 하는 입장이지요. 아르바이트를 처음 해보는 사람도 있고, 혼나는 데 익숙하지 않은 사람도 있습니다. 그 사람의 장래를 생각할 때 일이 무섭다는 생각을 심어주기는 싫어서 대하기가 어려워요."

아직 20대 중반인데도 오모리 씨는 엄마 같은 표정이었다. "왜냐하면 가장 젊은 아르바이트생과 10살 차이가 나거든요. 제 동생보다 어려요."

시급 10엔 차이로 돈키호테를 고르다

처음에 오모리 씨는 왜 돈키호테에서 아르바이트를 시작했을까?

"큰 이유는 아니고요. 집에서 가까운 빵집보다 시급이 10엔 높았거든요."

베이커리까지는 자전거로 10분 남짓이었지만, 돈키호테까지는 20분 이상 걸렸다. 그래도 시급 790엔과 시급 800엔을 비교해, 시급 800엔인 돈키호테까지 원정을 가기로 했다는 것이다.

출발은 의류 담당이었다. 옷을 개는 작업이 도무지 재미없어서 식품 진열로 가겠다고 지원했다. 아르바이트를 계속하는 사이에 매입이나 가격 책정도 하게 되었다. 고등학교를 졸업한 타이밍에 장난감 담당이 되었고, 이후로는 완구와 자동차용품 등 아웃도어 상품의 담당이 되었다. 당시에는 〈요괴워치〉가 폭발적으로 인기를 끌었을 무렵이라서, 텔레비전 애니메이션 인기에 불이 붙는 광경을 목격했다.

장사 솜씨는 현장에서 연마된다. 무엇이 인기의 불씨가 되는지 자세히 좇다 보니, 몇 년 전부터 애니메이션보다 유튜브나 SNS를 통해 화제에 오르는 현상이 증가했다고 느꼈다.

"아이도 전철에서 스마트폰을 보고 있고, 어린이 유튜버도 있어요. 이제 트렌드의 근원지가 토이저러스가 아니라는 것을 깨달았습니다."(오모리)

SNS는 특기 분야가 아니었지만, 매출을 늘리기 위해서는 외면할 수 없었다. 이때 스마트폰을 중심으로 정보 수집을 시작한 것이 지금의 키라키라돈키 매장을 구성하는 데도 활용된다고 한다.

일반적인 체인점처럼 매뉴얼대로 작업하는 편이 아르바이트생에게는 편할지도 모른다. 다만 아르바이트도 매입과 가격 책정에 참여하기 때문에 지금까지 몰랐던 새로운 세계를 알 수 있다.

오모리 씨는 자신의 경험을 바탕으로 이곳에서 일하면 다른 곳에서는 절대 할 수 없는 경험을 할 수 있다고 아르바이트생들에게 기대를 불어넣는다. 지금은 자신이 앞장서서 매장을 꾸려가고 있지만, 머지않아 메이트만으로도 돌아가는 매장이 되기를 바란다고 한다. 이미 영업 시작과 종료 준비나 매출금의 입금 작업 등은 메이트만으로 가능하게 되었다.

"지금은 가격 책정에도 도전해보도록 하고 있어요. 각자 하고 싶은 일을 활기차게 해야 여러 가지 감성이 싹트니까요."

오모리 씨 자신도 여기서 멈출 생각이 없다고 한다. 자신의 힘으로 새로운 업태를 시작해 장차 5~6개의 점포를 묶는 총괄 점장 같은 역할에도 도전하고 싶다는 꿈이 있다. 가까운 시일에 여성 사원의 새로운 롤모델이 되어 있을지도 모른다.

오모리 씨가 개척한 나고야에서의 성과를 바탕으로 키라키라돈키는 드디어 확대 국면에 들어갔다. 2023년 12월에 삿포로시 스스키 근처에 있는 다누키코지 상점가에 3호점을 냈고, 2024년 4월에는 요코하마 미나토미라이의 쇼핑센터 요코하마 월드포터스와 도쿄 시부야의 '도미세' 자리에 같은 날 출점했다. 2024년 6월에는 백화점 하카타마루이에 입주해 규슈 지방에도 처음으로 상륙했다. Z세대의 성지로 만드는 데 전국적인 규모로 이름을 알리고 있다.

돈키호테에서는 최근 몇 년, 특정 카테고리를 파고든 특화형 점포를 전략적으로 늘리고 있다. Z세대를 대상으로 한 키라키라돈키는 그중 하나다. '○○돈키'의 시작으로 이목을 끈 것이 2021년 5월, JR도쿄역에 바로 연결된 핵심 상권에 문을 연 오카시돈키(お菓子ドンキ, 과자 돈키)와 오사케돈키(お酒ドンキ, 술 돈키)다. 어떤 의도로 출점했는지 3년 전으로 시곗바늘을 돌려보겠다.

도쿄역에서
과자와 술에만 집중하다

신종 코로나바이러스 충격으로 거리에 셔터가 내려간 JR도쿄역에 바로 연결된 야에스 지하상가. 2021년 5월 21일 돈키호테가 2장의 간판으로 도진장을 내밀었다.

현수막에는 **오카시돈키**, **오사케돈키**라고 적혀 있다. 통로를 사이에 두고 마주 보는 형태로, 매장의 면적은 두 점포 합계 169m²다. 한 점포의 크기는 편의점보다도 작을 정도로 꽤 협소하지만, 매장 안은 돈키호테 월드로 가득 차 있다.

먼저 오사케돈키 쪽으로 들어서자 나이트클럽을 연상시키는 네온사인이 눈부신 빛을 발했다. 매대에는 세계 각국의 진귀한 술들이 즐비하다. 그 소개글이 정말 돈키호테다웠다.

'테킬라 로즈 스트로베리 크림'에는 "**전 세계의 여성을 매료시키는 새로운 감각의 딸기×테킬라 리큐어!**", 병에 꽃잎을 집어넣은 '겟카' '요자쿠라마우'에는 "**무조건 사진발 잘 받음!**"이라는 한마디가 덧붙여 있었다. '엠프레스 1908 진'에는 **"어머 신기해!! 토닉을 넣으면 색이 바뀌어!"**라고 붙여 놓았다. 남미 고유 전통 허브주 '코카레로'에는 **"코카잎을 사용한 합법 리큐어"**라는 강렬한 카피가 도드라진다. 젊은이들에게 인기 있는 파티피플의 술 '클라이너 파이글링'은 20종 이상의 상품을 갖추었다. 이곳이 도쿄역이라는 것을 잊고, 밤에 열린 파티 느낌으로 가득 차 있었다.

오픈일에는 테킬라 '호세쿠엘보 1800 레포사도'가 계산대 옆에서 통상의 3분의 2의 가격에 팔리고 있었는데, "품질은 똑같이 가격은 초저가 병행 수입품!"이라고 저렴함을 어필했다. 통에서 막 꺼낸 독일의 생크래프트 맥주를 채운 페트병 생맥주는 "소매점 판매 최초!"라고 희소성을 전면에 내세웠다.

이 외에도 세계 맥주는 총 100여 종. 아이스크림 전용 과일주로 화제가 된 '죄 시리즈'(매혹 딸기, 타락 망고, 탐욕 키위)도 돈키호테 점포에 처음으로 등장했다. 선물하기 가장 적당한 크기로, 증류주를 중심으로 한 60종 이상의 미니어처 보틀도 진열해놓았다.

비싼 술도 빠지지 않는다. 구입하기 힘든 산토리의 위스키 야마자키, 히비키, 하쿠슈가 모두 갖춰져 있고, 한 병에 수만 엔을 호가하는 고급 샴페인까지 나란히 진열되어 있었다. 여기에도 "초 레어 상품 속속 입하!!" "만날 때가 살 때. 언제 전부 팔릴지, 언제 입고될지 모릅니다!!"라고 구매자의 마음을 자극하는 문구로 가득

밤 분위기의 오사케돈키. 화려한 전구 장식, 페트병에 들어 있는 생크래프트 맥주, 위스키 뽑기 등 놀이공원 같은 느낌으로 가득 차 있다(PPIH 제공).

했다.

입소문이 난 것은 뽑기다. 한 번 하는데 3,850엔(세금 포함)이며 같은 금액 이상의 위스키가 반드시 나온다는 꽝 없는 위스키 뽑기는, 100분의 1의 확률로 히비키 21년산(세금 포함 7만 6,780엔)이 나온다고 한다. 와인판 '미스터리 스파클링 와인 BOX'는 한 상자에 2,178엔(세금 포함)으로 4분의 1의 확률로 5,000엔 이상의 샴페인이 당첨된다. 참고로 가장 좋은 상자를 뽑는다면 28,050엔 상당의 '돔 페리뇽 화이트'가 있다.

어두운 오사케돈키, 밝은 오카시돈키

오사케돈키가 어딘지 모르게 밤의 분위기라면, 통로를 사이에 둔 오카시돈키는 밝은 분위기다.

동남아시아를 중심으로 세계 수입과자를 갖춘 월드이츠(world eats) 코너를 중심으로, 일본에서 살 수 있는 것은 여기뿐(당시)이라는 오스트리아의 카살리 초코 바나나, 대만 여행 선물의 정석인 파인애플 케이크, 8가지 색상이 알록달록한 레인보우 팝콘 등 저절로 발을 멈추게 되는 다채로운 라인업을 보여준다.

건담, 포켓몬스터 등의 피규어가 들어 있는 식품 완구 코너도 돈

도쿄역과 직결된 야에스 지하상가에는 오사케돈키와 오카시돈키가 통로를 사이에 두고 마주
보고 있다(PPIH 제공).

키호테 최초로 설치되었다. 자세히 보니 이름은 오카시돈키인데 라면 체인점 이치란의 컵라면도 섞여 있다. 안주가 될 만한 별미도 갖춰서, 오사케돈키와의 상성도 고려한 듯하다.

심지어 곤충식 코너도 있어서 누에, 쇠똥구리, 메뚜기, 유럽 집귀뚜라미 같은 곤충이 패키지로 판매되고 있다. **"분명히 말하지만 먹기 힘들어요. 좋아하는 분만 드세요!"** 담당자도 포기했다는 팝 광고가 되레 분위기를 살리고 있다.

특기 상품만으로 고객을 모으다

야에스 지하상가를 선택한 것은 일본의 수도 도쿄의 현관에 있는 명물 상가이며, 출점하는 것 자체에 가치가 있다고 생각했기 때문이다.

코로나 사태로 때마침 야에스 지하상가에도 공실이 눈에 띄었다. 돈키호테가 최근 강화하고 있는 역 앞의 일등지에 출점하는 전략을 상징하기에 더할 나위 없는 장소인 것이다.

돈키호테는 하네다 공항과 신치토세 공항에 **소라돈키**(ソラドンキ, 하늘 돈키), 오사카역에 **에키돈키**(エキドンキ, 역 돈키), 신토메이고속도로의 네오파사 시미즈 휴게소에 **미치돈키**(ミチドンキ, 도로 돈키)로 소

오카시돈키의 핵심은 수입과자를 갖춘 월드이츠(위). 곤충식 코너의 팝에는 "분명히 말하지만 먹기 힘들어요!"라는 담당자의 의견이 달려 있다(PPIH 제공).

형점을 내고 있다. 그러나 모두 상품의 종류가 넓어서 오카시돈키, 오사케돈키처럼 한 가지 테마로 승부하려는 시도는 처음이었다.

과자와 술에 집중한 것은 많은 사람에게 친숙한 아이템이기 때문이다. 코로나 사태로 멀리 가는 일이 어려운 와중에 집에서만 시간을 보내는 동반자로 그 수요가 증가했기 때문이다. 그렇다면 매장이 한정된 것을 역으로 이용해, 처음부터 상품 구성을 좁고 깊게 하는 편이 더욱 특화된 매장을 만들 수 있다고 생각했다.

"과자와 술이라는 우리의 주력 상품을 스핀아웃(spin-out, 하나의 기업 내 특정 사업부가 독립적으로 분사하는 것)해서 그것만으로 고객을 모집해 이익을 남길 수 있지 않을까 하는 생각으로 시작했어요. 나중을 위해 씨앗을 뿌린다는 실험적인 요소가 강했지만, 성공하면 기존의 점포에도 (그 노하우를) '수출'할 수 있어요." PPIH의 상무집행임원으로 신규 업태 개발 본부장과 돈키호테 부사장을 겸하는 스즈키 고스케 씨가 목적을 밝혔다.

상품 수는 오카시돈키가 약 1,000개, 오사케돈키가 1,200개 이상이다. 상품을 최대한 높고 촘촘하게 깔아주는 압축진열로, 좁은 매장이면서도 눈길을 사로잡을 만한 상품 구색을 확보한 것이 특징이다.

주목할 점은 이 가게가 '칼디(CALDI, 혹은 카르디)' 옆에 있다는 점이다. 식품 전문점인 칼디도 해외 수입식품을 많이 취급하지만, 비

교해보면 경쟁점이라기보다 다른 장르의 점포로 보인다. 동네 슈
퍼나 주류 판매점에서는 도저히 구할 수 없는 상품을 모아 차별화
를 꾀하고, 어뮤즈먼트(재미)가 높은 매장과 특가라는 느낌을 주는
연출로, 어디를 봐도 돈키호테라고 할 수 있는 독특한 공간을 만들
어 냈다.

출점한 지 2년 남짓. 코로나 사태가 끝나고 인바운드 고객도 돌
아왔다. 시행착오를 반복하면서도 야에치카의 돈키호테로 두 점포
는 지하상가에 융화되기 시작하고 있다.

○○돈키는 거대한 실험장

오카시돈키, 오사케돈키를 거쳐 돈키호테는 한 분야에 집중하
는 특화형 매장에서 가능성을 찾았다. 화장품에 특화된 **코스메돈
키**(コスメドンキ, 화장품 돈키), 전 세계 매운맛 상품을 모아 놓은 **쿄카
라돈키**(驚辛ドンキ, 매운맛 돈키), Z세대로 타깃을 좁힌 **키라키라돈키**,
H(Health)-A(Amusement)-P(Pretty)-P(Positive)-Y(Yummy)의 5가지 코
너로 구성된 **해피돈키** 등 **○○돈키**가 전국에서 속속 탄생하고 있다.

돈키호테가 전국에서 다루는 상품은 상당히 많다. 미국 아마존
닷컴의 오프라인 점포라고 할 만한 물량이다. 그 방대한 카테고리

안에서 특정 분야를 꺼내 새로운 업태로 선보인다. 그렇게 하면 완전히 새로운 매장처럼 보인다는 이점이 있다. 이 방법이 특히 효과적인 것은 쇼핑몰 내에 입점할 때다.

"쇼핑몰 안에 입점하려면 (통상적인) 돈키호테 포맷은 환영받지 못하거든요. 다른 입점 업체와 상품이 중복될 뿐 아니라 우리가 할인가격으로 판매하기 때문이에요. 다만 **한 분야의 상품에 특화해 깊이 파고든다면 쇼핑몰 안에서도 공존할 수 있습니다.**"(스즈키)

일반적인 길거리에 있는 점포와 비교하면 구획은 좁아지지만, 그만큼 시작에 들어가는 노력이 줄어들고, 투자 비용도 낮은 금액으로 가능하다. 무엇보다 평소 점포에 올 수 없는 고객층에게도 접근할 수 있다고 한다(스즈키).

○○돈키로 노리는 것은 고객생애가치(LTV)의 향상이다. LTV는 한 고객이 평생 창출하는 이익의 합계액을 말한다. 가능한 한 젊을 때 돈키호테가 즐겁다는 이미지를 갖게 되면, 나이가 들어도 돈키호테를 선택하는 우선순위가 높아진다. 예를 들어 키라키라돈키로 처음 돈키호테에 발을 들인 10대 여고생이, 대학생이 되어 부모 곁을 떠나 가장 가까운 역에 있는 돈키호테에서 쇼핑을 한다. 결혼해서 아이를 키우게 되면 대형 매장인 메가돈키호테에 가서 신선식품을 구매하는 사이클이 돌아간다.

테마 특화형인 ○○돈키는 입지가 협소하기 때문에 매출이나 이

코스메돈키, 쿄카라돈키, 해피돈키 등 한 분야 특화형 ○○돈키가 속속 탄생하고 있다(PPIH 제공).

익 측면에서 기여도가 낮지만, LTV 경영이라는 관점에서 보면 돈키호테를 알리는 광고탑으로 꽤 효과적이다. 그뿐 아니라 본사의 상품부에서도 파악하지 못한 숨은 히트상품의 발굴에도 도움이 되고 있다고 한다.

키라키라돈키를 나고야에 출점하면서 스즈키 씨가 놀란 것은 팬활동용 아이템의 열기다. 스트랩에 자신이 응원하는 아이돌의 이름을 넣어 들고 다닌다. Z세대를 중심으로 퍼지는 이런 트렌드를 매장 측이 재빨리 파악해 진열해놓았더니 불티나게 팔렸다.

"저라면 아이돌 이름을 넣은 스트랩 같은 건 절대 들여놓지 않을 거예요. 허허. (현장의) 여성들에게 권한을 주었기 때문에 이런 히트상품이 연달아 생겨나는 것이겠지요."(스즈키)

오리지널 상품 브랜드인 정열가격만 모은 '도미세'도 'ㅇㅇ돈키' 프로젝트의 일환이다. "독자적인 상품으로만 구성하면 다른 점포와 상품이 겹치지 않습니다. 그래서 상업시설에 입점하기가 더 쉬워지지 않나 싶어요."(스즈키)

도쿄 시부야의 1호점은 문을 닫았지만, 2호점인 아리오 야오점(오사카부 야오시)의 영업은 계속하고 있다. 도로변 지점과 달리 방향전환이 빨라서 출점과 철수의 판단도 하기 쉽고, 잘되면 키라키라돈키처럼 여러 점포로 연결시킬 수 있다. 이렇게 날마다 실험을 계속하면서 다음 사업의 싹을 찾고 있다.

로드사이드에서 레일사이드로

돈키호테라고 하면 로드사이드(도로변)의 대형점이라는 이미지가 강하지만, 최근에는 도심의 터미널 역에도 진출하고 있다.

2023년 6월 30일, 도쿄도 기타구 JR아카바네역 근처에 돈키호테 소형점이 생겼다. 돈키호테 아카바네 히가시구치점이다.

저렴하게 한잔할 수 있는 술집 골목이 이어진 동네 분위기 속에서 안주가 되는 별미나 수입과자를 충분히 갖추고, 맥주와 소주 칵테일은 냉장고에서 아주 차갑게 보관하며, 24시간 영업으로 판매한다. 보드게임, 마작, 파티용품 등 취기가 오른 상태로 즐길 수 있는 놀이 상품도 강화했다.

아카바네역 앞은 2020년 이후 출점할 부지를 찾던 장소였다. 기타구는 도쿄 23구에서 마지막으로 공백인 구역. 더 큰 점포에서 하고 싶다는 생각도 있었지만, 찾기가 어려워서 예전에 파친코였던 자리를 노렸고, 마침내 오픈하기에 이르렀다.

"모두 너무 좁다고 실망하고 있겠지만, 그 콤팩트함으로도 어느 정도의 매출과 수익을 내고 있습니다. 3배, 4배의 면적이었으면 더 대단했겠지요. 아카바네는 교통의 요지이지만, 비슷한 규모의 역에도 아직 손대지 않은 장소가 많이 있어요."

JR에 도큐, 오다큐, 게이오선 연선. 스즈키 씨는 어느 곳도 공세를 펼치지 않았다고 지적하면서 수도권의 역 앞이라도 지금부터 기회가 있다고 야심을 보였다.

하나의 시금석이 되는 것이 2024년 3월 13일, 예전에는 슈퍼마켓 체인점 다이에였던 자리에 개업한 메가돈키호테 나리마스점이다. 식품, 생필품부터 가전, 완구, 스포츠용품, Z세대용 키라키라돈키 코너까지 4개의 플로어에 도(都) 내에서 최대 규모인 약 12만 점을 모았다.

독특한 점은 다른 점포에서 정육 가공의 경험이 없는 사람을 모집해 **나리마스 미트 연수 센터**라는 학교를 병설한 것이다. 매장에서는 "솔직히 말씀드립니다" "이 상품은 연수생이 자르고 있습니다"라고 붙여 놓고, 보기 안 좋고 두께도 고르지 않은 고기가 있다고 예고한 다음, 일반 가격보다 20~30% 정도 할인해 판매하고 있다. 연수생들이 이곳에서 석 달 동안 고기 손질법을 제대로 배운 뒤에 각 점포로 돌아가 적용해서, 수요가 많은 정육 부문의 수준을 회사 전체적으로 향상시키려는 생각이다.

신선식품도 취급하는 대형점 메가돈키호테는 지금까지 로드사이드의 가족 단위 고객층에 초점을 맞췄지만, 나리마스점은 도쿄 메트로나 토부토조선 나리마스역에서 도보 3분 거리에 있다. 레일(철도)사이드로 진출하면서 학생이나 퇴근길 직장인으로 고객의 범위를 넓혔다. ○○돈키에서 전문성을 연마하면서 공백지가 있으면 과감하게 공세를 펼친다. 자유자재로 변환하는 매장 구성이 무기인 돈키호테는 아직도 일본에서 진격할 준비를 하고 있다.

소매업은
어뮤즈먼트다

돈키호테에서는 전통적으로 판매공간을 **구매공간**이라고 부른다. 판매공간은 매장의 입장에서 보는 말이고, 방문객 입장에서는 상품을 사는 장소이기 때문이다. 그리고 구매공간을 조성하는 데는 명확한 철학이 있다.

바로 **CV+D+A**이다(CV=Convenience; 편의, D=Discount; 할인, A=Amusement; 재미).

즉 '편리함 + 저렴함+즐거움'이라는 3개의 덧셈으로 구매공간의 매력이 정해진다는 말이다. 키라키라돈키와 같은 특화형 점포에서는 여기에 **T(Trend)**가 더해지기도 하는데, CV, D, A는 전 지점의 공통 요소다.

물건을 팔지 말고 공간을 창조하라

PPIH 상석집행임원 CIO 가루베 씨는 가장 중요한 것이 어뮤즈먼트이며, 절대 잃으면 안 되는 자신들의 DNA라고 강조한다. 돈키호테라고 하면 상품을 높이 쌓아 올리는 압축진열이 유명하지만, 그것은 구매공간을 즐겁게 하는 하나의 요소일 뿐이다. 가루베 씨가 입사했을 때 가장 먼저 배운 것은, **"(돈키호테에서 하는 것은) 물건을 파는 일이 아니라 공간 창조이며, 재미있는 공간이 생기면 덩달아 물건이 팔린다"**는 이야기였다.

지금까지 많은 체인점이 추구한 것은 편리함(CV)과 저렴함(D)이었다. 결과적으로 일본에는 세계에서 제일가는 편의점 섬포망이 생겼고, 이온 등의 종합슈퍼마켓은 규모 확대로 저렴함을 경쟁했다. 하지만 인구 감소로 편의점은 포화 상태가 되었고, 슈퍼마켓은 엔화 약세와 고물가로 가격 인상을 피할 수 없게 되어 각각 성장의 한계에 직면했다.

돈키호테는 세 번째 즐거움(A)을 갈고닦아왔기 때문에 체인점의 한계를 타파하고 성장을 유지하고 있다고도 할 수 있다. 전자상거래가 널리 보급되는 와중에도 테마파크처럼 즐거운 매장이기 때문에 고객이 발걸음해주는 것이다.

사실 지금까지 살펴보았듯이 돈키호테에는 하나도 같은 매장이

매장은 판매공간이 아닌 구매공간

CV + **D** + **A**

Convenience   Discount   Amusement

편리함 + 저렴함 + 즐거움

없다. 외관 디자인도, 매장 레이아웃도, 진열된 상품도, 팝 광고를 보여주는 방식과 진열 스타일도 천차만별이다. 그것은 마케팅에서 말하는 4P를 전부 현장에 맡기고 있기 때문이다. 어떤 상품(Product)을 매입해, 얼마(Price)에 팔 것인가? 어떤 판촉(Promotion)을 해서, 매장 내 어디(Place)에서 팔 것인가? 직원은 물론 '메이트'라고 부르는 아르바이트에 이르기까지 각자 생각하고 행동하기 때문에 구매공간에 의도가 담겨 매장에 개성이 묻어나온다.

"이 세상에 똑같은 두 명의 사람이 없는 것과 같은 이치입니다."(가루베)

자신이 상품을 팔고 싶다는 강한 생각이 있으면 가격을 인하해서라도 매장 안에서 가장 사람이 많이 지나다니는 장소에 놓아 본다. 주변에 경쟁점이 있으면 매장의 판단으로 판매가격을 바꿔 대항한다. 매뉴얼로 속박당하지 않기 때문에 이런 일이 어느 매장에서도 일반적으로 이루어진다.

어떤 상품을 중요하게 생각하는지는 사람마다 다르다. 점원의 개성도 있고, 입장도 매장마다 다르므로 똑같은 매장이 될 수 없다. 돈키호테의 매장이 어디를 가든 축제의 느낌이 있는 것은, 점원 개개인이 가장 재미있다고 생각하는 공간을 창조하고 있기 때문이다.

성적표는 매장의 손익계산서인 PL(Profit & Loss Statement)이다. 매월 10일경에 전월의 PL이 공개되며, 목표에 도달하지 못하면 반성하고, 점장을 비롯한 현장 직원들이 힘을 합쳐 판매전략을 재정비한다.

"분기별이 아니라 월별로 되짚어보면서 민감하게 반응합니다. 비효율적으로 보일 수 있지만, 이 과정을 꼭 거치기 때문에 중요한 순간에 성과를 내는 단기 승부에 강합니다."(가루베)

이러면 본사의 의향을 완전히 무시하고 점포를 운영하는 것처럼 느껴질 수 있지만, 최소로 지켜야 할 규칙과 평가 기준은 사내에서 확실히 정해놓았다. 목표는 전 지점이 같다. 어느 시대든 설레고 두근거리는 초저가 상품이 있는 구매공간을 구축하는 일이다(제7장 참조).

유통기한이 아닌 흥미기한

매장 자체의 신선도를 유지하기 위해 고안한 것은 **흥미기한**이라는 개념이다. 식품의 유통기한에 빗대어 반년 동안 한 번도 팔리지 않은 상품은 강제적으로 감손 처리의 대상으로 하는 구조다.

왜 이런 제도를 도입했을까? 식품에 비해 비식품 회전율이 떨어졌기 때문이다. 식품은 유통기한이 오면 반드시 처분해야 한다. 판매할 수 있는 기일이 정해져 있기 때문에 강제로 교체가 발생한다.

"그렇다면 비식품도 판매기한을 정하면 좋겠다는 발상에서 시작했습니다."(가루베)

먹을 수 없으므로 유통기한이라고 하기에는 어폐가 있다. 뭔가 좋은 네이밍은 없을지 사내에서 이야기를 나누던 중에 **"팔지 못하게 된다는 것은 고객의 흥미가 없어졌다는 것**이니 흥미기한으로 하면 어때요?"라는 의견이 나왔다고 한다. 다들 무릎을 치며 공감했고, 채택이 되었다.

'흥미기한'에 걸려 감손 대상이 된 상품은 사내에서 공개된다. 그렇다고 바로 폐기하는 것은 아니며, 만회하기 위한 유예기간이 있다. 대상 상품을 떠안고 있으면 매장의 이익이 줄어들기 때문에 점원은 필사적으로 판매하기 위한 아이디어를 짜낸다. 가격을 바꾸고, 눈에 띄는 장소로 옮기는 등 수단을 바꾸고, 상품을 바꾸며 움직인다.

 "그러면 구매공간이 또 재미있어집니다. **매장 안쪽에 있던 상품이 앞으로 나오면 손님에게는 뭔가 새로운 것으로 보입니다.**"(가루베)

 원래 팔리지 않아서 흥미기한의 대상이 되었는데, 판매 방법을 고민하자 충분히 팔렸다는 사례가 숱하게 나왔다. "그러면 지금까지 뭘 하고 있었냐는 이야기가 되지만, 어쩔 수 없는 일이지요."(가루베) 장기재고가 줄어들고, 매장의 매출도 오른다. 그야말로 일석이조의 성과를 가져왔다. 매입 실패를 일부러 드러내는 실패마켓도 재고회전율을 높이기 위한 시책이다.

 최근에는 **재고당이익**이라는 개념을 평가제도에 넣었다. 재고를 많이 가지고 있는 점포와 재고가 비교적 적은 점포가 같은 이익을 올리고 있다면, 후자 쪽이 훌륭하다는 생각이다. 그 효과는 즉각적이라서 "어느 매장이나 과잉재고를 가지지 않으려고 해서 이전보다 슬림한 경영이 되었습니다(가루베)"라고 한다.

 현장으로 권한을 위임한다는 대원칙을 지키면서 조직을 활성화하고, 이익 체질로 바꾸려면 어떻게 해야 할까? 도달한 답은 흥미기한 같은 장난기 있는 제약을 마련하는 것이었다.

 제약이라고 하면 절대로 지켜야 할 규칙이라고 생각할지 모르지만, 돈키호테는 구매공간을 재미있게 하기 위한 게임으로 파악하고 있다. 어떻게 공략할지는 개개인의 자유로 하고, 참전하는 플레이어(매장)가 증가해 자연스럽게 경쟁 원리가 작용하기를 노리고 있다. 회사 측이 매장 경영에 깊이 들어가지 않는 것은 돈키호테의 DNA인 어뮤즈먼트 감각이 희미해지기 때문이다. 장기재고를 지나치게 떠안는 것은 물론 좋지 않지만, **"잘 팔리지 않는 상품이 있기 때문에 오히려 유기적인 공간이 만들어 지기도 한다"**고 가루베 씨는 말한다.

구매공간에는 정답이 무수히 있다

대체 무슨 말일까? 바로 잘 팔리지 않는(움직이지 않는) 상품이 구매공간 속에 섞여 있기 때문에 보물찾기 같은 설렘을 제공할 수 있다는 의미다. 돈키호테에서는 최근 오리지널 상품 브랜드인 '정열가격'의 개발을 강화하고 있는데, 어느 매장을 들여다봐도 정열가격이 같은 가격에, 같은 장소에 진열되어 있으면 판박이처럼 느껴질 뿐이다.

"뭐든지 잘 팔리는 상품만 있다면 무미건조하죠. 오랫동안 안 나가는 상품이 있으니, 잘 팔리는 다른 상품도 있는 것입니다. 그래서 저는 움직이지 않는 상품이 돈키호테에 꼭 필요하다고 생각합니다."(가루베)

다른 곳에서는 쉽게 볼 수 없는, 좋은 의미로 이유 모를 상품을 많이 비축하는 것이 돈키호테의 강점이다. 재고관리의 최소 단위를 SKU(Stock Keeping Unit, '스큐'라고도 함)라고 한다. 돈키호테의 경우, 전국 점포의 재고를 합하면 그 수가 수백만 SKU나 된다고 한다. 예전에는 마작패를 1개부터 팔기도 했다.

"1개에 5엔이라는 식으로 나눠서 진열했어요. 그래도 팔리더라고요. 마작패를 팔겠다고 벼르는 사람도 있고, 관심이 없어서 안 팔겠다는 사람도 있어요. 둘 다 정답이에요. **매장 안에 정답이 가득 있으니 아무도 그것을 부정하지 않습니다. 좋다고 생각하는 방식은 모방해서 받아들이면 돼요.** 굉장히 중요한 문화라고 생각합니다."(가루베)

미국 아마존닷컴에도 뒤지지 않는 상품 구색을 실제 점포망에서 실현하려는 이 비효율성이야말로, 돈키호테를 유일무이한 존재로 끌어올렸다.

"비효율이 인기의 원천입니다. 이런 일을 하는 소매업은 다른 곳에는 없다고 우리가 그것을 강점이라고 인식해 긍지를 지니면, (재고의 상당수는) 큰 비용이 되지 않습니다. 재고가 되는 것을 두려워하지 않고, 어뮤즈먼트를 우선한다는 것을 현장 사람들이 자신 있게 말해주기를 바랍니다."(가루베)

AI와 인간의 가격 책정 경쟁

특색 있는 구매공간을 만들기 위해 돈키호테는 기술 활용에서도 일부러 아날로그 감각을 남겨 놓았다. 그 대표적인 사례가 **가격밀(価格ミル)**이라는 시스템이다. 날씨, 경쟁사의 가격 책정, 전년도 판매실적 등을 바탕으로 인공지능(AI)이 권장가격을 내놓는 것인데, 그 운용방법이 바뀌고 있다. **점원은 AI의 지시에 따를 필요는 없고, 자신의 감과 경험과 배짱(KKD, 각각 일본어 단어의 발음 첫 글자를 따왔다-옮긴이)을 믿고 가격을 매겨도 된다**고 한다. 가격밀이 제시하는 가격은 참고치에 불과하다. 편리하다고 느끼면 사용해도 된다고 명확히 제시되어 있다.

가격밀을 탑재한 스마트폰 단말기는 2023년 6월기 중에 돈키호테 전 점포에 고루 보급되어 기동성 있게 가격을 변경할 수 있게 되었다. 단말기에는 AI의 권장가격이 표시된다. 예를 들어 눈앞에 있는 상품이 378엔이었고 AI가 398엔을 제시했을 경우, 어느 쪽을 채택할지는 담당자의 실력을 발휘할 기회다. 398엔으로 올릴지, 378엔을 유지할지는 담당자 재량이다.

여기에서도 최종적인 결정권이 현장에 있다는 철학은 유지된다. 실제 AI가 제안하는 권장가격을 채택한 경우는 평균 50% 정도였다. 즉 2명 중 1명은 AI가 아니라 스스로 길러온 KKD(감, 경험, 배짱)

를 신뢰하고 있다.

"우리는 이를 긍정적으로 봅니다. AI를 따르지 않는 것은 전혀 부정적인 일이 아니며, 자신들이 이렇게 하고 싶다는 생각을 현장에서 표현할 수 있다는 것이 무엇보다 중요하니까요."(가루베)

AI인가, KKD인가? 더 높은 매출총이익을 낸 쪽의 손이 올라가고, 어떤 선택이 '정답'이었는지 AI에 피드백한다. 단순한 기계학습이 아니라 **가격 책정 경쟁을 통해 살아 있는 인간의 감이나 경험 지식도 AI에게 학습시켜서** 권장가격의 정확도를 올리는 데 목적이 있다.

가격 경쟁을 거듭하는 사이에 눈에 들어온 것은 무조건 싸게 한다고 좋은 것은 아니라는 점이다. 매출총이익 측면에서는 1엔이라도 비싸게 파는 것이 낫다. 할인점 업계에 오래 몸담고 있으면 기본적으로 가격은 내리는 것이라고 생각하기 쉽지만, 가격을 다소 올려도 팔리는 상품은 팔린다는 것이 수치상으로도 나타났다.

이런 데이터의 축적이 오리지널 상품을 개발할 때 가격 책정에도 활용할 수 있다. 이런 상품을 만들면 이 정도 가격에도 팔릴 것이라고 상품 개발자가 자신 있게 세상에 내놓을 수 있다는 것이다.

단품 데이터를 판매가와 연동으로

장기적으로 '가격밀'과 연동시키기 위해 주시하는 것은 단품 관리 데이터다. 취급하는 상품 수가 방대한 만큼 아직 진행 중이지만, 어느 매장에 어떤 상품이 몇 개나 있는지를 AI의 판매가 제안에 반영시키려는 시도다. 실현되면 계절상품을 효율적으로 판매할 길이 열릴 것이다.

예를 들어 여름이 다가오면 물놀이용 튜브가 불티나게 팔리지만, 한여름이 지나면 판매가 급속히 둔화된다. 서둘러 처분해야 한다고 생각하면 1,000엔짜리 튜브를 500엔에 판매하고 싶지만, 재고가 하나밖에 없다면 특별히 급매할 필요는 없다. 1,000엔이라고 해도 사줄 사람이 한 명만 나타나면 되기 때문이다.

이처럼 예년의 판매 상황과 대조하면서 재고가 몇 개까지라면 최대 판매가라도 매진될 것이라는 예측까지 가격밀에 맡기려고 한다. 목표는 재고와 판매가의 상관관계를 가시화하는 것이다. 이러한 시스템을 지금 실험 중인 전자가격표와 연계시키면, 재고 상황에 근거해서 최선이라고 생각하는 가격을 순식간에 매장에서 표시할 수 있다. 판매가를 바꾸기 위해 매장 안 가격표를 바꿔 붙이는 노동에서 해방되는 것이다.

전자가격표는 가격 표시를 실시간으로 변경할 수 있는 디지털

가격표를 말한다. 돈키호테는 손으로 쓴 가격표의 이미지가 강하지만, 사실 전자가격표를 조금씩 늘리고 있다. 가격 책정의 정밀도 향상과 동시에 그것을 순식간에 반영시켜 조금이라도 이익을 늘리는 것을 계획하고 있다. 재미있는 구매공간을 만들기 위해 굳이 비효율적인 부분을 남기면서도, 최첨단 기술에 대한 투자도 아끼지 않는다. 이때 중요한 것은 현장과의 대화다.

"본사의 생각과 현장의 생각에 차이가 있으면, 절대로 잘되지 않아요. 가장 알기 쉬운 것은 **급여를 올리려면 생산성을 올릴 수밖에 없다는 현실을 인식하는 일**이에요. 생산성이란 1인당 벌어들이는 매출총이익을 늘리는 것이라는 공통 인식을 지녀야 해요. 원가가 오르고 판관비가 늘어난다는 전제의 세상에서 우리가 싸워 나가려면, DX(디지털 트랜스포메이션)는 피할 수 없어요. 제가 가장 하고 싶은 일입니다"라고 가루베 씨는 말했다.

소매기업으로 커질수록 본사가 강해지고, 판박이처럼 개성 없는 가게가 늘어나기 마련인데, 그 흐름에 돈키호테는 단호하게 맞선다. 반면 통솔이 되지 않은 채 점포 수만 늘리면 수익력이 약화되어 적자가 눈덩이처럼 불어날 수 있다.

기업이 커지는 것이 나쁘다는 이야기는 아니다. 구매력이 증가하면 방대한 고객 데이터를 활용해 좀 더 정밀하게 초저가의 정확도를 높이고, 구매공간의 매력도 한층 향상시킬 수 있다. 매장의 개

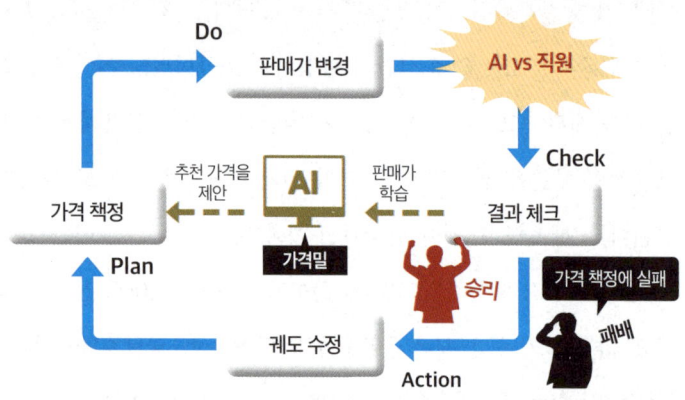

AI와 직원이 가격 책정을 경쟁하는 가격밀의 구조

Do — 판매가 변경 — AI vs 직원

추천 가격을 제안 — AI — 판매가 학습 — Check

가격 책정 — 가격밀 — 결과 체크

Plan — 승리 — 가격 책정에 실패 — 패배

궤도 수정 — Action

성과 그곳에서 일하는 사람들의 주체성을 존중하면서 본사가 현장을 서포트할 수 있다면 최강의 소매체인이 생겨날지도 모른다. 가격밀은 그런 도전의 하나로 자리매김할 수도 있다.

'주권재현(주권은 현장에 있다)'이라는 돈키호테의 철학을 유지하면서 대기업 일각까지 올라간 기업으로서 어떻게 경영 효율을 높일 것인가? 돈키호테는 타고난 '어뮤즈먼트 정신'을 살려 이 난제를 극복하려고 한다.

붙여넣기는 금지하는 점포 디자인,
그것이 돈키호테의 방식

돈키호테는 어뮤즈먼트를 중시하는 구매공간 조성에 매진한다. 공식 캐릭터인 돈펭과 '초저가'라는 글자가 눈에 띄는 외관 등, 독특한 점포 설계를 도맡아 온 사람이 현재 PPIH 이사(겸 집행임원 다이버시티 매니지먼트 겸 코퍼레이트 커뮤니케이션 관장 디자인 종괄책임자)라는 중책을 담당하는 니노미야 히토미 씨다.

"세어 보면 (일본 내외를 합해) 500곳 정도의 점포 디자인에 관여하고 있습니다." '돈키호테'라고 하면 떠올리는 매장의 방식과 세계관은 모두 그녀의 손에서 구축됐다.

니노미야 씨는 2005년 점포 디자인 담당으로 입사했다. 돈키호테에 관심이 생긴 것은 디자인을 전공하던 대학생 시절이었다. 우연히 대학에서 돈키호테 도톤보리점의 관람차 디자인 프로젝트에 참여하게 됐다.

세로로 긴 세계 최초의 타원형 관람차 디자인의 에비스타워는 오사카 도톤보리의 관광 명소가 되었다. 하나의 점포라는 틀을 넘어 엔터테인먼트 공간을 만드는 모습에 매료되어 돈키호테는 도대체 어떤 기업인지 궁금해졌다.

아직 '디자인 경영'이라는 개념도 퍼지지 않은 시대였다. 돈키호테 사내에 디자이너는 한 명도 없었고, 디자인 전문 부서조차 없었다. 그런데도 면접을 보러온 니노미야 씨에게 창업자(당시는 사장) 야스다 씨는 "앞으로의 시대는 디자인의 힘이 필요합니다. 꼭 입사해주세요"라고 격려했다. 야스다 씨의 열의에 끌려 가장 먼저 바다에 뛰어드는 퍼스트 펭귄이 되기로 마음먹었다.

획일적인 매장은 만들지 않는다

니노미야 씨는 **복사해서 붙여넣기 한 것 같은 획일적인 매장은 만들지 않겠다**고 마음먹고, 출점 계획이 정해질 때마다 현지에 방문했다. 그 지역의 특징, 그곳에 사는 사람들의 생활을 존중하는 마음으로 파악하려고 했고, 그 배움의 과정에서 얻은 깨달음을 디자인에 담아 갔다.

지금도 인상 깊은 추억으로 남은 것은 2013년 12월에 오픈한 돈키호테 아사쿠사점이다. 예전부터 이 지역은 '아사쿠사 록쿠'라고 불리며 영화관과 극장이 즐비한 대표적인 유흥가였다. 그중 상징

돈키호테 도톤보리점의 타원형 관람차가 랜드마크로 자리 잡았다(PPIH 제공).

돈키호테 아사쿠사점은 빛의 균형까지 계산해서 설계했다(PPIH 제공).

적 건물이었던 영화관 다이쇼칸 자리에 돈키호테를 건립하게 되었다. 모퉁이에 있어 눈에 잘 들어오는 곳이었다.

"아사쿠사에 어떤 디자인을 할지 생각했을 때, 이 장소를 브로드웨이처럼 빛이 넘치는 상점가로 하고 싶다는 구상을 지역 분들에게 들었습니다. 그 의견에 완전히 편승하기로 했어요."(니노미야)

아사쿠사점의 파사드(점포 정면의 외관)는 굽은 모양이라서 검은 바탕에 노란색의 돈키호테가 아니라, 'ASAKUSA DON.QUIJOTE'라고 되어 있다. 밤이 되면 전광판 장식이 입체적으로 떠올라서 파랑과 빨강 네온이 주위를 눈부시게 비춘다. 자세히 보면 벽면의 돈펭도 실크 모자를 쓰고 치장하고 있다. 확실히 극장가를 돌아다니는 듯한 느낌을 준다.

"지금까지 해온 돈키호테의 색조는 전부 무시하고, '돈키호테'라는 가타카나 글자(ドン・キホーテ)도 사용하지 않았어요. 여기에 엔터테인먼트 색깔을 어떻게 내야 할지 생각하고 디자인했더니, 관공서 분들도 정말 좋아하셔서 함께 만들어 나가고 싶다고 말씀해주셨어요."

이 매장은 아사쿠사를 대표하는 사진 명소가 되었다. "돈키호테는 이래야 한다고 고집부리지 않고, 지역을 제일로 생각한 결과 좋은 반응을 얻었다는 의미에서 개인적으로는 굉장히 인상에 남았고, 재미있었습니다."(니노미야)

돈키호테는 심야영업을 당연시한다. 그래서 니노미야 씨는 하루라는 시간축 안에서 디자인을 생각한다. 낮과 밤은 고객층이 다르고, 야간 조명의 유무에 따라 전혀 다른 얼굴로 보이기 때문이다.

'돈키호테'라는 간판을 달고 끝이 아니라 색상은 어떻게 할지, 어느 위치에 어떤 느낌으로 간판을 달고, 돈펭에게 무엇을 입힐지, 낮과 밤은 어떨지, 관광객이 많은 점포인지, 현지의 가족 단위 고객이 자주 오는 점포인지도 고려해서 보이는 방식을 바꾼다고 한다.

아사쿠사점에는 'ASAKUSA DON.QUIJOTE'라는 문자에 빛이 비치는 방식을 고심했다. 빛이 서로 충돌하지 않고, 전체적으로 조화를 이루도록 간접광과 직접광의 균형을 계산으로 도출해냈다.

니노미야 씨는 디자인을 생각할 때, 항상 중심에 사람을 둔다.

"PPIH 그룹에서는 최우선 기업원리로 **고객 최우선주의**를 내거는데, **디자인에서도 고객이 발상의 원점이어야 해요. 고객의 니즈를 확실히 관찰하고, 고찰해서 PDCA(Plan; 계획, Do; 실행, Check; 평가, Act; 개선)를 돌립니다.** 디자인 사고란 바로 이런 것이라고 생각해요."

지역의 전통 공예와 명소, 풍경 등을 디자인에 접목하는 것도 지역에 녹아드는 중요한 요소다. 2012년 11월, 오키나와 최초의 점포가 된 메가돈키호테 기노완점에서는 빨강과 흰색의 오키나와 전통 류큐 기와를 이용해 사자상과 가주마루 나무의 조형물을 배치했다. 오키나와 사람들이 돈키호테를 받아들이기를 바라며 우선은

돈키호테의 독특한 점포를 설계한 니노미야 히토미 씨, 지금은 이사라는 중책을 맡고 있다(PPIH 제공).

지역을 존중하고 있음을 형태로 보여주려고 했다고 회고했다.

개성적인 외관과 매장에 따라 다른 상품 구성. 그 양쪽이 결합해 세상에서 하나뿐인 돈키호테가 생긴다. 돈키호테의 테마송 〈미라클 쇼핑〉 중에 "돈키호테 순회는 버릇이 된다"라는 가사가 나오는데, 그 말대로 여행지에서 일부러 돈키호테를 찾아 돈키호테 순회를 즐기는 사람들이 점점 늘고 있다. 사진도 찍고, 기념품도 사고, 싸고 좋은 물건도 구할 수 있으니 들러 보자는 것이다. 돈키호테라는 점포 자체가 관광지화되기 시작했다.

시부야에 길을 만드는 도전

돈키호테는 매장 만들기를 넘어 마침내 거리까지 만들었다. 높이 115m, 연면적 4만㎡ 이상의 **도겐자카도리**라는 고층 빌딩에서 일어난 일이다. PPIH 그룹이 자체 개발한 이 대형 복합시설의 설계도 니노미야 씨가 맡았다.

도겐자카도리(道玄坂通)는 직영 도미세(현 키라키라돈키)에 더해, 일본에 처음 상륙하는 햄버거 매장, 커피 전문점인 '사루타히코 커피', 오피스, 호텔 인디고 등을 입점시켜 2023년 8월 24일에 '개통'했다. 이때 개업이 아니라 개통이라고 한 것은 '도겐자카도리'가 거리(通)처럼 24시간 지나갈 수 있도록 설계되어 있기 때문이다. 메가돈키호테 시부야 본점의 맞은편에 자리해서 '분카무라도리'와 '도겐자카코지' 두 거리에 통하도록 다수의 출입문을 갖추었다.

시설명인데도 길이라는 뜻의 '도리'를 붙인 것은 주변을 둘러보다가 들러주기를 바라는 마음에서였다고 한다(니노미야). 바닥면은 아스팔트 도로처럼 군데군데 흰 선이 그어져 있고, 드러난 콘크리트 블록이나 시부야의 역사를 지층에 비유한 벽면 아트가 색다른 느낌을 준다.

아이디어의 원천이 된 것은 시부야라는 거리 그 자체다. "시부야의 풍경을 보면 항상 어딘가에서 스크랩앤드빌드(Scrap and Build, 낡

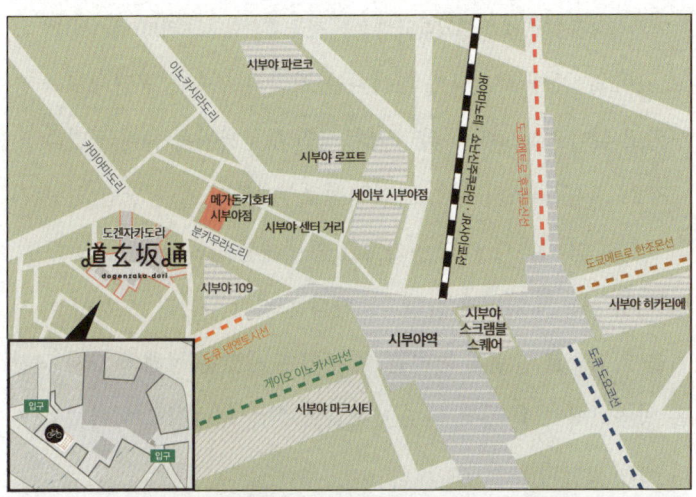

도겐자카도리는 24시간 지나갈 수 있는 대형 복합시설이다. 분카무라도리를 사이에 두고 메가돈키호테 시부야 본점이 있다(저자 촬영).

거나 사용하지 않는 것을 폐기하고 새로운 것을 건설한다는 의미-옮긴이)가 되고 있어요. 공사해서 다시 태어나는 거리의 모습을 공간에도 적용시키고 싶어요(니노미야)"라며 세부적인 부분까지 공들여 꾸몄다.

PPIH 그룹 최초의 대형 복합시설로 '개통식'에는 창업 회장 겸 최고 고문인 야스다 씨도 싱가포르 자택에서 달려왔다.

"시설 때문에 거리가 차단·분단되는 것이 아니라, 오히려 이 시설을 거점으로 즐겁게 거리를 오고 가는 새로운 형태의 도시 공간을 창조하려고 한 것이 이 프로젝트의 최대 테마입니다"라고 야스다 씨는 말했다.

사실 예전에 이 지역의 한쪽에 돈키호테 시부야점이 있었다. 1999년 12월에 개업했는데, 당시에는 도심부에 출점하는 일이 드물어서 시부야의 돈키호테로 각광을 받았다. "인기에 빠르게 불이 붙어서 매장이 아주 번창해, 돈키호테의 이름을 일약 전국구로 올려주었습니다."(야스다)

그러나 구 시부야점은 돈키호테 매장으로는 비좁은 소형점이라서 엄청난 혼잡을 어떻게 해소할지가 과제였다. 면적을 넓히기 위해 주변 부지의 확보에 나선 것이 이번 프로젝트의 발단이었다.

이러한 문제는 우여곡절 끝에 길 건너편에 대형 매물이 발견되면서 해결되었다. 2017년 5월, 현재의 메가돈키호테 시부야 본점이 개업했다. 이렇게 염원이었던 시부야점의 확장은 이루어졌지만, 주변 부지의 확보도 병행해 진행하고 있었다. 부지를 살릴 수 있도록 프로젝트 방향성을 크게 바꾼 결과 탄생한 것이 도겐자카 도리였다.

"돈키호테라는 매장 브랜드를 전국에, 나아가 세계에 알리고 성장시켜준 시부야라는 일본 굴지의 도심 복합 문화 지구에 보답하고 싶었어요. 바로 나 자신이 시부야의 거리에 반해 있으니까요."(야스다)

도겐자카도리가 있는 도겐자카 2초메에는 복잡하게 뒤엉킨 골목이 있고, '시부야 햐켄다나'라고 불리는 개성적인 거리가 이어져 있다. 큰길에서 뒷골목으로, 뒷골목에서 큰길로 자유롭게 통과할 수 있는 길을 시설 내에 조성해 시부야라는 거리의 회유성(回遊性, 두루 돌아다니면서 구경하거나 노는 것)을 높일 수 있다고 생각했다.

시설의 상징 캐릭터로 과거 모리셔스 제도에 서식하고 있던 거대한 도도새를 설치했다. 도겐자카도리 로고(道玄坂通, dogenzaka-dori)에도 알파벳 'd'가 2개 숨어 있어서 '도도'라고 읽을 수 있다.

"좋은 어감과 기억하지 쉽다는 점도 있지만 도겐자카도리의 '도'(do)와 돈키호테의 '도'(ド, ドン・キホーテ), 그리고 오리지널 상품 패키지에서 볼 수 있는 도정열가격(ド情熱価格)의 '도'(ド)를 연상하게 합니다. 시부야 거리 순회를 당당하게 즐긴다, 당당하게 돈다는 말장난 같은 느낌도 담겨 있지요. 고객들이 이 시설의 정식 명칭인

도겐자카도리라고 하기보다 가볍게 '도도'라고 불러 주었으면 해요."(야스다)

당당하게 자신의 길을 가는, 자유자재로 변신하는 돈키호테의 매장 만들기는 매장을 넘어 거리를 만드는 데 도달했다. 심지어 온라인 공간에까지 침투하려고 하고 있다.

매장 안의 랩 배틀,
광고가 되다

"새우잖아! 아니, 김이잖아."

2023년 12월 돈키호테 매장에서 촬영된 **새우 김 전쟁**이라는 제목의 영상이 틱톡에서 화제가 되었다.

게시물은 돈키호테 공식 계정에 올라온 것이다. 가메다 제과의 스낵 과자 '무한 새우'와 '무한 김'을 각각 손에 든 젊은 점원이 새우 편과 김 편으로 나뉘어 랩 배틀을 한다.

새우 편인 남성 점원은 "**새우** 보디 정말 좋아 통째 들은 새우가 껍데기째 그래서 선물하기 좋지 이것이 고소함의 탑을 **세우**지 (중략) 이것이 맛의 기준을 **세우**지"라고 랩을 한다.

김 편인 여성 점원은 "뭐? **김**새는 소리 하지 마. 네 음악은 **김** 빠진 콜라. 갈아타고 와 이 GREEN BODY(=녹색 패키지)야"라고 랩을 한다.

힙합 서바이벌 프로그램을 방불케 하는 완성도에 "공식 계정인

돈키호테 공식 계정이 틱톡에 올린 '새우 김 전쟁' 홍보 영상. 돈키호테 매장에서 랩 배틀을 벌이는 모습을 촬영했다.

데 진짜 웃기다" "랩 정말 잘하네. 돈키호테 점원 되고 싶다" 등의
댓글이 달렸다.

동영상에 첨부된 설명문을 자세히 보면 '신나게 즐기는 트레비
앙한 맛' '#가메다제과pr'이라고 기재되어 있다. 돈키호테가 가메
다 제과의 의뢰를 받아 만든 PR 동영상인 것이다.

종이 팝 광고를 디지털로

PPIH는 2023년 12월, 일본 광고대행사 하쿠호도와의 공동 출자로
pH media(페하미디어)라는 새 회사를 설립했다. 하는 일은 리테일 미
디어(Retail media). 소매업(리테일)이 보유한 점포나 사이트를 광고
매체(미디어)로 살리는 일이다. 이 새로운 사업에 드디어 본격적으
로 돌입한다는 메시지다.

"브랜드 회사가 만드는 텔레비전 광고처럼 깔끔한 동영상이 아
니고, 돈키호테식으로 패러디한 재미있는 동영상을 만들어, 고객
에게 직접 어필하는 일을 담당하고 있습니다."

이렇게 말하는 사람은 페하미디어 이사 CDO(최고디지털책임자)
겸 마케팅 기획개발부 부장 고바야시 마미 씨다.

고바야시 씨가 지적하듯이 동영상의 재미는 물론, 소비자에게

직접 어필할 수 있다는 것은 큰 의미가 있다. 리테일 미디어가 지금 주목받는 것은 돈키호테를 비롯한 소매기업들이 자체적으로 모은 고객 데이터, 이른바 '퍼스트파티 데이터(First-party data)'를 풍부하게 갖고 있기 때문이다. 고객과의 직접적인 접점이 거의 없는 소비재 브랜드라면 간절하게 손에 넣고 싶은 자산이다. 이를 썩히는 것은 아깝다.

PPIH는 데이터 활용을 담당하는 **카이바랩**이라는 이름의 자회사를 2019년에 설립해, '새우 김 전쟁'의 동영상도 카이바랩 팀을 중심으로 자사에서 만들어 냈다. 카이바는 돈키호테의 독자적인 용어인 구매공간(買い場; 카이바)에서 유래했다. 사람의 기억을 담당하는 뇌의 해마(海馬; 카이바)와도 연결 지어 PPIH 그룹의 두뇌 중추가 되겠다는 결의를 담았다.

카이바랩에서 경험을 쌓은 고바야시 씨는 "돈키호테는 종이 팝 광고의 이미지가 굉장히 강하다고 생각하지만, 그것을 지금 디지털화하려고 합니다"라고 밝혔다.

종이 팝 광고로 어필해 온 내용을 동영상으로 좀 더 역동적으로 표현하겠다는 시도다. 한국어, 중국어, 영어 등 다국어 버전의 동영상 제작에도 힘을 쏟고 있다고 한다. 인바운드 고객이 어느 때보다 돈키호테로 몰리고 있기 때문이다.

구매이력을 SNS 계정과 연결시키다

인바운드 고객에 좌우되는 면세 매출액은 2023년 6월 기준으로 이미 신종 코로나바이러스 이전을 웃돌았고, 같은 해 12월에는 단일 월 기준으로 사상 최고인 100억 엔을 돌파했다. 이제 돈키호테는 일본을 방문하는 관광객들에게 가장 가고 싶은 매장 중 하나가 되었다.

한편 일본 국내에서는 동종 업계 타사와 비교해 10대에서 20대 중반인 Z세대의 지지가 두텁다. 예를 들어 메가돈키호테 시부야 본점에는 10대, 20대 방문객 비중이 40%를 넘는다. 키라키라돈키라는 Z세대 특화형 점포도 하나의 업태로 확립해 전국으로 확대 중이다.

Z세대와 인바운드 고객. 모두 일본의 제조사가 간절하게 원하는 고객이며, 돈키호테는 그 데이터를 방대하게 가지고 있다. 일본 내에서 1,400만 명 이상의 회원을 가진 전자화폐 마지카(majica) 앱의 이용 상황이나 여권 정보와 대조한 인바운드 고객의 구매 데이터를 적극적으로 활용해, 제조사가 최우선 타깃으로 삼은 고객을 정조준한 광고를 선보인다. 그것이 리테일 미디어 사업에서 그리는 승리 방법이다.

실제로 앞에서 예시로 든 동영상 광고를 보면 "단순히 20대 여성에게 광고를 보이는 것이 아니라 정말 그 상품을 구매한 적이 있는 20대 여성에게 광고를 보여줍니다. 그래서 타깃팅의 정밀도가 전혀 다릅니다(고바야시)"라고 한다.

어떻게 그런 일이 가능할까? 스마트폰에 할당된 단말 ID를 단서로, 마지카 앱에서 가메다 제과의 '무한 새우'를 구매한 이력이 있는 A씨와 틱톡의 A씨 계정을 연결시킬 수 있기 때문이다.

실제로 어디까지 데이터로 보일까? 2023년 10월에 발매된 알코올 도수 3.5%의 '아사히 슈퍼드라이 드라이 크리스털'을 예로 들면 알기 쉽다.

'드라이 크리스털'은 배우 요시자와 료, 하시모토 칸나를 기용해 연일 텔레비전 광고를 쏟아내고 있다. 알코올 도수 5%가 많은 일본의 맥주 시장에 3.5%라는 새로운 선택지를 도입해 영역을 넓혀 맥주를 별로 마시지 않는 젊은 층을 파고드는 전략이다. 10년 후의 중심이 되는 맥주로 키우고 싶다며 아사히 맥주의 마쓰야마 가즈오 사장은 기세등등했다.

3.5%의 슈퍼드라이가 있으면 분명 젊은이들이 움직일 것이라는 가설을 세워 아사히 맥주는 '드라이 크리스털'을 출시했다. 그러나 이 가설이 정말 맞는지는 제조사의 힘만으로 확인하는 데 한계가 있다.

페하미디어는 아사히 맥주의 의뢰를 받아 변덕스러운 소비자의 움직임을 데이터로 가시화하는 일에 착수했다. 구체적으로 '드라이 크리스털'을 산 고객의 이전 구매 데이터를 시계열로 분석하는 일이다.

"드라이 크리스털이 어떤 것의 대체제로 선택되는지, 한 번 구매한 소비자가 드라이 크리스털을 재구매하는지도 파악했습니다."(고바야시)

데이터로 보이기 시작한 소비자들의 실제 모습은 아사히 맥주가 그린 시나리오대로였다. 20대 고객들이 무알코올 맥주에서 드라이 크리스털로 갈아타기 시작했다. 즉 젊은 세대는 술을 마시지 않아서 무조건 무알코올 맥주를 선택하고 있었던 것이 아니었다.

젊은 세대가 술을 멀리하는 현상이 나타난 지는 오래되었지만, 어필하는 방법에 따라 아직 구매로 이어질 가능성은 충분히 있다. 앞으로 접근해야 할 대상으로, 무알코올 음료를 선호해서 아직 드라이 크리스털을 구매하지 않은 젊은 소비자가 전국에 얼마나 있는지도 페하미디어는 추산했다.

분석 결과를 리포트로 정리해 보고했더니 아사히 맥주의 담당자는 "이 정도까지 알 수 있나요?"라며 흥분하는 기색을 보였다. 갖고 싶었던 데이터를 얻자 향후 마케팅 방향이 가시화되기 시작했다고 한다.

마지카 앱에는 이용자가 속마음을 올릴 수 있는 '마지보이스(제

3장 참조)'라는 기능이 들어 있다. '좋아요' '미묘해요'의 두 가지로 선택해서 구매한 상품에 관한 의견이나 희망을 자유롭게 기입할 수 있다. '드라이 크리스털'을 산 고객이 정말 만족하는지, 어떤 감상을 품었는지까지 알아보려고 하면 밝힐 수 있다.

아날로그로 오해 받는 IT 기업

이렇게까지 상세하게 데이터를 읽을 수 있는 것은 PPIH가 자사에서 지속적으로 시스템 개발을 했기 때문이다. 카이바랩의 전신은 '마시멜로'라는 기업이다. 데이터 분석을 담당하는 실험적 조직으로 시작했지만, 돈키호테 사내 누구에게 물어도 "마시멜로는 암흑기였어요"라고 입을 다물 정도로 남몰래 실패를 거듭해왔다. 긴 인내의 시간을 지나, 이제는 IT 기업이라고 당당히 불릴 만큼의 진용이 갖추어졌다.

"돈키호테라는 점포만 잘라놓고 보면 굉장히 아날로그처럼 보일 수도 있어요. 하지만 우리에게는 크리에이티브나 데이터 분석, 마케팅 전문 부서가 있습니다. 의외로 디지털 쪽이 최근 몇 년 사이에 강화되고 있어요. 그 부분의 인식은 제조사와 같이 비교해도 차이가 있다고 봅니다." 페하미디어 사장인 오쿠다 카오루 씨도 이렇게 단언했다. 치밀한 디지털 전략을 뒤에서 지원하는 것이 다양한 상품군이다.

"유니클로는 의류, 니토리는 가구나 인테리어 잡화라고 카테고리가 정해져 있지만, 우리에게는 뭐든지 있어요. 애완동물 용품을 사면 애완동물을 키우는구나. 신상품을 많이 사면 트렌드에 민감하구나. 세일 제품을 많이 사면 절약 정신이 있구나. 이런 식으로 각 고객을 분류할 수 있습니다."(오쿠다)

PPIH는 돈키호테뿐 아니라 종합슈퍼마켓 유니 등도 운영하고 있어 Z세대와 인바운드 고객부터 주부층, 시니어층까지 다양한 고객을 보유하고 있다. 방대한 샘플 고객 중에서 타깃을 좁혀 광고를 전달할 수 있으므로 어떤 제조사의 요구에도 응할 수 있다는 자부심이 있다. 알고 싶은 데이터를 제대로 조사해 제조사에 피드백하면, 다음 단계를 생각하는 데 도움이 된다.

테스트 마케팅의 리트머스 시험지로

페하미디어(pH meia)의 'p'는 PPIH, 'H'는 하쿠호도(HAKUHODO Inc.)의 앞 글자이다. '피에이치'가 아닌 '페하'라고 읽는 이유는, '피에이치'가 리트머스 시험지를 연상시키기 때문이다(일본에서 pH

는 폐하라고도 읽는다-옮긴이). 리트머스 시험지는 청색에서 적색으로 바뀌면 산성, 적색에서 청색으로 바뀌면 알칼리성으로 구분한다. 이처럼 "우리는 구매공간을 테스트 마케팅의 장소로 파악해 (제조사가) 데이터를 통해서 가설의 진위를 분석하고, 이를 바탕으로 새로운 가설을 세우는 PDCA(계획, 실행, 평가, 개선)를 돌리는 데 도움을 주고자 합니다."(오쿠다)

폐하미디어 로고는 4가지 색으로 구분된 쇼핑백이다. 리트머스 시험지와 같다면 빨강과 파랑의 2가지 색으로 해도 될 듯하지만, 하늘색과 분홍색도 더해 4가지 색으로 한 것은 동서남북 모든 방향에서 이로운 리테일 미디어를 실현하고 싶다는 의미에서다.

소비자, 제조사, 소매업만 하면 세 방면이지만, 제조사를 둘로 분할해 소비자, 제조사 홍보부 · 사업부, 제조사 영업부, 소매업이라는 네 방면으로 했다. 여기에는 이유가 있다.

PPIH는 소매업인 만큼 업체 중에서도 상품 판촉을 담당하는 영업부와 교류하는 일이 많았다. 그러나 영업부 쪽은 단기적으로 매출을 늘리는 방향을 중시하는 경향이 있다. 좀 더 중장기적인 시점에서 마케팅 전략을 함께 구상했으면 하는 생각이 있었다(오쿠다).

하쿠호도와 협력한 것은 마케팅에 강하고, 제조사의 홍보부 · 사업부와의 접점을 많이 가지고 있기 때문이다. 리테일 미디어는 아직 여명기이며, 하쿠호도에도 새로운 비즈니스 기회가 될 것으로 보였다.

"리테일 미디어라는 새로운 마 켓을 성립시키려면 우리 광고대행 사만으로는 어렵습니다. 오프라인 매장을 가진 소매업자와 함께 전개 하는 것이 큰 포인트였습니다."

하쿠호도에서 파견 나온 페하미 디어 COO(최고집행책임자) 겸 영업 부 부장 마쓰이 다쓰야 씨는 이렇 게 되돌아보았다.

PPIH와 하쿠호도는 돈키호테의

페하미디어의 로고는 쇼핑백을 모티 브로 해서 4색으로 나뉘어 있다.

오리지널 상품 브랜드 정열가격의 리뉴얼을 함께 추진한 인연이 있어(제3장 참조), 그 흐름에서 리테일 미디어 사업에도 함께 도전하 기로 합의했다. PPIH가 제조사의 영업부에, 하쿠호도가 제조사의 홍보부·사업부에 각각 손을 내밀어 페하미디어로서 부서를 아우 르는 테스트 마케팅을 제안했다. 제조사 측에서도 지금까지 영업 과 마케팅으로 나뉘어 있던 예산을 통합할 수 있다는 이점이 있다 고 볼 수 있다.

예를 들어 제조사가 신상품 테스트 마케팅이라는 명목으로 페하 미디어에 발주하면, 돈키호테나 슈퍼마켓 체인 유니의 오프라인 매장에서 신상품을 팔기 위한 매대를 확보할 수 있고, Z세대 등으로 타깃을 좁힌 광고 동영상과 함께 전개할 수 있다. 영업부는 그것만으로 매장 노출을 확약받고, 상품을 개발한 사업부도 구매한 사람의 정보처럼 가장 갖고 싶은 데이터를 얻는다. 제조사 입장에서는 하나의 예산으로 신상품 판촉부터 분석까지 조달할 수 있다.

SNS의 보급과 더불어 소비자들 니즈가 세분화되면서, 예전에 비해 히트상품을 개발하기 어려워졌다고 한다. "페하미디어를 통해 매장에 신상품을 비치하고, 실제로 손이 가는지 그 반응을 추적합니다. '마지보이스'의 후기도 반영해서 구매 고객이 실제로 어떤 점이 좋았는지, 아쉬웠는지 파악할 수 있는 구조를 만들 수 있다면 제조사의 신제품 개발과 마케팅이 지금보다 훨씬 수월해질 것입니다"라고 마쓰이 씨가 말했다.

페하미디어의 매출 목표는 향후 3년 동안 100억 엔이다. "꽤 무리해서 잡은 목표지만, 그 정도는 해내야 합니다. 우리가 일본의 리테일 미디어를 바로잡고, 발전시켜 갈 것입니다"라고 사장 오쿠다 씨는 각오를 다졌다.

인바운드 고객에게 쿠폰을 배포하다

'리테일 미디어'라고 하면 매장에 디지털 간판을 설치해 광고를 내보낸다는 이미지가 강하지만, 그것만이 아니다. 소매기업이 광고 미디어로 기능하는 이유는 오프라인 매장을 기반으로 팬들이 모여들기 때문이다. 그렇게 생각하면 틱톡 등의 SNS를 이용해서 매장으로 유도하는 것도 리테일 미디어의 범주라고 생각할 수 있다.

앞서 언급한 '새우 김 전쟁' 같은 코믹한 동영상이 소비자를 끌어들이는 것은, 돈키호테라면 그럴 수 있다며 너그럽게 봐주는 부분도 크다. 마자카 앱의 '마지보이스'에도 일반적인 리테일에는 말하기 어려워도 돈키호테에는 말하기 쉬운 것인지 상당한 의견이 모인다고 한다.(오쿠다)

'100억 엔'이라는 숫자만을 보면 터무니없이 느껴지지만, 리테일 미디어로 만족도를 높여 가면 수치는 쌓여 갈 것이라고 오쿠다 씨는 자신감을 내비쳤다. 대기업 제조사를 시작으로 개척을 해서 거래처 수를 늘려갈 예정이다. 추가 수주를 착실히 잡아서 한 회사당 거래액도 늘려 간다는 청사진을 그렸다.

해외 시장도 염두에 두고 있다. 이미 일본 돈키호테에서 특정 과자 업체의 상품을 구매한 대만의 인바운드 고객에게, 대만의 '돈돈돈키'에서 사용할 수 있는 쿠폰을 배포하는 시도를 하고 있다. '일본에서 그 상품을 처음 알고, 구매해보니 맛있었다. 대만에 돌아가서도 다시 사고 싶다. 그렇다면 현지의 돈돈돈키에서 사자.' 이런 소비 행동을 만들 수 있다면 해외 판매를 확대하고 싶은 업체가 관심을 보일 것으로 판단했다.

전국을 망라하는 구매공간과 무수한 상품. 자유자재로 변하는 매장 구성에, 기발한 SNS 프로모션을 곱하면 돈키호테는 제조사에게 유일무이한 미디어가 된다. 실제로 컬러 콘택트렌즈를 사는 사람에게 광고를 하고 싶다는 화장품 회사의 요청도 들어왔다.

"다른 회사라면 상당히 어려울지도 모르지만, 뭐든 다 있는 저희는 전부 가능하다고 받아들이는 느낌이지요. 샐러드 치킨을 자주 사는 사람에게 프로틴을 추천하는 식으로 다양하게 생각할 수 있어요."(고바야시)

구매 데이터는 그 사람의 라이프스타일을 보여준다. 생활을 다채롭게 하는 온갖 아이템을 다루는 것이 돈키호테의 광고 가치를 비약적으로 높일 것이다. 고바야시 씨는 (리테일 미디어 사업은) 성장할 수밖에 없다고 써 달라면서 웃었다.

일본의 소매업계는 지금 지역 실정 등에 따라 상품 구색에 차이가 나는 개별 점포 경영이 재검토되기 시작했다. 한편 개별 점포 경영의 원조라고 할 수 있는 돈키호테는 각기 다른 소비자의 니즈와 원츠(Needs and Wants, 마케팅에서 자주 사용하는 용어로 '니즈'는 소비자가 필요로 하는 것, '원츠'는 소비자가 가지고 싶어 하는 것이다-옮긴이)를 겨냥하는 구매공간을 오프라인과 온라인 공간에 촘촘히 배치하려고 한다. 돈키호테가 만들어 내고 진화시키는 천차만별의 구매공간은 한 발짝, 두 발짝 앞서 있다.

마침내 전국 제패?!
외딴섬에도 진출하다

성장세가 이어지는 돈키호테는 고치현을 제외한 일본의 46개 도도 부현(광역 자치단체를 의미하는 일본 행정구역으로, 총 47개이다-옮긴이)에 진출하고 있다. 그러다 보니 "이런 곳에도 돈키호테가 있어?"라며 놀라는 일도 적지 않다.

2020년에는 미야자키시에서 백화점 본벨타 다치바나를 운영하는 다치바나 홀딩스를 인수했다. 건물 전체를 리뉴얼해 메가돈키호테 미야자키 다치바나도리점을 출점했다. '본벨타'는 이온그룹이 만든 백화점 브랜드다. 백화점 재생은 팬 퍼시픽 인터내셔널 홀딩스(PPIH)에도 새로운 시도였다. 돈키호테의 부사장 스즈키 고스케 씨는 "1년째는 예상했던 매출 목표에 도달하지 못해 힘들었지만, 2년째부터는 매우 순조롭습니다. 좋은 모델 케이스가 되었습니다"라며 자신감을 보였다.

출점 형태도 다양하고, 공항(소라돈키)이나 역 구내(에키돈키), 휴

미야자키시의 백화점을 리뉴얼한 메가돈키호테 미야자키 다치바나도리점(왼쪽). 류큐 기와가 눈길을 끄는 미야코지마의 돈키호테는 해양 관련 상품이 잘 갖추어져 있다(PPIH 제공).

게소(미치돈키)에서 소형점을 개발했다. 도쿄 기치조지나 삿포로시, 사카이시에서는 각각 종합슈퍼 체인점 세이유 안에 돈키호테가 입점했다. 세이유의 식품 코너와 경쟁할 것 같지만, 지금은 (관내에서) 한 상품 두 가격이 성립하는 상황이라고 한다(스즈키).

이제는 외딴섬에도 돈키호테가 있다. 2016년에는 오키나와현의 미야코지마에 진출했고, 2018년에는 이시가키섬에 상륙했다. 미야코지마와 이시가키섬의 돈키호테는 신선식품과 기념품, 스노클링 세트 같은 해양 관련 상품 등 다양한 것을 구할 수 있다. 그래서 현지 주민부터 관광객까지 섬에 있는 사람들이 방문하는 인기 매장이 되고 있다.

2024년 5월에는 드디어 고치현의 출점 계획이 공개되었다. 「대규모소매점포입지법」에 근거하는 신고 내용이 고시되어, 2025년 1월에도 고치시의 전차 거리를 따라 24시간 영업하는 돈키호테가 오픈할 예정이다. 이미 공사가 진행되고 있어 개업하면 정식으로 전국을 제패하게 된다.

개별 점포 주의를 고수하기 때문에 이렇게 다양한 지역에 녹아들 수 있다. 돈키호테는 지방 재생의 열쇠를 쥐고 있는 존재가 되기 시작했다.

제**3**장

ド
JONETZ
激情
格価

パ격적인
상품 만들기

『しいたけ嫌いの
食べて『しいたけ』と
様々な産地・『しいたけ』を食べ比べ
味付けに至るまで
徹底的にこだわり、

『しいたけ』嫌いな人に
美味しいと言わせた
これぞ『しいたけの大逆襲』

遂に完成！

本当に美味しい『しいたけ』を
愛溢れる担当者が

正に

しいたけスナック
Shiitake Mushroom Snacks
※写真はイメージです。

주장이 강한
강렬한 패키지

"표고버섯을 싫어하는 사람이 정말로 맛있는 표고버섯을 먹었으면 좋겠다고 생각해서 표고버섯 사랑이 넘치는 담당자가 여러 산지와 품종의 표고버섯을 먹고 비교해 양념까지 철저하게 따져 보고 **드디어 완성! 표고버섯을 싫어하는 사람마저 맛있다고 말하게 한** 이것이야말로 바로 **표고버섯의 대역습!**"

"즉석 가지 된장국을 그냥 베어 물었더니 이거, 맛있는데?! 담당자의 장난기가 어느덧 진심이 된 지 **5년**의 세월… 마루코메의 협력으로 가지의 맛을 이끌어낸 신슈산 붉은 쌀된장을 발견! **바삭바삭 와삭와삭♪♪**을 찾아서 103번 먹고 **드디어 찾은 밸런스!** 가지가 이렇게 맛있었어? 가지가 더 맛있는 **가지 스낵입니다.**"

긴 글인데, 어쩐지 자세히 읽게 되는 주장 강한 패키지. '도(ド)' 로고에 친숙하다면 감이 오는 사람도 많을 것이다. 돈키호테의 오리지널 상품 브랜드 '정열가격'이다.

큼직한 '도' 로고와 긴 상품 설명이 특징인 정열가격 패키지(PPIH 제공).

깜짝뉴스가 있는가 없는가

앞에서 소개한 상품의 이름은 각각 '표고버섯 스낵', '신슈산 붉은
쌀된장 가지 스낵'(후자는 현재 생산 종료)으로 심플하다. 대신 상품의
매력을 전하는 글들이 빼곡히 담겨 있다. 강조하고 싶은 부분은 글
자를 눈에 띄도록 크고 굵게 하고, 강약을 준 것도 포인트다.

사실은 이 디자인 자체가 계산되어 있다. "이것이 아주 좋은 상
품이라는 것을 분위기가 아니라 말로 전달하는 것이 우리 방식입

니다. **팝 광고를 붙이지 않아도, 잘 팔리는 상태를 목표로 한다**"고 목적을 말하는 사람은 팬 퍼시픽 인터내셔널 홀딩스(PPIH) 상석집행임원 PB 사업 총괄책임자 모리타니 다케시 씨다.

즉 패키지 자체에 광고 문구를 넣은 것이다. 그곳에 담은 긴 문장은 사내에서 **깜짝뉴스**라고 불리며 회의까지 열어 여러 차례 퇴고를 거듭하고 있다.

"'그래? 우와, 정말? 싸다!'라고 감정이 흔들려 감탄사를 연발하게 만드는 요소가 깜짝뉴스입니다. 그것이 없는 상품은 정열가격 라인업에서 제외했습니다."(모리타니)

지나치게 열정을 쏟은 나머지 깜짝뉴스가 318자에 달한 상품도 있다. '세 종류 맛 볼 수 있는 가키노타네'(가키노타네는 일본 대중 간식인 감씨 모양 쌀과자로 해당 상품은 현재 생산 종료)가 그렇다. 고객이 "가키노타네는 전부 똑같아요"라고 한 한마디가 계기가 되어. 가키노타네에 담긴 생각과 담당자의 추천 포인트가 줄줄이 쓰여 있었다.

돈키호테 특유의 감성이 없었다

돈키호테는 2021년 2월 정열가격 리뉴얼을 단행했다. 프로젝트의 시동은 그로부터 2년 전으로 거슬러 올라가 모리타니 씨가 PB 사

업 전략 본부의 본부장에 취임한 것이 계기였다. 이전의 정열가격
은 어디에나 있는 상품이 다른 곳보다 조금 저렴한 정도였다. 돈키
호테 특유의 감성이 없는 평범한 로고로 전락했다고 모리타니 씨
는 말했다.

사실 예전 로고는 노란색 바탕에 '정열가격'이라고 적혀 있을 뿐
이었다. 확실히 임팩트가 부족하고, 기억에도 잘 남지 않았다. 방문
객에게 설문을 받아도 정열가격이 돈키호테의 오리지널 상품이라
는 인식조차 희박했다. 인지도는 25~26%로 극히 낮았다. 2009년
의 발족 이래 3,900개가 넘는 상품을 정열가격으로 판매해왔음에
도 말이다.

"PB(Private-Brand products, 자체 오리지널 상품)는 리테일(소매기업)이
유일하게 커스터마이징할 수 있는 무기입니다. 우리이기 때문에
만들어 낼 수 있는 상품을 최적의 가격으로 전달하는 브랜드여야
하는데도, (당시는) 패키지도 로고도 전혀 독자성이 없었습니다."(모
리타니)

돈키호테다운 PB란 무엇일까? 정열가격이라는 이름을 지우는
것도 포함해 처음부터 생각하기로 했다. 모리타니 씨는 그 과정에
서 규정을 어기고 한 수를 내밀었다. 대형 광고대행사인 하쿠호도
를 파트너로 맞이한 것이다. 지금까지 대외적인 활동을 별로 하지
않았던 돈키호테에 하쿠호도의 마케팅 노하우를 도입하고 싶다는

생각이 있었다.

그러나 '주권재현(주권은 현장에 있다)'을 철칙으로 하는 돈키호테는 조직 전체에 자체적으로 해결하려는 성향이 강해서, 컨설팅 회사나 광고대행사에 도움을 요청해서는 안 된다는 암묵적인 룰이 있었다고 한다. 반면 모리타니 씨는 자신이 못하는 부분은 타인의 힘을 빌리는 데 주저하지 않는 자신의 강점을 잘 알고 있었다. 그래서 돈키호테에서는 이례적이지만 하쿠호도의 힘을 빌리고 싶다고 사장 CEO 요시다 나오키 씨에게 상담했다. 그러자 뜻밖에도 하면 되지 않느냐며 격려하는 반응이었다. 요시다 씨도 당시 경영 수장에 취임한 지 얼마 되지 않은 시기였다.

"괜찮다면 바로 해보겠다고 품의를 올렸습니다. 정말로 가져왔다고 요시다 씨에게 아직도 말을 듣긴 하지만요"라면서 모리타니 씨는 웃었다. 규정을 어기는 것조차 담당자 한 사람의 생각으로 허용되었다면, 어느 의미에서 돈키호테다운 듯하다. 그때부터 하쿠호도와 이인삼각으로 리뉴얼 프로젝트가 움직이기 시작했다.

발표회에서 사장이 사죄하다

그래서 되돌아간 것은 기업이념을 형태로 한 내부 소책자인 『원류(源流)』(제7장 참조) 중에서도 가장 중요 원칙으로 여겨지는 **고객 최우선주의**다.

"PB라고 하는 것은 자사를 위한 브랜드가 아니고, 고객을 위한 브랜드여야 합니다. 그로부터 **피플 브랜드 선언**이라는 아이디어가 나왔습니다."(모리타니)

2021년 2월의 리뉴얼 발표회에는 사장 CEO 요시다 씨가 올라와 이례적으로 사죄했다. 그 자리에서 아울러 정열가격에 관한 사과문을 공표했다.

이번에 우리 회사가 독자적으로 기획 · 판매한 PB 브랜드 정열가격이 조금 재미가 부족한 흔한 PB 된 건에 관해 진심으로 사과드립니다. 고객을 위한다고 저렴한 가격을 추구한 결과, 어느새 돈키호테답지 않게 어디에나 있을 만한 상품만 양산하고 있었습니다. 일동 깊이 반성하고 있습니다. 이제부터 심기일전하려고 합니다. PB는 PB이지만, 자사만 만드는 '프라이빗 브랜드'가 아니라 여러분과 함께 만드는 '피플 브랜드'로 다시 태어나겠습니다. 저렴한 가격은 물론이고, 저도 모르게 손이 가는 '깜짝뉴스'가 없는 상품은 발매하지 않겠습니다. 가격이나 품질에 납득하고 구매

할 수 있도록 상품의 특징은 물론, 단점이 있으면 솔직히 털어놓을 생각입니다. 상품에 대한 지적도 대환영입니다. 적극적으로 받아들여 차례차례 개선하겠습니다.

단순히 PB를 피플 브랜드(People Brand)로 읽은 것만이 아니다. 개발 방침을 근본부터 바꾸었다. 대전제로 삼은 것은 '놀라움'이 있는지 여부다. 깜짝뉴스가 담긴 패키지로 쇄신하고, 로고는 '도'를 크게 부각시켰다. 돈키호테의 도(ド)와 도(度)를 넘는 열정을 품고 상품을 개발하겠다는 다짐을 담았다.

말장난이 아닌 진정한 피플 브랜드가 되려면 소비자 의견과 요구를 수렴해야 한다. 그래서 **지적의 전당**이라는 특설 사이트를 개설했다(이후 **마지보이스**에 기능을 이관).

"제조를 하려면 고객의 의견을 듣는 것이 제일입니다. 그렇다면 지적만 해달라고 한정하는 편이 더 많은 의견이 모이고, 개선해야 할 점도 더 잘 보입니다."(모리타니)

여기에 고객 최우선주의 자세가 드러난다. 일반적으로 소비자가 기업에 지적하고 싶어서 사이트에 접속해보면 FAQ(자주 하는 질문)가 쭉 나열된 아래쪽에 온갖 문의를 받는 양식을 만나게 된다. 여기서부터 소비자가 느끼는 것은 클레임은 가급적 받고 싶지 않고, 무엇이든 원만히 끝내고 싶어 하는 기업 측의 숨은 본심이다. 이와 반대로 돈키호테는 지적에 특화된 사이트에서 고객의 마지보이스(본심)를 모은다.

무엇보다도 놀라움을 중시해서 상품 기획의 초안을 만들고, 발매 후에는 소비자에게 받은 지적을 모아 더욱 진화시킨다. 일련의 개발 과정이 확립되자 매우 독자적인 관점의 상품이 생겨났다.

말도 안 되는 가격이라는 형태를 붙인다

실제로 1년에 몇 번씩 도쿄·시부야에서 열리는 PB 상품 체감 전시회는 '이런 게 나왔어?'라는 상품들로 넘쳐난다.

예를 들어 **손쉽게 쑤셔 넣는 캐리어**는 세운 채로 탁 하고 윗부분이 열리면서 약 3박 분량의 짐 꾸리기가 약 40초 만에 완료되는 물건이다. 담당자가 스스로 짐을 싸는 데 걸리는 시간을 재면서 개발했다고 한다. 40초라는 구체적인 숫자가 제시되니 묘하게 설득력이 있었다.

어느 쪽이든 이너 티셔츠는 안팎, 앞뒤라는 개념을 없애고 어떻게 입어도 되는 티셔츠다. 빨래를 널 때, 갤 때 안팎이나 앞뒤를 확인하기 귀찮다는 소리에 반응한 아이템으로, 시간 대비 효율성을 따지는 시대의 구세주라고 불렸다.

독특한 감성이 돋보이는 오리지널 상품. 가성비에 자신 있는 상품에는 '말도 안 되는 가격'이라는 말이 붙는다(저자 촬영).

남성용 속옷에는 **돈키호테 테크놀로지**라는 기술이 도입되어 있었다. 불과 0.1mm의 극히 얇고 초경량의 나일론 소재를 채택해서 유례없는 무착용감을 체험할 수 있다는 **카룩**이나, 4중 구조로 확실히 흡수해 조금씩 새는 것을 막는 **모레낙**, 국부의 부풀림을 억제하는 **모코라낙** 등 남성 특유의 섬세한 고민에 반응한 팬츠가 라인업되고 있다.

뿌리는 생강절임은 말 그대로 뿌려서 먹는 생강절임이다. 봉지에서 꺼내 담는 수고를 덜기 위해 병에 든 드레싱 타입으로 만들어 생각날 때마다 바로 생강절임을 먹을 수 있도록 했다.

이 외에도 마요네즈 한 병 분량과 비슷한 무게의 초경량 프라이팬 5종 세트와 겉보기에는 슬림하지만 뜯어보면 고등어 한 마리 이상이 시원하게 통째로 들어간 통조림 등 예상과 다른 발상을 구현한 상품이 줄줄이 나왔다.

크게 쇄신한 정열가격 중에서도 말도 안 된다고 느껴질 정도로 놀라운 가격을 갖춘 상품에는 **말도 안 되는 가격!**(ありえ値ぇ!)이라는 말이 붙어 있다. '도' 패키지에 '말도 안 되는 가격!'이 함께 표기되어 있으면 그것은 적당한 가격과 놀라움을 동시에 살린 야심작이라는 뜻이다.

예를 들어 앞에서 이야기한 고등어 캔이나 자연산 눈다랑어가 통째 들어간 참치캔인 **사치스러운 통참치 3캔 팩**은 '말도 안 되는 가격!' 상품 중 하나다. 원산지는 모두 태국으로 표기되어 있지만, 사실 일본 근해에서 잡은 고등어나 눈다랑어를 사용하고 있다. 일본에서 가공하면 국산 고등어 캔으로 팔리는데 굳이 태국으로 가지고 가서 가공한 뒤 역수입해서 비용을 낮췄다. 운송비를 더해도 이쪽이 저렴하기 때문이라고 한다.

그렇게 잘 키워서 내보낸 역작들도 완벽할 수는 없다. 소비자들의 쓴소리를 양식으로 삼아 개선해 생겨난 이색 히트상품이 **쓴소리 믹스 넛츠**이다.

패키지에 고객의 목소리를!

'쓴소리 믹스 넛츠'가 이색적인 것은 상품 패키지 뒷면을 보면 알수 있다. 돈키호테에게 보내는 댓글로 도배되고 있기 때문이다.

"맛이 부족해, 간 좀 맞춰라.""PKG(패키지)가 촌스러워.""패키지는 흰색 베이스지!? 전부 다시 해!""땅콩 양 좀 늘려라!""맛이 너무 진해!""싸구려!""자이언트콘은 없어도 될 것 같아요. 또 열두봉지 정도로 구성되면 구매하는 경우가 많아요."

한편 패키지의 겉면에는 이런 의견을 받아 리뉴얼을 단행한 것이 표기되어 있다. "많은 고객이 지적한 내용을 바탕으로 견과류의 **종류·배합·양념 전부를 재검토한** 인류의 이상적(?)이라고도 할 수 있는 **신믹스 넛츠**"라고 하는 설명 문구다.

일반적으로 리뉴얼 후에 예전 상품은 매장에서 사라진다. 하지만 돈키호테의 믹스 넛츠는 그렇지 않았다. 개발 담당자가 어떻게든 팔고 싶다며 고집을 부려 예전 상품도 판매를 계속한 것이다.

많은 사람에게 **지적받아 난도질**당했지만, 담당자의 입장에서 **맛과가격**의 가성비로 **절대적**인 **자신감**이 있는 **구믹스 넛츠**라고 패키지에 기재했다. 신구 어느 쪽의 믹스 넛츠를 선택할지는 소비자에게 맡겼다. 그래서 쓴소리 신믹스 넛츠와 쓴소리 구믹스 넛츠의 두 상품이 나란히 진열되는 이례적인 상황이 펼쳐졌다. 팬들 사이에서도

새로운 패키지(신믹스) 뒷면에는 예전 상품에 쏟아진 지적의 목소리가 나열되어 있다. 이전 버전의 상품(구믹스)도 판매를 지속했다(앞면: PPIH 제공, 뒷면: 저자 촬영).

신구 믹스 넛츠 논쟁이 불붙어, 양쪽 다 매출이 늘어나는 신기한 상 승효과를 낳았다.

팬과의 파격적인 커뮤니케이션으로 육성된 '놀라운' 상품군. 그 러나 지금처럼 전국의 구매공간에 줄줄이 진열되기까지는 남모를 고생이 있었다.

사내 프로모션에 2년 이상 걸리다

"실은 사내 프로모션에 엄청난 시간을 쏟아부었습니다."(모리타니)

돈키호테는 상품의 매입과 가격 책정을 매장에서 결정한다. 고 객 최우선주의에 따라서 고객을 매일 접하는 매장에 권한을 맡기 기 때문이다. 비록 본사가 개발한 상품이라도 "매장이 납득하고 잘 팔려나가는 상태가 되지 않는 한, 진열할 수 없습니다(모리타니)"라 고 한다.

아무리 공들여 상품을 개발해도 매장에 진열하지 않으면 소비자 에게 전해지지 않는다. 그러므로 어떻게든 정열가격은 잘 팔린다 는 것을 현장에 체감시킬 필요가 있었다. 모리타니 씨 스스로가 여 러 사내 회의에 출석해서 정열가격을 직접적으로 영업하거나 원래 PB를 만드는 의미에 대해 만화를 그려 배포하는 등 다양한 방법으로 흥미를 끌려고 안간힘을 썼다.

급기야는 외부 인사를 초빙해 경연대회까지 열었다. 열렬한 돈키호테 팬을 자청하는 개그맨 겐도 고바야시(겐코바) 씨를 기용해 2021년 9월 15일 '겐코바의 결투장' '겐코바 상점 진열'이라는 2편의 동영상을 온라인상에 공개했다.

동영상 속에서 겐코바는 돈키호테에서의 추억을 되새기며, "요즘 돈키호테는 전해지지 않아 정열이" "욕망으로 가득 찼던 돈키호테가 왜 이렇게 평범해진 거야, 변했구나! 그런 인상을 받고 있어요."라고 현 상태의 진열을 지적한다. 마지막에는 스스로 돈키호테 롯폰기점에 들어가서 직원에게 지시하면서 본보기가 되는 상품 진열을 완성시켰다. 그리고 이렇게 선전포고했다.

"결투장 인간의 욕망을 자극하는 정열 넘치는 상품 진열로 나와 승부를 보자!! 겐도 고바야시."

버라이어티 프로그램 같은 분위기지만, 일반인 대상으로 제작한 동영상은 아니라고 한다. 매출을 올리는 것이 목적이 아니고, 완전히 내부 이벤트였다고 모리타니 씨는 자백했다. 실제 동영상은 '**초절정 대결! 영혼의 진열 콘테스트**'라는 사내 이벤트 공지 화면으로 끝난다. 정열가격의 상품을 나열하는 것이 조건은 아니지만, 이 동영상에서 겐코바는 마구 정열을 연호하고 있다.

겐코바를 감탄시킬 만큼의 상품 진열을 해낸 매장에는 상품을 증정하는 방식으로, 정열이 담긴 진열을 실현해보자는 취지에서 각 매장의 분발을 유도하려는 속셈이다.

"(겐코바에게 뭔가를 받는다고 하는) 게임성을 부가해 모두가 구매공간을 우르르 만드는 움직임을 만들고 싶었습니다."(모리타니)

정열가격을 도입해 각 매장이 혼신의 구매공간 구성에 나섰다. 그러자 동영상도 주목받아 진열해놓은 상품이 팔리기 시작했다. 정열가격이 잘 팔린다는 깨달음이 전국의 점포에 퍼져 갔다.

대미를 장식한 텔레비전 광고

대미를 장식한 것은 2022년 12월부터 방영을 시작한 텔레비전 광고다. 배우 나가야마 에이타 씨를 기용해 "돈돈돈키, 놀라운 정열가격!"이라는 귀에 남는 멜로디로 끝맺었다. 지금까지 PPIH는 텔레비전 광고를 거의 하지 않았지만, 하쿠호도의 네트워크를 활용해 광고 홍보비를 집중적으로 투자했다. 이 텔레비전 광고의 목적도 사실 사내 PR이 본래의 취지였다고 한다.

"회사가 진심인 것을 보인 다음 텔레비전 광고까지 내보냈으니 팔 수밖에 없다고 현장에서 각오하게 합니다. 그 뒤편에서는 점포에 흥미를 돋우는 진열 콘테스트를 기획하지요. 그 조합으로 단숨

에 구매공간이 정열가격으로 가득 찼습니다."(모리타니)

리뉴얼 발표회 때 사장이 사과하는 연출도 회사를 하나로 모으는 장치였다고 한다. 정열가격의 판매를 더욱 증가시키자고 사내의 기운을 양성하는 데 실로 2년 이상의 시간이 필요했지만, 일련의 시책이 결실을 맺어 정열가격에 대한 매장 측의 이해가 상당히 진행되었다.

매장에 노출이 늘어나면 정열가격을 구매하는 소비자도 늘어난다. 그 가운데 단품으로 연매출 5억 엔, 10억 엔으로 벌어들이는 히트상품이 생겨나 매장의 매출 상승을 이끌게 되자, 점원도 더 팔고자 하는 의욕이 솟아났다.

그런 선순환이 시작되면서 리뉴얼 전에는 20%대였던 소비자 인지도가 70% 가까이로 높아졌다. 매출액에서 차지하는 정열가격의 비율도 지속적으로 상승해, 전사적인 매출총이익 개선에 도움이 되고 있다.

구매공간의 구성과 함께 돈키호테 사원들이 자기다움을 한껏 발휘할 수 있는 것이 상품 개발이다. 돈키호테의 오리지널 상품은 정열가격만이 아니다. 도시락, 반찬으로 타깃을 좁힌 새로운 브랜드가 생겨나 어떤 의미에서는 정열가격을 뛰어넘고 있었다.

모두의 75점보다
누군가의 120점으로

모두의 75점보다 누군가의 120점을 목표로 한다.

2023년 11월 1일, 돈키호테는 이렇게 선언하고 새로운 도시락·반찬 브랜드를 시작했다. 이름은 **편애밥**(偏愛めし)이다.

'모두의 75점'은 지금까지 나온 돈키호테의 도시락·반찬 상품을 가리킨다. 모든 사람에게 맞추려고 했던 상품이 실패를 거듭했던 것을 반성하고 개발자 자신이, 좋아하는 사람은 무조건 좋아할 것이라고 확신하는 '편애 메뉴'만을 선보이는 것을 콘셉트로 했다.

사실 돈키호테에서는 지금까지도 도시락이나 반찬을 취급해왔지만, 안타깝게도 거의 알려지지 않았다고 한다(PPIH 상석집행임원 PB 사업 총괄책임자 모리타니). 상품에 재미가 없었기 때문이다. 애써 구매해준 손님에게도 "저렴하지만 평범하다" "어디선가 본 상품만 있다"라는 의견이 나왔다. 재구매 고객을 확보하지 못한 것이다.

비록 많은 사람에게 불합격을 받아도 누군가의 취향에 들어맞는다면, 적어도 그 사람에게는 절대적인 공감을 얻을 수 있다. 그렇다면 돈키호테답게 누군가에게 120점을 받을 만한 상품에 집중하자고 방향을 대폭 바꾼 것이 이번 프로젝트다. 누군가의 120점을 노린다면 필연적으로 강력한 단일상품으로 승부를 봐야 한다. 이는 일본 도시락 문화와는 전혀 다른 방향이기도 하다.

보통 밥에 메인 요리와 반찬을 곁들여 소량 다품종의 요리를 색감과 영양의 균형을 맞춰 담아낸 것이 일본의 도시락이다. 하지만 그것만으로 좋을까? 균형 있게 늘어놓으면 적당한 합격점은 받을 수 있을지도 모르지만, 기억에는 남기 어렵다. 본래 음식의 기호는 사람마다 다른데, 합격점을 받으러 가면 누구에게도 평범하다는 인상만 주고 끝날 수도 있다. 그것은 사실 누구에게도 사랑받지 못한다는 뜻일지도 모른다. 돈키호테는 그렇게 판단했다.

흰쌀밥은 용서 못해, 조연을 주연으로

정열가격은 깜짝뉴스를 제안하는데, 편애밥 상품에서는 '강렬한 개성'을 내세운다. 개발 담당자도 개성이 강한 멤버만을 모아 크게 3개의 테마를 설정했다.

흰쌀밥은 용서 못해!

술이 최고야!

조연을 주연으로!

'흰쌀밥은 용서 못해!'를 이끄는 것은 돈키호테 No.1 먹보라는 별명이 있는 가지마 사토시 씨다. 흰 쌀밥을 뒤덮을 정도로 재료가 푸짐하게 들어간 볼륨감 있는 도시락을 주력 상품으로 삼았다.

'술이 최고야!'는 술을 잘 마시는 데 목숨을 거는 마쓰다 겐이치 씨가 개발을 주도했다. 술에 얼마나 잘 어울리는지 그 한 가지에만 집중해서 편애 안주를 선보였다.

'조연을 주연으로!'를 외치는 사람은 이누즈카 고타 씨다. 맛 내기에 이상하리만치 집착하는 요리광이 자기 기준과 취향만으로 조미료를 중심으로 한 레시피를 만들어 냈다.

제1탄으로 발매가 결정된 것은 10가지 상품이다.

'흰쌀밥은 용서 못해!'에서는 어디서부터 먹어도 속 재료가 나오도록 큼직한 닭고기 완자를 밥 사이에 끼운 **삐져나온 닭고기 완자 주먹밥**, 피라미드처럼 두꺼운 고기를 쌓아 올린 **욕망 가득 담아 만든 두툼로스 피라미드 덮밥**, 용기 한계치까지 소스 양을 늘린 **소스에 푹 빠진 중화 덮밥**의 3가지 상품을 선보였다. 전부 밥을 남기게 하지 않겠다는 생각이다.

'술이 최고야!'라고 이름 붙은 상품은 퇴근길에 자주 들르는 꼬치구이집 재주문율 1위의 메뉴를 재현한 **씹을수록 맛있는 닭 안창살 구이**, 유자 된장과 일본 술이라는 최고의 조합을 즐기기 위한 **술 무제한 유자 된장 연골**, 풋콩을 소금물에 데치지 않고 육수에 끓인 **마셔도 좋고 먹어도 좋은 국물 풋콩**, 감자 샐러드에 타협 없이 와사비를 듬뿍 섞은 **[19금?] 와사비잎 감자 샐러드**, 4가지 상품이다. 전부 술꾼인 마쓰다 씨가 술과 가장 어울린다고 말한 경험을 통해 탄생한 상품이다.

'조연을 주연으로!'에서는 불고기 소스가 듬뿍 스며든 밥을 계속 먹고 싶다는 본능에 따른 **소스 듬뿍 밴 불고기 맛 주먹밥(고기 들어 있음)**, 교토 노포에서 만든 귀한 사이쿄 된장을 가장 맛있게 먹는 방법만을 생각하며 개발한 **사이쿄 된장으로 밥이 술술 들어가는 금눈돔 된장구이 주먹밥**, 구마모토현 아마쿠사의 항구에서 맛있게 먹은 국물을 널리 알리고자 하는 일념으로 탄생한 **국물의 맛을 살린 오야코동**의 3가지 상품이 등장했다. 소스, 된장, 육수라는 요리의 맛을 내는 요소를 주연의 자리에서 돋보이게 하려고 고심한 흔적이 엿보인다.

상품명만 봐도 충분히 개성적이지만, 상품 패키지에서는 정열가격 못지않게 눈길을 끄는 다음과 같은 보충 설명이 붙는다. '아니, 와사비를 너무 많이 넣었어? 하지만 그 부분이 좋아 소주에 정말 잘 어울려 [19금?] 와사비잎 감자 샐러드' '주먹밥에서 건더기가

읽으면 마음이 흔들리는 긴 상품 설명은 '편애밥'에서도 사용(PPIH 제공).

없는 부분을 용서할 수 없는 너에게 바친다! 삐져나온 닭고기 완자 주먹밥'

개발자의 개인적인 욕구나 몹시 자유로운 발상을 관대하게 받아들여 제조하는 것은 나고야시에 본사를 둔 가네미 식품이다. 전국의 대형 슈퍼마켓을 중심으로 도시락이나 반찬을 도매하고 있는데, 백화점이나 역 빌딩에 오프라인 매장도 있다.

가네미 식품은 2017년 유니 훼미리마트 홀딩스(당시)의 자회사가 되었다. 종합슈퍼마켓인 유니는 2019년 1월에 PPIH의 완전 자회사가 되어, PPIH는 가네미 식품과도 2023년 3월에 업무 제휴를 맺었다. 편애밥을 염두에 두고, 기존 돈키호테의 도시락·반찬 이미지를 뒤엎을 상품을 대량 생산할 체제를 갖추기 위해서다.

그 후에도 매우 공격적인 신상품 개발이 이어졌다. 2024년 5월 SNS를 발칵 뒤집은 것은 **프라이드치킨 껍질만 도시락**이다. 프라이드치킨은 껍질이 맛있다는 전제하에 고기와 향신료의 맛을 응축시켜 껍질만 가득 담은 상품이다. 다른 반찬은 하나도 없고, 흰쌀밥과 함께 담겨 있다.

최고로 향긋한 치킨 도시락도 많은 양의 마늘 슬라이스를 얹은 치킨과 흰쌀밥만 담아 깔끔한 메뉴 구성을 보여주었다. 마늘을 무려 한 통이나 사용해서 화제가 되었다.

상품에도 어뮤즈먼트를 추구한다

편애밥의 궁극적인 목적은 도시락이나 반찬을 사고 싶다고 결심했을 때 돈키호테를 떠올리게 하는 일이다. 일반적인 감자 샐러드라면 편의점에서 구매해도 된다고 생각할 수 있지만, '편애밥의 그 매운 감자 샐러드가 먹고 싶어'라고 생각하면 이야기가 달라진다. 해당 상품이 돈키호테에만 있는 이상, 돈키호테에 발길이 갈 가능성이 매우 커진다.

포인트는 도시락·반찬 코너의 모든 것을 편애밥으로 하는 것이 아니라 지극히 일반적인 반찬도 폭넓게 취급하는 것이다. 편애밥으로 도시락·반찬의 돈키호테를 소비자에게 각인시켜서, 실제로 매장에 방문했을 때 고로케, 튀김이라는 정석 메뉴나, 최근 주력하고 있는 대용량 팩 냉동식품 등의 구매도 촉진한다는 전략이다.

편애밥이 고객을 모으는 핵심 콘텐츠로 자리매김하려면, 상품 자체가 계속 차별화되어야 한다. 그래서 누군가의 120점이 되었는지 확인하는 자리로 **편애밥 모임**을 정기적으로 개최할 계획이다. 돈키호테 애호가를 불러 상품에 대한 생생한 목소리를 개발자에게 전달한다. 그렇게 다양한 사람의 '편애'를 모아 향후 상품 개발에 활용하고자 한다.

정열가격과 편애밥은 전부 돈키호테다움이 무엇인지 추구해 생겨난 오리지널 상품이다. 그 상품들은 어뮤즈먼트를 추구하는 구매공간에 완벽히 맞아떨어졌다. 평소에도 이용할 수 있는 초저가의 전당을 향해 대담하고도 참신한 한 수를 계속해서 선보여 나갈 것이다.

의외로 고지식한,
상품 회의에 잠입하다

돈키호테의 오리지널 상품은 때로 지나치게 공격적이라서 물의를 일으키기도 한다. 도대체 어떤 논의를 거쳐 매장에 진열되는 것일까? 판매 허용 여부를 결정하는 최고의사결정기관이 있다는 말에 슬며시 끼어들었다.

지정된 장소는 도심에서도 굴지의 구매공간 면적을 자랑하는 메가돈키호테 다치카와점(도쿄도 다치카와시)이었다. 매장 뒤쪽에 병설된 사무실에 가로가 긴 테이블을 몇 개나 이어 붙여 원을 그리듯이 빙 둘러서 사원들이 착석했다. 각자 노트북이나 태블릿을 가지고 와서 상품 개발팀의 프레젠테이션에 차분히 귀를 기울이고 있었다. 표정은 진지함 그 자체였다.

매장이나 상품 패키지에서 느껴지는 장난스러운 분위기는 조금도 없었다. 웃음소리가 난무하는 화목한 회의일 것이라는 상상은 발을 내딛는 순간 완전히 깨졌다.

무엇보다 시간표를 보고 놀랐다. 여기 다치카와에서 2일, 요코하마 오구치 사무실에서 1일, 총 3일간 이루어진다. 첫날은 식품과 생필품·애완용품. 이튿날은 생활잡화·아웃도어와 완구·버라이어티 잡화, 화장품 스킨케어 등. 마지막 날은 의류, 가전이라는 프로그램으로, 음악 페스티벌처럼 매일 스케줄이 빽빽하게 들어 있었다. 상품 수가 많기도 했지만, 식품만으로 5시간을 소비하는 대장정도 있었다.

돈키호테에서는 매월 1회, 이렇게 3일 동안 오리지널 상품의 품평회를 연다. 회의 이름은 **상품 기안 회의**다. 상품 개발 담당자가 파워포인트로 정리한 자료를 토대로 왜 이 타이밍에 개발하는지, 신규성은 어디에 있고, 어떤 패키지로 판매하려고 하는지 순서에 따라 설명한다. 회의실에는 실제로 제작해본 상품도 진열하고, 식품의 경우 시식 시간도 준비되어 있다. 판매해도 되는지 판정하는 것은 전국의 각 구역을 총괄하는 14명의 프로덕트 매니저다.

다음은 식품 분야 기안 회의에서 실제로 펼쳐진 논의다.

"신규 제안 상품으로 7종 재료로 만든 대하 튀김 덮밥. 여기 월간 매출의 예산이 ○만 엔, 월간 매출총이익의 예산 ○만 엔, 도입 점포 수 ○개 점포, 매출총이익률이 ○%입니다."

어느 상품이든 예산 목표와 매출총이익률을 확실히 발표한 다음, 상품 상세 설명으로 넘어간다. 사례의 대하 튀김 덮밥의 경우,

기존의 튀김 덮밥의 대하가 1마리였던 것을 2마리로 늘려서 좀 더 포만감 있는 사이즈로 전환해 새우의 느낌을 더욱 살리는 상품으로 완성되었다. 여기에 7종의 다양한 재료를 곁들여 부가가치를 낸다는 이야기였다. 시식한 참석자들의 반응은 대체로 호의적이었지만 이의도 제기되었다.

"생각보다 싱겁다고 느껴졌는데, 밥이 술술 들어가는 맛이었나 싶기도 하네요. 튀김 덮밥을 살 때는 보통 소스 맛을 기대하는데, 그게 별로 안 느껴졌던 것 같아요. 제 미각이 이상한 걸까요?"

질문이 하나라도 나오면 상품 개발 담당자는 납득할 만한 해명을 내놓아야 한다.

"이것은 한 끼의 양으로, 재료의 맛도 생각해서 지나치게 소스 범벅이 되지 않도록 잘 조절했습니다."

마히마히일까, 시이라일까?

튀김 덮밥의 경우 질문이 그 정도로 멈춰서 판매가 결정되었지만, 집중포화를 당한 것은 '마히마히 하와이안 박스'이다. 하와이에서는 고급 생선으로 알려진 마히마히 튀김이 3개 들어 있고, 바비큐 살사 소스와 갈릭 라이스와 함께 먹는다는 구성이다.

마히마히('만새기'의 하와이어 명칭)는 일본에서 시이라('만새기'의 일본어 명칭)로 불리며 비교적 적당한 가격에 구할 수 있다는 점에 착안했다. 일본인에게는 익숙하지 않은 생선이지만 식감이 부드럽고, 은은한 단맛과 담백함으로 프라이, 튀김, 볶음, 조림 등 어떻게 요리해도 맛있게 먹을 수 있다고 한다. 수산 자원의 가격이 급등하는 가운데, 새로운 생선을 사용한 상품 개발에 도전하자는 목적도 있었다.

이런 의욕적인 생각과 달리 마히마히 하와이안 박스에는 많은 참석자들이 제동을 걸고 나섰다. 그 대화를 다음에 재현해보았다.

A씨 마히마히보다 시이라가 일본에서는 압도적으로 인지도가 높은 것 같은데, '시이라 튀김'으로 하면 맛이 없을 것 같나요?

담당자 외식 산업에서는 마히마히 초밥도 판매되고 있습니다. 그렇게까지 많이 취급하지는 않지만요. 아직 일본에서 시이라라는 이름도 인지도가 낮아서….

A씨 아, 낮아요?

담당자 대략 알기 쉽게 말하자면 햄버그 덮밥이라고 하는 것보다, 로코모코 덮밥이라고 부르는 편이 맛있게 느껴지지 않나요?

A씨 하와이안 느낌이 나네요.

담당자 이 상품의 테마는 하와이안 도시락이라서 시이라 덮밥이라고 하기보다 마히마히 덮밥이라고 하는 편이 소비자에게도 와닿기 때문입니다.

A씨 네, 알겠습니다.

국회 청문회 같은 질문 공세

지체 없이 새로운 추궁이 밀려들어 왔다.

B씨 질문드려도 괜찮을까요? 상품의 타깃 대상이 누구인지 궁금한데요. 처음부터 하와이를 좋아해서 하와이에서 마히마히를 먹어본 뒤에 일본에서도 먹고 싶은 사람인가요? 하와이에 가본 적은 없지만 마히마히를 먹어보고 싶은, 외국을 좋아하는 사람이 타깃인가요?

담당자 둘 다입니다.

B씨 남성, 여성 어느 쪽을 대상으로 하나요?

담당자 남녀 구분 없습니다.

B씨 나이는 어느 정도인가요? 젊은 사람인가요, 남녀노소인가요?

담당자 30대에서 50대 정도 예상하고 있습니다.

B씨 점심에 먹나요? 저녁에 먹나요?

담당자 점심 식사로 예상하고 있습니다.

B씨 젊은이들의 점심 수요로, 하와이에 친숙하고 하와이 음식을 원하는 사람이 타깃이란 말인가요?

담당자 맞습니다.

  야당이 여당을 추궁하는 국회 청문회 같은 속도로 잇달아 질문이 쏟아졌다.

B씨 밥은 뭔가 했더니 갈릭 라이스네요. 점심에 마늘은 조금 꺼려질 수 있겠다는 생각도 드는데요. 요즘 만두에도 마늘을 빼달라는 주문이 가능하잖아요? 저는 일할 때 점심에는 마늘을 웬만하면 피하려고 하는데, 그 부분도 생각했을 때 괜찮은 건가요?

담당자 바로 먹을 수 있는 음식 중에 마늘 상품을 다수 판매하고 있습니다. 매출이 높은 상품도 많아서 그런 의미에서도 PPIH의 고객층에는 친화성이 높다고 생각했습니다. 또한 하와이 느낌의 밥이라는 점에서 이번에는 갈릭 라이스를 선정했습니다.

B씨 하와이에서는 마히마히 튀김에 갈릭 라이스를 조합하는 문화가 있는 건가요?

담당자 특별히 그런 것은….

B씨 없어요? 그러면 우리의 오리지널 갈릭 라이스를 사용했나요?

담당자 맞습니다.

B씨 참고로 다른 마늘이 들어간 상품에는 뭐가 있나요, 우리 상품 중에.

담당자 닭튀김이나….

B씨 그쪽은 잘 팔리나요?

담당자 그렇죠.

B씨 알겠습니다. 감사합니다.

내용물이 보이지 않는 도시락이 팔릴까?

상품 개말림은 두 사람이 맹렬한 공격을 간신히 버텨냈지만, 이후 결국 수세에 몰리게 된다. 문제가 된 것은 패키지였다. 마히마히 하와이안 박스는 내용물이 보이지 않는 뚜껑 달린 박스 패키지로, 상품 이미지를 인쇄한 종이에 말아서 제공하는 스타일이었다.

C씨 내용물이 안 보이는 도시락이 팔릴까요?

담당자 사실 다른 회사의 인스토어(점내 상품)에는 꽤….

C씨 감자튀김과 닭튀김 같은 사이드 메뉴가 들어 있다면 (내용물이 보이지 않아도) 누구라도 상상할 수 있기 때문에 구매할 수 있겠지

만, 들어본 적도 없는 음식이 안에 들어 있는데요. 구매욕을 자극할 수가 없는데 맛있겠다고 살까요? 지나치게 도전적이네요. 하와이를 모르는 일반인이 보기에는 이 사진만으로 결정해야 하니, 괜찮을지 걱정이 됩니다.

담당자 상품을 감싸는 종이의 문구와 나머지는 팝 광고로 내용물을 확인할 수 있도록 하려고 합니다.

C씨 처음 도전하는 요리를 단순하게 사진으로 판별할 수 있을까요? 익숙한 요리라면 이해해요. 돈가스 덮밥이 들어 있으면 살 수 있을 거예요. 하지만 이 상품은 장벽이 꽤 높아 보이네요.

담당자 마히마히가 이번 신상품의 메인인데요. 마히마히가 생소할 것 같으니 상품 주변에 광고 문구로 어떤 생선인지 설명한 다음에….

C씨 생선 종류는 별로 상관없는 것 같아요. 맛이나 모양의 이야기라고 생각하거든요. 사진에서는 (마히마히 튀김이) 가장 좋은 색감으로 보이겠지만, 실제로 노릇노릇하게 튀겨져 있는지 어떤지는 제대로 봐야 알 수 있잖아요. 만약 가능하다면, 예를 들어 매장에서 하루 한 개는 (개봉해서) 안이 보이는 상태로 박스를 놓아두거나 하지 않으면 (잘 팔리기) 어렵지 않을까 싶었습니다.

담당자 잘라놓은 이미지도 있으니 이쪽에서 판촉물을 만들어 상품의 맛까지 설명하는 식으로….

C씨　잘 이해가 안 되네요. 이건 도시락이니까요. 냉동식품이 아니라 사자마자 먹는 것이라서 (방문객이 얼핏 보고) 먹고 싶다는 생각의 스위치가 켜지느냐의 이야기예요. 자신이 있다면 좋겠지만 수상하다는 생각이 들어요. 눈앞에서 음식을 만드는 주방이라면 음식이 들어간 것을 알고 있으니 안이 안 보이는 뚜껑이 달린 상자라도 가져갈 수 있을 것 같은데, 아예 속이 안 보이는 도시락을 판다니 무섭기도 하고.

수세에 몰리기만 하던 개발팀 앞에 마침내 구조선이 나타났다.

D씨　(도쿄의) 이케지리 사옥 아래에 (식품슈퍼마켓) 라이프가 있어서 점심을 사서 사는 데요. 그곳에도 타코라이스가 이런 느낌으로 팔고 있어요. 내용물이 보이는 도시락 사이에 이런 것이 탁 놓여 있으면 뭔가 새로워 보여서 한번 사볼까 하는 흥미가 생기기도 해요. 다른 도시락과 차별되는 느낌이라는 인상을 준다는 의미에서는 괜찮다고 보는데요.

찬반양론이 나온 끝에 표결의 시간이 되었다.

"마히마히 하와이안 박스의 판매를 받아들이는 분은 손을 들어주세요."

결과는 다음 회차로 넘어갔다. 역시 일본인에게 생소한 메뉴를 실제 내용물을 보지 않고 구매할 수 있겠냐는 의구심을 떨치지 못한 것이 패인이었다. 마히마히 튀김이 3장이나 들어 있으면 질리지 않겠느냐, 바비큐 살사 소스가 맛있으니 그쪽을 더 밀어야 하지 않겠느냐는 의견도 나왔다.

5배, 12배 증가라고? 원래는 어땠는데?

패키지 표현으로 지적받은 것은 돈키호테 오리지널 상품 브랜드 정열가격에서 나온 오코노미야키 가루와 다코야키 가루의 리뉴얼 제품이다. 전부 기존 제품보다 훨씬 더 많은 양의 조미료를 배합해서 품질 향상을 도모했다. 조미료의 느낌이 얼마나 향상되었는지 알기 쉽게 숫자로 보여주기 위해 오코노미야키 가루는 12배 증가, 다코야키 가루는 5배 증가라고 표기했는데, 이것이 오히려 반응이 좋지 않았다.

"소비자 입장에서는 그럼 원래는 얼마나 안 들어 있었던 거야? 이런 느낌이 들지 않을까요? 12배라니. 1.5배나 2배 정도면 그럴 수도 있겠다 싶은데, 12배는 생뚱맞은 느낌이 들어요. 원래 조미료가 들어 있긴 했었나 싶으니까요."

상품 개발팀은 지체 없이 "넣을 수 있는 한계까지 (조미료를) 넣어 12배, 5배까지 늘릴 수 있습니다"라고 하면 애초에 얼마나 들어 있었냐고 공격당하지 않는 표현이 된다고 역제안을 했지만, 아무 소용 없었다.

"대표 상품이니까 그렇게 써놔도 매출은 크게 바뀌지 않을 것입니다. 조금 더 잘하는 것을 표현해주었으면 좋겠네요. 5배, 12배라는 표현은 안 쓰는 게 낫겠어요. 정량적인 숫자를 넣지 말아 주세요"라며 심사원들은 전혀 찬성하지 않았다.

대 히트상품의 재탕을 노린 기획에도 부정적인 시각이 나왔다. 예를 들어 특대 귤 통조림. 정열가격 중에서도 특가를 어필하는 '말도 안 되는 가격!' 시리즈의 시제품이다. 판매가 순조로운 파인애플 통조림에 이어 같은 콘셉트도 개발했다. 귤 통조림이라고 하면 시럽 절임이 일반적인데, 무설탕 진짜 귤 주스에 특대 귤 10여 개를 몰아넣었다는 팝 광고를 선보였다.

기존 제품보다 알도 굵게 했지만, 결국 강점이 무엇인지 알기 어렵다는 지적이 나왔다. 주스가 들어 있는 것인지, 큰 귤이 들어 있는 것인지, 10개라는 귤의 양인지. 결국 논의 과정에서 특대 귤이 10개분이 든 것이 아니라 귤 주스에 5개 분량, 특대 귤 5개 분량으로 총 10개 분량이었던 것이 밝혀졌다. 최종적으로 '**주스**와 **과육**이 **두 번 맛있다** 무설탕 귤 **주스로 채워진 귤 통조림 특대 XL 사이즈 귤 약 5개**

분량을 사치스럽게 담았습니다'라는 패키지로 바꾸어 발매하기에 이르렀다.

한편 높은 평가를 받은 것은 '생강절임(베니쇼가) 타르타르'다. 이것도 정열가격 '말도 안 되는 가격!' 시리즈에서 나온 신상품이다. 큰 반향을 부른 '뿌리는 생강절임'의 파생상품이다. 타르타르 소스에 잘게 썬 생강절임을 아낌없이 넣고, 다양한 요리에 뿌려 먹는 스타일을 전파하겠다는 의도다.

프레젠테이션 자료에는 돈키호테 상품 중에서 생강절임 상품이 높은 판매실적을 기록해 SNS에서도 화제를 모으고 있는 일, 타사의 타르타르 소스 제품도 판매 호조라는 데이터를 보여주었다. 그리고 "돈키호테에서 친화성이 높은 생강절임과 타르타르 소스를 조합해 돈키호테다움을 내세운 우리만의 오리지널 상품으로 개발했습니다"라고 몰아붙였다.

게다가 모 대형 식품 업체의 타르타르 상품을 제조하는 기업에 위탁제조하는 것을 소개해, "품질도 보증이라서 자신 있게 여러분에게 제안할 수 있는 상품입니다"(담당자)라고 끝맺었다.

실제 닭튀김 위에 생강절임 타르타르를 올린 시식도 제공해 맛있다는 목소리가 줄을 이었다. 유일하게 "생강절임 모양이 길어서 타르타르 소스를 뿌리기 힘든데 굳이 이렇게 해야 하나요?"라는 질문이 들어왔지만, "너무 잘게 썰면 타르타르의 양파와 섞여 생강절임의 존재감이 희미해질 수 있습니다. 그리고 일반적인 팩에 담긴 생강절임 규격 사이즈를 그대로 사용하면 비용면에서 이점이 있습니다. 그래서 생강절임의 느낌과 비용 절감, 두 마리 토끼를 잡았습니다"라는 답변에 모두가 납득하는 모습이었다.

사장이 아니라 직원들의 회의만으로 상품 판매를 결정하는 것이 현장을 무엇보다 중시하는 돈키호테다웠다. 수많은 실패를 헤치고 나온 수완가들이 한자리에 모여 의견을 주고받기 때문에, 돈키호테의 상품은 더욱 날카롭게 다듬어진다.

"지나치잖아. 정열가격." 텔레비전 광고에서 이렇게 표현한 오리지널 상품은 의외로 고지식하게 고안된 것이다.

Z세대가 느슨하게 연결되는
실험실의 탄생

돈키호테에는 **Z세대 직원들에 의한 Z세대를 위한 Z세대의 모임**이 있다. 바로 **Z스타일 실험실**이다. 전국 각지의 돈키호테에서 일하는 10대, 20대의 젊은 사원이 중심이 되어 느슨하게 이어지는 회의다. 직원이 아니라도 참여할 수 있어서 '메이트'라고 부르는 아르바이트도 여기에 참여해 같은 세대의 대화에 꽃을 피우고 있다.

첫 회는 2021년 11월. 어느 도심부의 점포에서 의류 상품의 매출을 분석했더니, Z세대가 거의 사지 않은 품목이 드러났다. Z세대의 마음을 사로잡으려면 Z세대에게 묻는 수밖에 없다. 예상 고객에 가장 가까운 연령대가 구매공간의 조성에 관여해야 한다는 돈키호테의 고객친화성 사고방식에 따라, Z세대에 속하는 직원들을 온라인으로 모은 것이 시초였다. 당초 이름은 'Z세대 LABO'. 2023년 7월에 'Z스타일 실험실'이라고 개명했다.

온라인 개최가 기본이지만, 실험실 운영 멤버는 도쿄의 다치카와 사무실이나 요코하마의 대규모 사무실에서 한자리에 모여 미팅을 한다. 회의라고 하지만 내용은 잡담이 주이다. 다만 그 안에서 아저씨 사원은 생각하지 못하는 아이디어가 잇달아 쏟아진다.

마카롱 컬러? 하프 사이즈 일회용 카메라?

예를 들자면 **마카롱 컬러 캐리어**가 있다. 이름 그대로 마카롱을 형상화한 파스텔 컬러 캐리어다. 밝은색이 여행 기분을 북돋아 준다고 해서 Z세대 사이에서 인기를 끌어, 2022년 발매 이후 연간 5만 개를 판매하는 히트상품이 되었다.

"발상이 정말 좋아요. 끼미고 오, 전략 같은 이야기가 아니라 주변에서 뭐가 유행하고 있는지, 상품에 대한 생각을 떠들썩하게 주고받다가 어떤 상품이 있으면 좋겠다는 의견이 나오거든요." PPIH 상무집행임원이자 돈키호테 부사장인 아카기 신이치로 씨는 Z세대만의 착안점에 웃음을 지었다.

인터넷상의 가상공간인 메타버스에 돈키호테의 거리를 구축하고, 자신의 분신인 아바타를 조작하면서 돌아다닐 수 있는 콘텐츠를 2024년 3월에 공개했을 때도, Z스타일 실험실에서 나온 **META(메타) 돈키호테**라는 기억하기 쉬운 네이밍이 짜였다.

손가락 하나로 본격적인 일러스트를 그릴 수 있는 앱인 '아이비스 페인트(ibis Paint)'로 매장 안의 팝을 작성하거나, 스스로 얼굴을 드러내 틱톡에 추천 상품의 소개 영상을 올리는 등 실험실 멤버는 판촉에도 의욕을 보인다.

돈키호테 한정인 **일회용 하프 사이즈 필름 카메라**에는 기획 단계부터 관여했다. 아날로그 필름 카메라는 원래 Z세대 사이에서 트렌드가 되고 있었지만, 그중에서도 2장의 사진이 1장에 담기는 예전의 하프 사이즈 카메라에 주목했다. 사진 1장이 필름 한 컷의 절반 사이즈에 들어가기 때문에 풀 사이즈 카메라보다 2배 매수를 촬영할 수 있는 것이 매력적이다.

카메라를 가로로 놓으면 세로로 긴 사진을 촬영할 수 있고, 2매로 1세트의 콜라주 사진이 완성된다. 한 장 한 장의 화질은 거칠어지지만, 그것이 오히려 레트로의 맛을 살려주는 장치다. 하프 사이즈의 필름 카메라는 1960년대에 유행했지만, 틱톡 등 세로형 동영상에 친숙한 Z세대에게는 오히려 스마트폰으로 인물이나 풍경을 세로로 잘라내는 느낌과 비슷해 다시 인기를 끌 조짐을 보인다.

그 하프 사이즈 카메라에 연보라색의 팝 컬러와 일러스트를 정리해 **"감성샷 잔뜩 찍을 수 있어!!" "이렇게 귀여운 디자인의 카메라 본 적 있음?"**이라고 SNS에서 널리 알렸다. 영회용 필름을 가공해 상품화한 적도 있어 2024년 5월 출시 직후에는 어디에서 현상할 수 있느냐

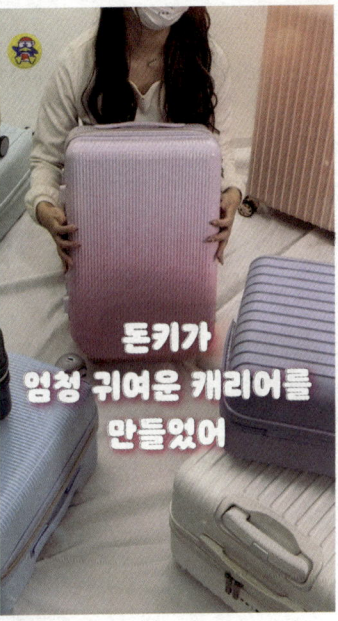

Z세대의 아이디어에서 태어난 상품을 Z세대가 홍보한다. 틱톡이나 인스타그램 등 SNS를 활용한다(PPIH 제공).

며 한바탕 화제를 모았다.

새 멤버를 공모하면 전국에서 신청자가 몰릴 정도로 Z스타일 실험실은 돈키호테 사내에서 하나의 세력이 되고 있다.

"자주성이 매우 높아요. 맡겨놓으면 의견이 척척 나오고, (그 의견이) 여러 가지 상품 제작에도 채택되고 있어요. 요즘은 리크루트 팀도 어떤 디자인으로 (채용 페이지를) 만들지 실험실 멤버에게 상담하러 갈 정도예요."(아카기)

10년 뒤, 20년 뒤 세계 소비를 이끄는 것은 지금의 Z세대다. 그들의 목소리에 적극적으로 귀를 기울여 돈키호테는 재빠르게 Z세대를 위한 브랜드로 탈피하려고 한다. 미래를 향한 구매공간, 미래를 향한 상품 제작은 이미 시작되었다.

고객의 진짜 목소리를 받아들인다

돈키호테와 종합슈퍼마켓 브랜드인 아피타, 피아고. PPIH 그룹의 전자화폐 마지카 앱에 2023년 11월 새 기능이 추가되었다. 바로 **마지보이스**다.

'모두의 목소리로 전부 바뀐다?!'라는 모토로, 상품에 대한 지적이나 점포, 서비스에 관한 요청 등 이용객의 본심(=마지보이스)을 흡수해 개선에 살리자는 시도다.

PPIH에서 현장의 최전선에서 일하는 담당자에게 권한이 있다는 것은, 지금까지 몇 번이나 언급한 그대로다. 마지보이스는 한발 더 나아가 "고객에게 권한을 위임하는 데까지 하자는 이야기입니다"라고 PPIH 상석집행임원 겸 PB 사업 총괄책임자로 모리타니 다케시 씨가 말했다. 그는 그룹 전체의 데이터 활용을 담당하는 자회사 카이바랩도 인솔하고 있다.

고객에게 권한을 위임한다는 것은 어떤 의미일까? 마지보이스의

시스템을 깊이 파고들면 알 수 있다. 마지보이스에는 **솔직리뷰**(正直レビュー)라는 콘텐츠가 탑재되어 있다.

마지카 앱의 회원에게 구매한 상품을 '좋아요!' 혹은 '미묘해요'라는 두 선택지 중에 고르게 한다. 집계 결과는 그 상품의 지지율이라는 막대그래프로 표시해서 회원이라면 누구라도 확인할 수 있다. 댓글창도 있고, 왜 '좋아요!'인지 '미묘해요'인지 솔직리뷰에 올릴 수 있다. 그야말로 있는 그대로의 상품 평가가 만천하에 공개된다.

2024년 5월 21일 저녁에 마지보이스를 열자 효자 상품인 군고구마는 전체 3,483표 중 '좋아요!' 89% '미묘해요' 11%로 관록을 드러낸 반면, 오리지널 상품 브랜드 정열가격으로 판매 중인 '무첨가 몸 생각 랩 22cm×50m'(식품용 비닐랩)는 1,524건의 투표에서 '좋아요!' 21% '미묘해요' 79%를 기록하고 있다.

마지보이스의 화면으로, 각 상품의 지지율이 일목요연하다.

댓글을 훑어보면 확실히 호의적인 목소리는 소수다.

"자르기 어려워요." "매번 꺼내기 어려워서 짜증 남. 당기면 빠져 버리고. 이제 안 삼." "흐물흐물해서 사용하기 힘들었음." "절대 안 사! 100엔짜리 랩이 낫다! 잘 안 잘리고, 끝부분이 안 떨어져서 남아요. 꺼내기 어려운 게 아니라 꺼낼 수가 없어요." "착 붙지 않아요. 무첨가라서 착 붙기만 하면 굉장히 좋은 상품인데." 이런 식의 리뷰가 여러 개다.

소비자에게 권한을 위임하는 대개혁

이러한 불만의 그늘 방치하지 않기 위해 새롭게 설치한 것이 **마지보이스 실현위원회**다. '미묘해요'를 많이 받은 상품에 관해서는 위원회가 담당자에게 압력을 넣어 개선하도록 한다. 그리고 그 성과는 마지카 앱에서 소비자에게 낱낱이 보고하게 되어 있다.

'무첨가 몸 생각 랩'은 **개선리포트**라는 제목으로 앱의 댓글창에 다음 두 가지 진척 상황을 갱신했다.

"이번에 잘 안 잘린다, 꺼내기 어렵다는 많은 의견을 받았습니다. 잘리지 않는 문제의 대책으로 상자에 붙은 날의 사양을 변경해 개선할 수 있다고 봅니다. 계속해서 상품 개발부와 대응 방침을 논의해 개선에 노력하겠습니다."

"상자 날의 사양 변경과 더불어 현재는 새로운 패키지 디자인 안건을 중심으로 리뉴얼을 진행시키고 있습니다."

마지보이스 실현위원회에는 공식 사이트까지 있어서, 상품 개선에 분주한 직원들의 모습을 사진과 함께 숨김없이 공개하고 있다. 가령 앞에 나온 상품인 편애밥의 **소스에 푹 빠진 중화 덮밥**에 관해서는 개발을 담당한 가지마 사토시 씨 본인이 등장해 의견을 이야기했다.

용기 변경으로 소스가 잘 쏟아진다, 전자레인지에 돌렸을 때 용기가 변형된다는 등의 고객 지적 사항을 개선했습니다. 또한 밥이 딱딱하다는 이야기도 들었습니다. 용기가 쉽게 변형되어 전자레인지에 돌리는 시간이 충분하지 못한 것이 원인이며, 용기를 변경하는 것으로 해결했습니다. 규정된 시간으로 제대로 전자레인지에 돌리면 맛있게 드실 수 있습니다!

고객의 소리가 모이면 모일수록 담당자는 그 목소리에 답해야한다. 그것은 곧 **상품의 명운을 고객이 쥐고 있음**을 의미한다.

지금까지는 구매 데이터를 분석해 재구매율이 낮더라도 담당자가 어떤 이유로 잘 팔릴 것이라고 판단하면 계속 팔 수 있었다. 하지만 상품이 별로라거나 사고 싶지 않다는 솔직한 목소리가 다수 나오고, 그것이 상품 지지율에도 반영되어 여러 사람이 보는 상황이 되면 이야기가 달라진다. "고객이 안 된다고 합니다. 그리고 사실 재구매도 별로 안 되고 있습니다. 그렇다면 이제 그 상품은 중단해야 하지 않습니까?"라고 판매중단을 재촉당해도 반론할 여지가 없어진다.

판매중단을 하고 싶지 않다면 꾸준히 개선을 거듭할 수밖에 없다. "필사적으로 대응하지 않으면 안 되는 상황에 자기 자신을 몰아넣으면 상품의 (고객이 마음에 들어 하는) 정밀도가 엄청나게 오릅니다(모리타니)"라는 상황을 기대하고 있다.

소비자 입장에서는 자신이 의견을 내면 낼수록 상품이 자신에게 맞춤이 되어 간다. "회사의 사정, 매장의 사정, 상품 개발부의 사정이 아니라 **고객의 사정으로 상품이 바뀌고, 매장도 자신에게 가장 편리하게 바뀌어 갑니다.**"(모리타니)

2021년 2월 정열가격을 리뉴얼하면서 내건 피플 브랜드가 되겠다는 목표를 구현한 것이 이러한 마지보이스이며, 그야말로 고객의 소리를 직접적으로 구매공간에 반영하는 **피플 스토어**가 될 것임을 염두에 두고 출시했다. 상품을 쇄신할 권리도 고객에게 맡긴다는, 세계적으로도 유례를 찾기 어려운 도전이다. 모리타니 씨는 MD(머천다이징)의 크나큰 개혁이라고 표현한다.

지적당하는 것은 언제나 대환영

마지보이스는 앞에서 설명한 '지적의 전당'이라는 특설 사이트를 발전시키는 형태로 생겨났다. 지적의 전당에서는 돈키호테의 오리지널 상품 브랜드인 정열가격에 대한 지적만을 접수하고 있었지만, 마지보이스에서는 돈키호테 이외의 업체 제품도 대상에 포함시켜 더욱 폭넓은 의견을 모은다. 아울러 마지카 회원끼리 정보를 주고받는 자리로 마지보이스 내에 **알려줘 게시판**을 개설했다.

- **누가 알려줘**: 상품의 사용법이나 추천 상품을 알고 싶다
- **상품 요청**: 상품 아이디어를 제시하고 싶다
- **상품 지적**: 상품에 지적하고 싶다
- **매장에 GOOD**: 점포의 접객이나 설비를 칭찬하고 싶다
- **매장에 요청**: 점포에 요청이나 지적을 하고 싶다
- **기타**: 위의 항목 이외에 뭔가를 투고하고 싶다

이런 6가지 카테고리에서 선택해 자유롭게 기재할 수 있도록 했다. 실제로 "앱 회원증의 바코드를 읽을 수 없다"라는 문제보고부터, "율무 스킨의 2리터짜리 리필이 어느 점포에도 없어요. 이제 입고되지 않나요?"라는 문의, "오케이 스토어보다 가격이 비싸요"라

는 불만까지, 밤낮없이 다양한 의견이 게시판을 떠들썩하게 하고 있다. 이런 의견은 솔직리뷰처럼 모두 읽은 다음, 회사 내에서 집약해 매장과 상품의 개선으로 이어가려고 한다.

"자신의 의견이나 제안이 최종적으로 어떻게 되는지. 그에 대해 PPIH는 어떤 자세로 마주하는지. 고객 최우선주의라는 기업원리에 근거해 누구보다 고객의 소리를 진지하게 받아들여 대응하는 모습 자체를, 좋은 것도 나쁜 것도 포함해 전부 소상히 보여서 돈으로는 살 수 없는 고객의 신뢰를 쟁취하고 싶습니다"라고 모리타니 씨는 밝혔다.

무엇보다 중시하는 것은 **다큐멘터리적인 요소**라고 한다. 고객들의 실감 나는 목소리를 모아 상품의 실감 나는 평가를 있는 그대로 보여주고, 댓글 대화도 현재진행형으로 그대로 올린다. 마지보이스에서 '좋아요!'의 지지율이 10%대인 상품도 드물지 않지만, 평가가 나쁘다고 해서 투표율을 조작하거나 신랄한 댓글을 삭제하는 일은 당연히 없다.

"우리는 지적당하는 것을 오히려 대환영합니다."(모리타니)

이런 자세다. 솔직한 의견일수록 상품을 한층 연마하기 위한 힌트가 되기 때문이다. 이런 눈치 보지 않는 운영 방침이 성공한 것인지, 마지보이스에는 서비스를 시작한 지 약 5개월 만에 35만 건 이상의 '좋아요!' '미묘해요'의 평가, 12만 건 이상의 댓글이 달렸다.

상품 가치 변동을 실시간으로

특징적인 것은 상품 지지율이 변동하는 과정까지 극명하게 공개한다는 점이다. 예를 들면 앞서 언급한 '무첨가 몸 생각 랩'은 솔직리뷰의 '좋아요!'의 비율이 14%(2023년 12월 31일)→19%(2024년 2월 4일)→17%(2024년 3월 11일)→25%(2024년 4월 15일)→23%(2024년 5월 20일)의 추이를 보인다. 2024년 5월 21일 저녁 기준 21%라는 숫자는 전 기간의 집계 결과이며, 이렇게 기간을 구분해보면 저공비행이지만 조금씩 평가가 상향되고 있음을 알 수 있다.

예를 들어 6개월 전 지지율은 20%였지만, 3개월 전에는 40%가 되고, 최근에는 80%가 된 상품이 있다고 하면 누가 봐도 확실히 개선에 착수하고 있음을 알 수 있다. 물론 그 반대로 지지율이 떨어졌다면 타사에서 좋은 상품이 나와 인기를 빼앗겼을지도 모르고, 제

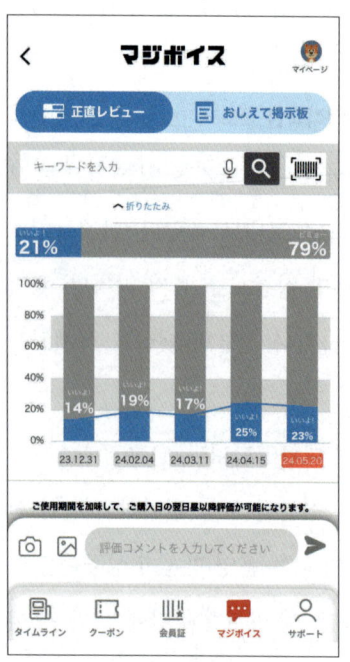

마지보이스는 지지율의 추이도 가시화한다.

조 공정에 트러블이 생겼을지도 모른다. 어쨌든 어떤 문제가 발생하고 있음이 눈에 들어온다.

"상품의 가치는 주가와 같아요. 실시간으로 변동하기 때문에 신뢰성이 담보됩니다."(모리타니)

세일 품목도 고객의 목소리로 결정한다

2024년 5월에는 마지보이스를 기점으로 한 새로운 서비스를 시작했다. **마지가격**이다. 마지보이스에서 고평가받은 상품을 고객이 진정 원하는 것으로 간주해, 마지카 앱 회원증을 계산대에서 제시하는 것만으로 해당 상품의 가격을 대폭 인하한다는 내용이다.

기업이 팔고 싶은 상품을 싸게 파는 것이 아니라 고객에게 호평받은 상품을 '이렇게 싸게!?'라고 놀랄 정도의 가격으로 제공한다. 지금까지는 판매실적을 바탕으로 세일 대상 품목을 선정했지만, 앞으로는 세일 대상 품목도 고객의 평가로 결정하겠다는 의사표시다.

구체적으로 마지보이스에서 '좋아요!' 수가 많은 것을 중심으로, 전국에서 대폭 가격 인하하는 마지가격 대상 상품을 매월 10개 선정한다. 첫 회의 대상 상품에는 기린의 '오후의 홍차 밀크티', 아지노모토의 'Cook Do 회과육용' 등의 업체 제품과 돈키호테의 정열가격에서 '닭뼈 수프', '걸쭉한 토마토케첩', '파이프 클리너' 등이 이름을 올렸다. 마지가격 대상 상품은 지역별로도 10~60개를 별도 선정해 매월 교체할 계획이다.

돈키호테의 오리지널 상품을 구매했지만, 만족스럽지 못했다는 고객을 위해 시작한 것은 **마지매입**이라는 서비스다. '고객의 불만을 매입한다'는 의미를 담고 있다. 상품 구매 후 7일 이내에 마지보이스에 불만 댓글을 달고, 상품과 종이 영수증을 구매 점포에 제시하면 구매 대금 전액이 마지카 머니로 돌아온다. 개봉하거나 사용이 끝났어도 상관없다. 돈키호테의 오리지널 브랜드 상품을 안심하고 구매해달라는 시험 구매를 촉진하는 데 목적이 있다.

돈키호테 매장에서는 **마지할인**을 시작했다. 세금 포함 1,001엔 이상의 쇼핑에서 마지카 앱 회원증을 제시하면 1엔 단위의 끝수 금액 (1엔부터 최대 4엔)을 할인해준다. 이런 마지보이스, 마지가격, 마지매입, 마지할인의 4개를 묶어서 **마지 이득 사이클**이라고 부르며 고물가에 지지 않는 초저가 쇼핑 체험을 제공한다고 한다.

주목할 점은 모두 마지카 앱 등록이 필수라는 점이다. 마지 이득 사이클을 힘차게 돌려서 마지카의 회원 수를 끌어올린다. 카이바랩 사장으로 그룹의 데이터 활용도 담당하는 모리타니 씨는, 마지카를 축으로 자사 결제를 늘려 구매이력의 분석 등을 통해 방문 빈도를 올리는 마케팅을 하고 싶다고 의욕을 불태웠다.

유니의 개과천선?!
가격총선

마지가격, 마지매입, 마지할인은 모두 돈키호테가 시도하고 있는데, 2019년 1월에 PPIH 그룹에 합류한 종합슈퍼마켓 유니에서도 독특한 프로젝트가 움직이기 시작했다. 바로 **가격총선**이다.

유니가 운영하는 아피타, 피아고, 유스토어, 총 130개의 점포에 근무하는 2만 3,000여 명의 전 직원을 대상으로 "어떤 상품을 얼마나 할인했으면 좋겠습니까?"라는 투표를 실시해 그 결과를 토대로 선출한 최대 300개 품목의 가격을 내린다. 집계는 점포마다 실시하기 때문에 대상 상품도 점포에 따라 다르다. 130개 점포 130개 방식의 가격 인하 캠페인이 2024년 4월부터 펼쳐지고 있다.

가격총선을 단행한 배경에는 전통적으로 상품의 품질과 신선도가 유니를 뒷받침해왔다는 자부심이 있는 반면, 고물가가 이어지면서 가격 측면에서 고객의 니즈를 만족시킬 수 없었다는 반성이 있었다. 창업 이래 할인점으로 초저가에 도전하는 돈키호테의 산하에 들어가면서, 가격 인하에도 착수해왔다. 그러나 애석하게도 임팩트가 약했고, "최저가로 설정하지 못해 펀치력이 부족했다(유니 사장 사카키바라 젠)"라고 밝혔다.

"뭔가 결정타가 부족한 느낌입니다."

가격총선은 사카키바라 씨와 유니 영업 총괄 본부의 와타나베 히데키 씨가 2024년 1월경, 가격 전략에 대해 논의한 것이 계기가 되었다. "고객을 놀라게 하려면 우선 직원을 놀라게 합시다"라고 와타나베 씨가 착안했다.

사내 투표로 한 것은 유니에서 일하는 직원 대부분이 파트타임 주부이기 때문이다. 현지 주부의 시선에서 식품과 일상 소모품을 대상으로, 자신의 점포에서 할인해주기를 바라는 상품 3점과 희망 가격을 제출받는다. 그렇게 해서 상권마다 미묘하게 다른 주민의 가격에 관한 요구를 세심하게 수렴할 수 있다고 판단했다.

득표수에 더해서 각 점포 주변의 경쟁점 동향을 조사한 다음, 가격 인하 대상의 상품과 가격을 결정한다. 가격총선을 통과한 상품은 검은 배경에 흰 글씨로 **'지금까지 죄송했습니다. 점장 개과천선 가격'** 이라고 적힌 문구를 붙여 가격 인하를 단행하는 방식이다.

이에 따라 언제 어느 매장에 가도 인기 상품이 지역 최저가에 도전하는 가격이 되어, 지역의 가격 경쟁력이 훨씬 높아진다. 대상 상품은 3개월에 한 번씩 갱신해나갈 계획이다.

파트타이머 1인 1표로 가격을 파괴하라!

2024년 5월 하순, 아피타 지요다바시점(나고야시 지쿠사구)의 사무소에 '가격을 파괴하라!'라고 쓰인 노란 투표함이 놓였다. 가격총선 2차 투표가 시작되면서 파트타이머 주부 등의 메이트들이 줄줄이 한 표를 던졌다. 이 매장에서는 1차 총선에서 달걀, 비엔나소시지, 세제 등을 할인했다. 현지 명물 라멘집 스가키야의 봉지면은 198엔(세금 별도)으로 기존 대비 23% 할인했는데, 판매 수가 약 4배에 달하는 월 1,000여 개로 증가했다.

이가라시 아이 점장은 (가격 인하 때문에) 적자가 나는 상품도 있다고 밝혔다. 그래도 주변의 경쟁점에서 방문객을 빼앗고, 다른 상품도 한꺼번에 사주면 이익을 확보할 수 있다. 실제로 가격 인하 전과 비교해 아피타 지요다바시점의 방문객 수는 4% 증가했다고 한다.

전 직원을 대상으로 한 1차와 달리, 2차 가격총선에서는 투표 자격자를 메이트로 좁혔다. 좀 더 생활자의 시선으로 가격 인하를 바라는 상품을 선택하게 하기 위해서다. 와타나베 씨는 "가격총선은 리브랜딩에 가깝습니다. 7:3 가르마 스타일에서 모히칸 스타일이 될 정도로 변신하고 싶어요"라고 분발했다.

유니의 개과천선은 돈키호테 방식이 유니에도 수월하게 주입되고 있음을 보여준다. 일본 대형 슈퍼마켓 체인 이토요카도, 세이유

등이 지방의 점포를 잇달아 매각하는 가운데, 지금 전국 규모로 슈퍼마켓(할인점 포함)을 운영하는 곳은 이온과 PPIH 정도가 되었다.

　매출 2조 엔이 넘는 그룹이 되어도 장난기를 잊지 않고 새로운 도전에 나선다. 철저히 고객의 시선을 바탕으로 진심을 담은 상품 개선, 진심을 담은 가격 전략으로 타사와의 차이를 크게 벌릴 수 있을까? PPIH가 더욱 발전하기 위한 지상 과제다.

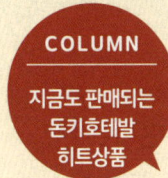

TV 아닌 텔레비전부터
보온병 같은 의류까지

돈키호테가 선보이는 독자 노선의 상품은 때때로 사회 현상을 일으켰다. 가령 "TV 같은데 텔레비전이 아니다! 마침내 만들고 말았다!"라는 메시지와 함께 2021년 12월에 발매한 **튜너리스 스마트 텔레비전**(스마트 모니터)을 들 수 있다. 동영상 전송 서비스의 보급을 계기로 일부러 수신 튜너를 제거한 인터넷 동영상 전용 텔레비전을 정열가격 브랜드로 내놓았다.

튜너가 없는 만큼 가격이 저렴하고, 지상파 방송은 볼 수 없다. NHK 수신료를 내지 않아도 된다는 의미에서도 각광받아 발매 한 달 만에 초회 생산 약 6,000대가 거의 매진되었다. 후속으로 나온 4K 모델도 순조로워서 2023년 9월에는 누계 판매 3만 5,000대를 돌파했다. 타사에서도 뒤따르는 상품이 속속 등장해 튜너리스 텔레비전이라는 새로운 분야가 꽃피었다.

대용량 에너지 드링크라는 시장을 개척한 것이 2013년 출시한

BLACK OUT(블랙아웃)이다. 해외의 유명 브랜드가 250ml, 355ml로 각축전을 벌이는 가운데 500ml라는 유례없는 사이즈로 등장해 깜짝 놀라게 했다. 지금은 500ml의 에너지 드링크는 흔하지만, 그 포문은 돈키호테가 열었다고 해도 과언이 아니다.

돈키호테를 즐겨 찾는 여성이 원하는 형태로

돈키호테는 정열가격뿐 아니라 다양한 오리지널 브랜드를 보유하고 있다. 돈키호테를 즐겨 찾는 여성을 겨냥해서 2022년부터 전개하는 것이 미앤두(Me&Do)이다. 돈키호테에는 여성의 눈높이에 맞는 상품이 적어 수요를 다 잡지 못했다는 목소리가 현장에서 나온 것이 계기가 되어, 여직원들이 자신들이 정말 갖고 싶은 것을 만들자고 부서를 뛰어넘어 팀을 결성한 것이 시초다. '나를 이룬다'를 모토로 내세웠다.

쑥찜 느낌의 팬티, 온돌 같은 홈 양말, 적당히 포근한 허리 워머, 입는 순간 매력적인 팬츠 등 처음 보는 사람도 알기 쉬운 이름이 많고, 여성의 눈높이에 맞춰서 만든 아이템이 줄을 이었다.

cosparade(코스파레이드)는 가성비 좋은 코스메틱을 갖춘 오리지널 브랜드로, 이 브랜드의 율무 스킨 시리즈는 누적 판매 140만 개를

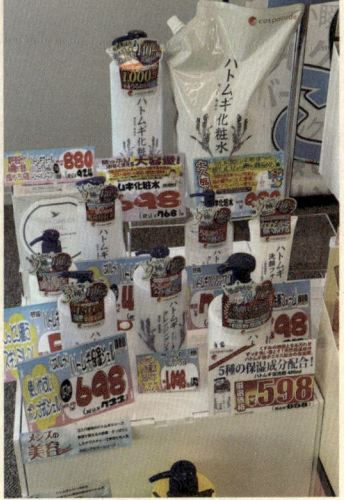

튜너리스 스마트 텔레비전과 율무 스킨은 돈키호테의 PB를 대표하는 히트상품이다. 쑥찜 느낌의 팬티 등 돈키호테를 즐겨 찾는 여성의 눈높이에 맞춘 상품도 강화했다(저자 촬영).

돌파한 인기 상품이다. 의류에서는 **RESTORATION(레스토레이션)**이라는 브랜드를 확장하고 있다. 보온병처럼 따뜻함이 지속된다고 하는 캐주얼웨어 등 착용감을 극도로 중시한다는 콘셉트로, 저가격 고품질을 목표로 하고 있다.

이 외에도 스포츠용품인 **ACTIVE GEAR(액티브 기어)**와 아웃도어 장비 **green stage(그린 스테이지)**, 애완동물용품 **ZOOTERIOR(주테리어)**, 매장 내 화덕에서 굽는 피자 전문 브랜드 **TOROLISTA(트롤리스타)** 등 매우 다양한 오리지널 브랜드를 개발하고 있다.

다음 태풍의 눈이 될 만한 것이 2024년 3월에 정열가격 브랜드에서 투입한 원데이 일회용 콘택트렌즈 **DO·LENS(도 렌즈)**다. 놀라운 가격으로 30개들이 한 상자에 세금 포함 1,419엔에 판매한다. 대기업 반도체 제조사의 기술을 활용하면서 철저한 원가 절감으로, 매일 사용해도 주머니 부담이 없는 적절한 가격과 품질 양쪽을 만족시켰다고 한다.

컬러 콘택트렌즈 판매 점유율 1위인 돈키호테가 도수가 들어간 클리어 콘택트렌즈의 가격파괴로 공세에 나서고 있다. 과연 지각 변동이 일어날 것인가? 세상을 뒤흔들 풍운아가 본격적으로 시동을 걸었다.

제 4 장

일을 게임처럼
하는 구조

밀리언 스타와
앤서맨

내면력은 돈키호테에 면면히 이어져 오는 조어다. 이는 비록 실패해 막다른 곳에 몰려도 그 경험을 바탕으로 용맹하게 과감히 일어선다, 눈앞의 벽에 튕겨 나가 고통에 몸부림치면서도 불굴의 투지로 마지막까지 기어오르려는 일념을 뜻한다.

내면력을 마음껏 단련할 수 있도록 돈키호테에는 실패를 용인하는 기업문화가 자리 잡고 있다. 과도한 매입으로 재고가 대량으로 발생했다, 개발한 상품이 전혀 팔리지 않았다, 적자를 기록했다…. 이럴 때도 상사에게 비난받지 않는다. 돈키호테에서는 누구나 일을 저지르면서 어엿한 장사꾼으로 성장하기 때문이다. 실패로 인한 손실은 '무료 수업료'라고 결론내리고(제2장 참조), 성공 체험을 쌓아 올리는 주춧돌로 자리매김하고 있다.

직원 모두가 탐욕스럽게 성장을 추구하는 집단을 유지한다면, 아무리 큰 기업이 되어도 안정 지향으로 기울어 성장이 둔화되지는 않는다. '대기업병'에 걸리는 일은 없을 것이다. 그러나 매출액 5,000억 엔을 앞둔 2010년경부터 창업자 야스다 다카오 씨에게 위기감이 싹트기 시작했다.

매출증가율이 둔화되었던 것이다. 의사소통이 늦어지고 점포 끝까지 눈이 닿지 않는 것에 따르는 부정도 발생했다. 앞으로도 성장 가도를 달리기 위해서는 사내의 조직 구성도 바꿀 필요가 있었다. 야스다 씨가 그렇게 생각하게 된 것은 이 시기부터다(제7장 참조).

실제로는 매출 및 이익 증가가 끊임없이 지속되어 2010년대 후반에는 성장이 다시 빨라졌다. 2019년에는 유니를 완전 자회사로 만들어 팬 퍼시픽 인터내셔널 홀딩스(PPIH)라는 그룹 전체로 마침내 매출액 1조 엔을 돌파했다. 2007년 슈퍼마켓 체인 나가사키야 인수 이후 또다시 판을 대형으로 키우면서 소매업계의 태풍의 눈으로 뛰어올랐다. 반면 승승장구하는 동안 그 반동으로 대기업화가 가져오는 문제점도 직시하지 않을 수 없는 상황에 빠졌다.

지사 분할, 궁극의 권한위임으로

"한 명의 지사장이 20개, 30개 점포를 보게 되었어요. 직원 수로 하자면 1,000명 이상입니다. 원래 한 사람이 집단을 파악할 수 있는 물리적 한계는 140~150명이라는 이야기가 있습니다. 애초에 '지사 역할을 하고 있는가?'라고 생각해봐야죠."

2015년 은퇴를 발표하고 대표권이 없는 창업 회장 겸 최고 고문으로 싱가포르에 이주한 야스다 씨가, 2020년 9월 마침내 과감한 조치를 취했다. **밀리언 스타 제도**라는 새로운 인사평가 시스템을 도입한 것이다.

돈키호테에서는 원래 현장에 권한을 위임하는 대신, 제대로 성과를 낸 직원들에게는 그 노력을 치하해서 승급이나 승진의 형태로 보답하는 '완전실력주의'를 내세웠다. 권한위임과 적절한 평가, 이 두 개의 바퀴가 맞물리면서 조직의 신진대사가 활발해져 벤처 정신이 유지되어 온 것이다. 그러나 지사장이 살피지 못할 정도의 점포를 총괄하고 있으면 개별 점포마다 경영 과제를 충분히 파악할 수 없는 것은 물론이고, 그곳에서 일하는 직원 한 사람 한 사람의 노력을 세세하게 챙길 수 없다. 인사평가의 근간이 무너져 버리는 것이다.

그래서 **"1밀리언(100만)을 단위로 (조직도를) 크게 바꾸기로 했습니다"**라고 야스다 씨가 말했다. 목표는 궁극의 권한위임이다.

그때까지 전국에서 20개였던 지사 수를 102개로 분할해 100만 명(=1밀리언)의 상권 인구마다 1명의 **밀리언 지사장**을 임명했다. 이에 따라 1명의 지사장당 3~6개의 점포를 관할하는 체제로 쇄신했다.

밀리언 지사장에게 상사는 없고, 100만 명의 상권과 100억 엔의 연 매출을 가진 지역의 사장으로 완전히 경영을 맡긴다는 대담한 계획이다.

지사장 자리가 크게 늘면서 돈키호테 최초의 여성 지사장과 27세의 지사장(당시 기준)이 탄생했다. 다양성을 추진하면서 실력 있는 인재를 계속 발탁하겠다는 자세를 사내에 보여준 것이다.

하위 20%는 자동 강등되는 교체전

각각의 밀리언 지사장이 그 지역의 수입과 지출에 책임을 지고 지역 전체의 실적을 높이는 경영에 도전하게 한다. 연간 이익 기여도에서 상위에 오른 밀리언 지사장은 고액의 보수를 손에 넣을 수 있는 반면, 하위 20%로 떨어지는 경우 새로운 지사장으로 교체된다. 영국의 프리미어리그나 일본의 J리그 등이 도입하는 교체전의 구조를 사내 제도로 도입한 것이다.

야스다 씨는 일본 스포츠 스모의 순위에 빗대어 이렇게 설명한다. "연간 기준으로 하위 20%에 든 밀리언 지점장은 자동 강등되어 낮은 등급인 '마쿠시타'로 내려갑니다. 상위로 올라가도 그다음 해부터 또 새로운 순위가 시작되니 마쿠시타로 떨어지지 않으려면 계속 열심히 할 수밖에 없어요. 한 번 떨어지면 처음부터 다시 시작이니까요."

과감한 개혁에 나선 것은 좋은 실적에 안주하지 않고, 원점을 생각해주기를 바라기 때문이다. "대기업병을 배제하고, (직원) 저마다의 개성과 삶의 모습을 파악하면서 모두가 하나의 목적을 향해 유기적으로 결합한, 말하자면 팀이 되는 조직을 만들려고 했습니다"라고 야스다 씨는 말했다.

밀리언 스타 제도에는, 지사장이 되는 사람은 부하 직원뿐 아니라 메이트라는 아르바이트생 전원의 이름까지 이름표를 보지 않고 말하지 못하면 실격이다라는 야스다 씨의 강한 생각이 반영되어 있다. 내기업이 되어도 신출내기 스타트업처럼 동료들과 서로 얼굴을 맞대며 난국을 헤쳐 나간다. 그런 일이 쌓여서 점포도 개개인도 성장해간다는 신념이 그곳에 있다.

임원이 앤서맨으로

밀리언 스타 제도는 매년 전체의 20% 지사장을 교체하는 극약처방인 만큼 부작용도 크다. 제도의 왜곡을 바로잡기 위해 새로운 조직이 마련되었다. 그것이 **앤서맨 본부**다. 상무집행임원으로 돈키호

부사장이나 사장 직함보다 앞에 앤서맨 본부장이 들어가는 명함(저자 촬영).

테 부사장과 나가사키야 사장을 겸하는 아카기 신이치로 씨의 명
함을 보면, '앤서맨(アンサーマン) 본부장 겸 인재 본부장'이라고 병
기되어 있다.

"앤서맨이 뭐냐는 말을 많이 들어요. 맨 위에 쓰여 있으니까요"
라며 아카기 씨는 웃었다. 확실히 명함에서는 돈키호테나 나가사
키야의 임원보다 '앤서맨 본부장'이 앞에 나와 있다. 그만큼 사내
에서 중요한 포지션으로 지목되는 것이다.

"밀리언 스타 제도는 말도 안 되는 규칙이잖아요. 성과를 내면
연봉이 시원하게 올라간다는 의미에서는 (노력이 보상받는) 획기적

인 제도이지만, 한쪽에서는 강등되는 사람도 속출합니다. 매년 제도의 미비나 불만이 나오거든요. 그것을 지원할 부서가 필요하다는 생각에서 앤서맨 본부가 생겼어요."(아카기)

강등된 사람의 불평만 듣는 것이 아니다. 앤서맨(Answer Man)은 이름 그대로 대답하는 사람을 말한다. 현장의 고민, 불만, 요청 등 무엇이든 듣고 대답해주는 임무를 맡는다. 멤버는 아카기 씨를 본부장으로, 돈키호테의 이사가 **앤서맨 위원**으로 이름을 올린다.

"더 멋있는 이름을 여러 가지 생각하고 있었는데, 본부가 그렇게 잘난 척하며 야단스럽게 이름을 붙여서 뭘 하려는 거냐고. 그러면 현장에서 (사내의) 정보가 모이겠냐고 생각을 해보라고 야스다 씨가 뭐라고 하시더라고요."(아카기)

'무엇이든 상담실'이라는 이름도 후보도 올랐다고 하는데, 야스다 씨가 이름을 붙인 앤서맨 본부로 정해졌다. "만약 '업무 지원부' 같은 일반적인 이름이라면 뭘 지원하는 부서 아니냐는 반응이 나올 텐데, 앤서맨이라고 하면 그게 뭐냐며 다들 흥미를 보이는 거예요. 과연 그렇구나 싶었어요."

앤서맨에 한정하지 않고, 돈키호테의 독특한 제도가 기능하는 것은 야스다 씨의 네이밍 센스에 힘입은 바도 크다. 사실 과거 돈키호테 점포에는 앤서맨이 있었다. 초록색 재킷을 입고 방문객 질문에 답하는 안내원 같은 역할이었다. 앤서맨 본부는 무언가에 답해

주는 부서로 현장에서도 거부감 없이 받아들여질 것이라는 계산도
깔려 있었다.

당연하지만, 패자 부활전이 있다

앤서맨 본부의 일은 일단 점포에 방문해서 점장이나 직원의 이야
기를 소상히 듣는 것이다. 예를 들어 상위권 순위에 들어가려고 지
사장이 실적만을 내세우면서 현장에 무리한 일을 강요하고 있지는
않은지를 말이다. 직속상관이 쉽게 직언할 수 없는 문제점을 임원
들이 직접 청취해서 과제를 파악하고 조기에 개선하려는 것이 목
적이다.

아카기 씨 자신도 전국의 돈키호테 점포를 힘차게 돌면서 "상무
집행임원이나 부사장이라고 하지 않고, 어디를 가도 앤서맨 본부
라고 말하려고 합니다"라고 했다. 밀리언 스타 지사장에서 떨어진
직원들도 청취 대상이다. 당사자는 쓰라린 아픔을 겪고 있으므로
지사장으로서 후회되는 점, 밀리언 스타 제도에서 개선해야 할 점
등 본인의 의견이 있기 때문이다.

자동 강등되어 밀리언 스타의 지사장 자리를 빼앗겨도 절대 기
회가 돌아오지 않는 것은 아니다. 강등이 있다는 것은 승격도 있다

는 말이다. 실제로 새로운 지사장은 사내 입후보자 중에서 뽑혔고, 그중에는 강등 경험자도 포함되어 있다. PPIH 임원들도 승격과 강등을 반복하며 착실히 단계를 올려왔다.

패자 부활전이 있으니 절망하지 말고 설욕을 다짐하며 때를 기다릴 수 있다. 교체전은 자기 자신을 되돌아보면서 내면력을 비축할 절호의 기회가 된다.

회의지만, 숫자 이야기는 하지 않는다

밀리언 스타 제도가 시작된 지 4년 남짓. 지사장끼리는 물론 라이벌이기도 하지만 함께 실적 향상을 목표로 하는 전우 같은 관계로 발전했다.

보통 지사장 급에서의 월례 회의에서는 매출이나 이익에 관한 이야기를 나누게 되지만, 아카기 씨는 "우리는 숫자 이야기는 일절 안 해요"라고 밝혔다. 오로지 화제가 되는 것은 한 지역을 경영해서 어떤 깨달음을 얻었는지, 어떻게 하면 잘되는지 정보를 공유하는 일이다.

"수치가 안 좋다고 나쁘다는 말을 한들 소용이 없잖아요. 서로 자랑도 좀하고, 어떤 시도가 재밌었는지 적극적으로 반응해요. 괜찮다 싶으면 다들 재빨리 따라 하는 거예요. 영업회의인데, 각지의 간부가 전부 모여 숫자 이야기는 하지 않는다고 해요. 허허. 이런 일을 하는 회사는 아마 없을 겁니다."(아카기)

옆에서 보면 잡담을 나누러 모인 듯한 모습이다. 너무나 회의 같지 않아서 **밀리언 스타 교류회**라고 개명했을 정도다.

밀리언 스타 제도는 보는 시각에 따라서는 공포정치 같지만, 실력에 따라 누구에게나 기회가 돌아가기 때문에 젊은 나이에 경영자 경험을 쌓을 수 있다는 장점이 있다. 성과를 내면 대우도 좋아지기 때문에 커다란 동기 부여가 된다.

이 제도를 도입하기 전에는 지사장이 오랫동안 변하지 않아서 사내 전체가 경직되었다고 한다. 그런데 지금은 매년 20명 정도의 새 지사장 자리를 목표로 100명 정도가 손을 든다. "안정적인 것을 원하는 사람에게는 터무니없는 제도일지도 모르지만, **우리 회사에는 안정이라는 글자는 없으니까요.**"(아카기)

지나치게 완전실력주의를 내세우면 사내에 강압적인 분위기가 생길 것 같지만, 돈키호테에서는 이상하게 그렇게 되지 않았다. 도대체 무엇이 다른 것일까?

워크가 아닌 게임으로 즐겨라

야스다 씨는 권한을 위임함으로써 일이 노동(워크)이 아니라 경쟁(게임)이 된다고 설명했다. 기업이념을 정리한 소책자인 『원류』(제7장 참조)에도 **일을 워크가 아닌 게임으로 즐기라**는 마음가짐이 기재되어 있다.

다만 경쟁에는 규칙이 필요하다. 돈키호테에서 하는 경쟁의 4가지 조건은 **명확한 승패 기준**이 있어야 하고, **시간제한**을 마련해야 하며, 플레이어에게 **대폭의 자유재량권**을 부여하고, 규칙은 **최소한으로 심플하게** 한다는 방침을 야스 씨는 밝혔다.

실제 게임도 지나치게 규칙에 얽매이면 플레이가 즐겁지 않을 것이다. 궁리할 수 있는 여지가 있어야 어떻게 공략할지 더 설레면서 할 수 있다. 그리고 승패의 기준이 명확해야, 지더라도 수긍하고 다음에는 이기려고 앞으로 나아갈 수 있다.

경쟁의 재미를 최대한 끌어내는 규칙과 구조가 있으므로 완전실력주의를 고수해도 회사가 제대로 돌아간다. 밀리언 스타 제도는 터무니없는 극약처럼 보여도, 사실 돈키호테다움을 파고든 궁극의 시스템이라 할 수 있다.

PPIH는 일을 게임화하는 구조를 만들어 직원들의 의욕을 끌어내는 데 능하다. 게임을 가져오면 일이 더 즐거워진다. 돈키호테가 오랜 세월 갈고닦은 어뮤즈먼트가 집약된 구매공간은 직원 본인이 가슴에 보람을 품고 즐겁게 일하고 있다는 반증이기도 하다.

압축진열을 겨루는
전설의 D철

돈키호테 사내에서 전설의 대회라고 구전되는 일대 이벤트가 2023년에 부활했다. 그 이름도 **디스플레이 철인(통칭 D철)**이다.

이 이벤트는 상품을 천장을 향해 촘촘하게 쌓아 올리는 압축진열의 능력을 겨루는 경연대회로, 2004년부터 2014년까지 매년 한 차례 개최되었다. 평소 구매공간 조성의 성과를 발휘하기 위해 전국에서 모인 정예들이 철인의 칭호를 걸고 실전을 벌인다. 그중에서 지금은 PPIH 그룹의 요직을 담당하는 수많은 전설적인 인물이 배출되었다고 한다. 그리고 9년의 침묵을 깨고, 그 열광적인 이벤트가 돌아왔다.

2023년 1월, 돈키호테 사보 「하라와타」에 정보가 풀리자 회사 전체가 소란스러워졌다. "(매출액이 2조 엔에 육박) 규모가 커졌으니 D철을 열자는 커뮤니케이션이 임원 사이에 있었어요." PPIH 상석집행임원 CIO(최고통합책임자) 가루베 데쓰야 씨는 그렇게 증언했다.

D철이 한동안 열리지 않았던 것은 개최하는데 막대한 시간과 노력이 들었기 때문이다. D철은 고교야구처럼 지역 예선부터 시작해 예선을 통과한 사람들이 결승 대회에서 격돌한다. 철인이 결정되기까지 1년이 걸리는 스케줄로, 각 경기장의 선정부터 출전자와 심사원 양쪽의 예정 확보, 당일의 설비, 진행, 정리에 이르기까지 할 일이 산더미다.

이렇듯 지나친 비효율이 걸림돌이 되어 한동안 중단했지만, 업계에서도 대기업이 되었기 때문에 역발상으로 일부러 여기에 투자하자고 판단했다고 한다(가루베).

D철을 부활시키는 목적은 현장의 영웅, 빛나는 스타를 발굴하는 일이다. 그 배경에는 예전과 비교해서 점포 수가 크게 늘어나 현장의 최전선에서 일하는 직원이 주목받기 어려워진다는 위기감이 있었다.

"우리의 실적을 지탱하는 것은 권한이 위임되고 있는 현장의 동기 부여입니다. 그들에게 빛을 비춰서 발탁인사 같은 형태로 끌어올리는 일을 하고 싶습니다. 지금이 바로 그때입니다."(가루베)

홋카이도에서 규슈까지 전국을 7개 지구로 나눠 출전자의 입후보를 받아서 서류심사를 거쳐 2023년 4월부터 각 지구 예선이 시작되었다. 각 지구의 챔피언이 같은 해 11월 결승전을 치렀고, 3명의 철인이 탄생했다.

이제부터는 스포츠 경기

D철에서는 35분의 제한시간 내에 정해진 25개 아이템을 압축진열한다. 이것은 더는 단순한 사내 행사가 아니다. 스포츠 경기의 경지에 이르렀다. 체조나 피겨스케이팅처럼 심사 항목이 세세하게 정해져 일거수일투족이 채점 대상이 된다. 결승 대회가 되면 화려한 조명 아래 출전 선수 소개 영상이 흘러나오고 응원단이 성원을 보낸다. 결승의 무대가 도달하고 싶은 동경의 땅이 되도록, 돈키호테답게 엔터테인먼트 느낌이 있는 화려한 공간을 마련해서 열기를 연출했다.

치열한 승부를 지켜보는 것은 5명의 심사위원이다. 예를 들어 지구 예선에서는 그 구역의 관장 임원 1명, 지사장 2명, 카테고리 리너 2명이라는 구성이다. 경기장에서 쌓을 상품 및 진열 주제는 당일 발표되며 기초 기술 점수 50점, 응용 기술 점수 50점, 총 100점 만점으로 평가가 내려진다.

기초 기술점은 주로 진열 속도와 양이 중시된다. D철에서는 아이템당 **최저 진열 수량**이 정해져 있고, 그 배가 되는 양을 **충분한 진열양**으로 정의한다. 최소 진열 수량을 클리어하면 1점, 충분한 양으로 진열해 클리어하면 1점을 더 얻을 수 있으며, 25개의 아이템 전부로 진열하면 50점 만점이 되는 계산이다.

제한시간 내에 완성시키면 남은 시간 30초마다 0.5점이 가산되는 한편, 팝 광고가 첨부되지 않은 아이템은 마이너스 0.5점이 된다. 게다가 상품 특성에 따라 감점 항목이 정해져 있어 그것에 해당하면 감점이 된다. 얼마나 빨리, 정확하게, 상품을 많이 쌓는지가 고득점을 얻는 포인트다.

응용 기술점에서는 진열의 완성도를 본다. 내구성, 수익성, 시인성, 기교성 등 영업전략 측면과 설렘 등 고객의 눈높이에서 심사위원 1명당 10점 만점으로 채점해 5명의 합계로 점수가 결정된다. 보기 쉬울 뿐 아니라 눈에 띄는 장소에 잘 팔리거나, 이익률이 높은 상품이 진열되어 있는지, 매출총이익을 높일 수 있는 진열로 구성했는지까지 포함해 엄격하게 채점한다. 봐야 할 항목이 많다 보니 심사하는 쪽도 힘든 일이다.

출전자는 어시스턴트를 1명을 대동할 수 있고, 골판지 상자 개봉이나 상품 꺼내기 등은 도움을 받을 수 있지만, 진열 자체는 모두 자력으로 구성해야 한다. 스포츠맨십을 철저히 지켜야 하는 것은 당연하다. 상품을 던지거나 굴리거나 난잡하게 취급하는 등 장사를 하는 사람으로서 부적절한 행위는 3점의 감점이 있다. 어시스턴트에 대한 폭언도 감점 대상이다.

돈키호테인으로 쌓아 온 진열 기술의 모든 것을 각자 35분 동안 쏟아붓는 만큼, 지구 예선에서 심사위원을 맡은 가루베 씨도 그 높

2023년에 부활한 디스플레이 철인(통칭 D철) 결승 대회(PPIH 제공).

은 수준에 놀라움을 감추지 못했다.

"(하치오지역전점 점원을 예로 들어) 그의 스피드와 진열 볼륨은 압도적이었어요. 정말 놀랐어요. 일단 빠르더라고요. 그 점원은 머릿속에 전부 들어 있어서 생각하지 않는다고 해요. 골판지 상자를 여는 순간에 이미 진열할 장소가 정해져 있다며, 다소 미세하게 조정은 하겠지만, 이것을 어느 쪽에 둘까 고민하는 시간은 애초에 없는 거예요. 스피드 승부니까요. 역시 현장의 힘은 대단합니다."

D철에는 정사원뿐 아니라 계약사원이나 메이트도 참가할 수 있다. 이번에도 계약직 여성이 결승 대회까지 진출했다. "이런 분들이 현장에 있으니 우리의 구매공간이 하루가 다르게 진화하고 있어요. 굉장히 안심되면서 동시에 자랑스러웠습니다."(가루베)

실력이 있으면 직함이나 연차를 불문하고 스포트라이트를 받는 것이 돈키호테다. 누구에게나 영웅이 될 기회를 열어주고, 묻혀 있던 재능을 발굴한다. 진열이라는 자칫 단조로운 작업이 될 수 있는 업무를 게임성 높은 배틀로 바꾼 D철에는, 어뮤즈먼트 정신을 무엇보다 중요하게 여기는 돈키호테의 경영철학이 담겨 있다.

아르바이트 출신이 활약하는
돈키호테

유망한 신입사원의 확보는 인력 부족이 심화하는 가운데 어느 회사나 골머리를 앓고 있는 문제다. 일본 학생들의 인기를 가늠하게 하는 지표로 자주 인용되는 것이 각 취업 사이트가 매년 발표하는 '취업 기업 인기 순위'다. 예를 들어 마이나비와 일본경제신문사가 2025년 졸업하는 대학생을 대상으로 조사한 순위를 보면 문과 종합에서는 1위 니토리, 2위 미즈호 파이낸셜 그룹, 3위 이토추 상사였다. 이과 종합에서는 1위 소니 그룹, 2위 아지노모토, 3위 KDDI가 뒤를 이었다. 문과, 이과 모두 100위까지 살펴봐도 돈키호테를 운영하는 팬 퍼시픽 인터내셔널 홀딩스(PPIH)의 이름은 없다.

그러나 PPIH는 이 순위 상위 기업들에 뒤지지 않는 막강한 인재 공급원을 갖고 있다. 바로 아르바이트다. 특히 돈키호테를 축으로 한 디스카운트 스토어 사업에서는 신규 대졸 사원의 약 30%가 메이트 경험을 거쳐 돈키호테에 들어온다고 한다.

상무집행임원으로 돈키호테 부사장과 인재 본부장 등을 겸하는 아카기 신이치로 씨는 다음과 같이 말했다. **아르바이트가 사원의 예비군으로 바뀌는 것**이라고 말이다. 게다가 아르바이트에서 역경을 딛고 출세하는 사람이 많다. 이사 겸 전무집행임원으로 해외 사업을 총괄하는 마쓰모토 가즈히로 씨(제1장 참조)가 그 대표적인 사례다.

아르바이트로 돈키호테에서 일하다 보면 일의 재미에 눈을 뜨고, 그대로 입사해 두각을 나타내다가 임원을 비롯한 핵심 인재로 올라선다. PPIH의 전형적인 출세 패턴이다. 완전실력주의를 고수하기 위해 할 수 있는 인재 등용술이다.

이제는 이력서가 필요 없다고 외치는 기업도 많아졌지만, 뚜껑을 열어보면 입사한 사람은 고학력 우등생뿐이라는 경우도 자주 눈에 띈다. 반면 돈키호테는 원래 이력서를 중시하지 않았다.

"실력주의이고, 학력은 상관없으며, 경험 불문이라고 여러 회사가 말하잖아요. 하지만 속을 들여다보면 그렇지 않은 것 같아요. 저희는 정말로 누구나 활약할 수 있는 기회가 있는 회사라고 자신 있게 말할 수 있어요"라고 아카기 씨는 당당히 말했다.

전면 위임으로 실전 지식을 익힌다

돈키호테의 일은 왜 그렇게 아르바이트생을 끌어당길까? 그것은 지금까지 여러 번 나온 '권한위임'이란 이름으로, 전적으로 일을 맡기는 데 있다. 직원에게 판단을 맡기겠다고 공언하는 회사가 몇 몇은 있을지도 모르지만, 아르바이트에까지 모두 맡기는 회사는 세계가 넓다고 해도 거의 없을 것이다. 자신의 판단으로 상품을 매 입해 가격을 매기고 판촉 일도 맡을 수 있다. 고등학교나 대학교에 서는 결코 배울 수 없는 실전 지식을 경험할 수 있는 것이다.

매뉴얼이 없는 일뿐이기 때문에, 힘들어서 관두는 아르바이트도 일정 수 존재하는 것은 확실하다. 그러나 어떻게 하면 잘 팔릴지 필 사적으로 수단을 찾다가 실제로 성공했을 때의 성취감은 무엇과도 바꿀 수 없다. 그것을 경험한 아르바이트는 점점 일이 즐거워져서 어느새 돈키호테 이외의 취직자리는 생각할 수 없게 된다.

돈키호테의 상품이 누군가에게는 취향에 딱 맞는 것처럼, 돈키 호테의 아르바이트도 취향에 딱 맞는 학생이 있다. 게다가 학창 시 절부터 점포에서 일했기 때문에 취직 후 맞지 않는다고 느낄 가능 성도 작다. 이렇게 실전에 바로 투입 가능한 핵심 인재들이 매년 들 어온다.

무엇이든 좋으니 전국 1위를!

돈키호테에서 일하는 묘미는 무엇보다 축제의 느낌이 있다는 것이다. 어쩌면 대학에서 말하는 동아리 활동 같은 느낌에 가까울 수도 있다. 어쨌든 **무엇이든 좋으니 전국 1위를 차지하겠다**는 목표로 각 점포가 일치단결해 작전을 짠다.

왜냐하면 돈키호테에서는 무엇이든 순위를 매겨 회사 전체에 노출시키는 전통이 있기 때문이다. 예를 들어 그달에 매출총이익이 얼마나 되었는지, 모든 점포의 전적이 나열된 데이터가 공개되어 1위부터 꼴찌까지 그대로 드러난다. 당연히 하위권으로 떨어지면 속상하지만, 돈키호테의 직원은 그대로 주저앉지 않는다.

"저도 경험이 있는데, 하위권이 되면 정말 기분이 밑바닥이에요. 하지만 오히려 그곳부터 기어 올라가려는 마음이 들었고, 다음에 상위로 올라왔을 때는 우쭐해졌지요. 자, 봐라, 어떠냐. 이런 말을 하면서요."(아카기)

놀라운 것은 단품별 매출 순위까지 확인할 수 있다는 점이다. 상품명으로 검색하면 각 점포가 그 상품을 전국에서 몇 번째로 팔고 있는지 알 수 있다. 예를 들어 아카기 씨가 소형 점포 피카소 오후나점(가나가와현 가마쿠라시)을 방문했을 때 일이다. 이 매장이 여름철에 차가운 군고구마를 일본에서 가장 많이 팔고 있다는 이야기가 나왔다. 소형점이라서 매장의 매출액으로는 대형점을 절대 이 길 수 없다. 그러나 특정 상품으로 좁히면 승산이 있다. 돈키호테는 취급하는 상품 수가 방대한 만큼, 단품으로 보면 "이 상품의 매출은 우리 지점이 최고다"라는 자랑거리가 얼마든지 생기는 것이다.

이는 처한 환경이 어떻든 스스로 궁리해 누구라도 1위를 차지할 수 있다는 증거이기도 하다. 그것이 해당 매장이나 매입 담당자의 자랑이 되고, 의욕의 원동력이 된다.

도쿄 시부야에 '도미세'를 오픈했을 때는 매장의 매출액 '상위 10'의 상품을 **톱 10**이라고 칭하며 특설 코너로 만들었다. 매출 상위의 상품을 그저 나열하는 일은 드물지 않지만, 각 상품의 매출액까지 개시하고 있다. 개중에는 월 매출액 1억 엔 이상을 달성한 상품도 있었다. 매장의 입장에서는 이렇게 잘 팔고 있다는 훈장이다. 방문객도 이렇게까지 숫자가 극명하게 나와 있으면 정말로 잘 팔리고 있다고 실감해서 한번 사볼까 하는 기분이 된다.

뒤집어 말하자면 사내에서 그만큼 데이터의 가시화가 진행되고 있다는 것이다. 뭐든지 순위를 매겨 경쟁심에 불을 붙인다. 어떻게 하면 더 상위로 들어갈 수 있을까? 역전을 이루기 위해 매일 게임하듯이 서로 경쟁하며 연마해왔기에, "(이것이다 하고 정한) 단품 판매에서는 (다른 회사에) 절대 질 수 없다"고 아카기 씨는 자신감을 드러냈다.

돈키호테는 변화대응업

돈키호테에서는 '육성'이라는 말을 기본적으로 쓰지 않는다. 인재육성이란 윗사람이 가르치고 이끈다는 뉘앙스가 담겨 있지만, 돈키호테에서는 '권한위임'이라는 이름 아래 모든 것을 맡기고 있기 때문이다. 전면 위임하기 때문에 스스로 생각한다는 행위가 몸에 스며들어 있다. 직원을 믿고, 맡기고, OJT(직장 내 훈련)의 반복으로 인재가 성장해가는 구조다.

물론 전혀 가르치지 않는 것은 아니다. 업무에 필요한 최소한의 지식과 규칙은 **교육**한다. 그러나 그 후에는 곧 실천에 옮긴다. 개성이나 가치관이 다른 직원과 함께 일하는(=**공육**) 것으로 자신의 시야를 크게 넓혀, 자기 나름의 성공 패턴을 파악해간다. 성과를 완전실력주의로 평가해 직원 사이에 경쟁이 생기고(=**경육**), 각자 한층 더 기술을 연마하려고 향상심을 불태운다. 교육, 공육, 경육이라는 3가지를 섞어 일을 워크가 아닌 게임으로 즐기는 힘을 길러 준다.

지금 많은 기업이 어떻게 인재를 길러야 하느냐며 고전하고 있지만, 돈키호테의 대답은 간단하다. **사람은 키우는 것이 아니라 스스로 자라는 것**이다. 스스로 길이 없는 길을 개척한다. 그것이 개인의 강함으로 이어진다. 그 진가는 코로나 사태 때 가장 크게 발휘되었다.

코로나 시기에 가장 먼저 일본에서 인바운드 고객이 사라졌다.

면세품 수요를 끌어온 돈키호테에 역풍이 불었다. 그뿐만이 아니다. 긴급사태 선언으로 일본인도 한동안 필요하지 않고 급하지 않은 외출이 금지되었다. 소매업에는 상당한 타격이다.

다만 돈키호테는 여기에서 발상을 크게 바꿨다. 재택근무가 활성화되어 사람들이 집에서 보내는 시간이 길어졌다. 즉 생필품이나 실내에서 즐길 수 있는 상품의 수요가 늘어날 것으로 보았다. 대국적인 전망을 회사 전체적으로 공유하면서 개별 점포의 판단으로 관련 아이템의 구색을 크게 늘렸다. 일상생활에서 빼놓을 수 없는 본질적인 스토어로 위상을 확립하고자 움직였다.

예를 들어 가전에서는 핫플레이트 등의 조리가전과 공기청정기가 매출을 이끌었다. 식품에서는 주류나 보존이 가능한 컵라면, 통조림의 거래가 증가했다. 스포츠 · 레저에서는 요가매트나 덤벨 같은 피트니스 용품이 호조를 보였다. 완구에서는 인기 만화의 상품이나 퍼즐의 매출이 확대되었다. 소비자들이 지금 무엇을 원하는지 짐작해서 구매공간에 기민하게 반영시켜 맹렬한 역풍 속에서 연속적인 매출 및 이익의 증가 기록을 더욱 늘렸다.

"우리는 **변화대응업**이니까요. 항상 변화하는 세상의 정세에 대해 어떤 답을 내야 해요. 그러려면 역시 평소에도 생각을 해야 하죠. 그래서 권한을 위임하는 게 굉장히 중요합니다. 권한위임을 스며들게 하는 것이 가장 중요하다고 생각해요."(아카기)

평가받는 쪽이 규칙을 만든다

예를 들어 매장을 구성하는 요소 중에 매대 구성이 있다. 어느 매대에 어떤 상품을 몇 개 진열할까? 그에 따라 매출도 이익도 크게 달라진다. 점포별로 입지나 상권이 다른 이상, 이렇게 진열하면 더 잘 팔린다는 정답은 없다.

항상 성과를 내려면 오로지 한 사람 한 사람이 가설과 검증을 쌓아 가는 수밖에 없다. 매뉴얼로는 가르쳐줄 수 없기 때문에 전면 위임하는 것이다. 그 증거로 **돈키호테에서는 어느 매장을 가더라도 모든 매대에 직원의 뜻이 담겨 있다**.

"자신이 생각했기 때문에 답을 알고 싶어집니다. 성공인지 실패인지 자기 나름대로 되돌아보고, 다음에는 이렇게 하자고 점점 사고회로를 업그레이드합니다. 어쨌든 직원과 메이트까지 포함해 모두가 이 과정을 반복하고 있어요. 이것이 가장 큰 강점이라고 생각합니다."(아카기)

얼마나 열심히 했는지 평가를 결정하는 것은 숫자다. 얼마나 팔렸는지, 매출총이익을 얼마나 올렸는지가 가장 단순하고 납득할 수 있기 때문이다. 매출총이익을 상품별로 분해하는 등 다각적으로 숫자를 체크하면, 개개인이 잘하는 분야가 보인다. 경영 쪽에도 "이런 인재가 있었다니"라는 깨달음을 준다.

다른 한편으로 숫자 지상주의에 빠지지 않도록 현장의 목소리에도 귀를 기울인다.

"돈키호테답다고 생각하는 것은, 이쪽에서 평가제도를 만든다고 강요하는 것이 아니라 평가를 받는 쪽도 규칙을 만드는 쪽에 들어가게 합니다. 요점은 함께 만들어 가자는 것입니다. 누구나 100% 납득할 수 있는 평가제도 같은 건 없죠. 그래서 이해도를 조금이라도 높이기 위해서 당사자를 끌어들여 그들의 생각도 들으려고 합니다."(아카기)

밀리언 스타 제도에 대한 앤서맨 본부도 이런 생각에 따라 시작되었다. 지사장도 메이트를 모아 자주 좌담회를 열고 있다. 현장에서 나오는 불만의 소리를 확실히 전달할 수 있는 투명성을 확보해 평가제도를 개선하려는 목적이 있다.

입사 6년 만에 지사장으로 승격

완전실력주의는 어려운 세계지만, 그만큼 확실히 자신의 노력을 평가해준다는 의미이기도 하다. 아카기 씨 본인도 2003년 입사한 지 6년 만에 호쿠리쿠·신에쓰 지구를 관할하는 지사장으로 발탁되었다.

"그때는 솔직히 말해 아직 큰 힘이 없었어요. 별 볼 일 없다고 해야 할까, 아무것도 없었거든요."(아카기)

그러나 5년 후에 나가사키야의 이사 부사장에 취임. 2018년에는 구 돈키호테 홀딩스(현 PPIH)의 집행임원으로 올라갔다. 어떻게 힘을 기르고 두각을 나타낼 수 있었을까? 되돌아보면 실패의 연속이었다. 하필이면 상품 매입 과정에서 잘 모르고 불량품을 산 적도 있었다.

"엄청 싸다고 생각했더니 유통기한이 내일까지인 상품이기도 했고, 샴푸와 컨디셔너를 세트로 샀는데 샴푸는 품절이라며 죄송하다고 컨디셔너만 잔뜩 보내기도 했어요. 전부 스스로 결정하고 발주한 것이기 때문에 어떻게든 해결하려고 여러모로 시행착오를 겪었죠. 그런 경험을 지금의 멤버들도 해주기를 바라는 마음이에요."(아카기)

Z스타일 실험실(제3장 참조)을 보고 있으면, 자신 예전 모습이 떠올라 그리워진다고 한다.

"역시 이쪽에서 고르는 것보다 손을 들고 모이게 해야 힘이 나요. 저도 예전에는 바보처럼 뭐든지 하겠다고 했어요. 더 위로 가고 싶다, 지사장을 하고 싶다고 말했다니까요. 스스로 목소리를 낸 사람에게 권한을 주고 전적으로 맡기는 것이 우리의 장점이지 않을까 싶어요."

힘겹게 태어난, 메가돈키호테

자리가 사람을 만든다는 말이 있다. 아카기 씨의 경우가 바로 그랬다. 고통스러운 기억뿐이었다고 회고하는 것은, 경영이 파탄 난 뒤에 인수한 '나가사키야'의 재건이다. 나가사키야는 종합슈퍼마켓으로 할인점 돈키호테와는 업태도 다르고 고객층도 다르다. 신선식품을 취급하는 노하우는 당시 돈키호테에 없어서 미지와의 조우 같았다.

나가사키야는 그중에서도 의류품이 강했기 때문에, 그 장점을 어떻게 살릴지 논의가 시작되었다. 그러나 의류품을 중심으로 일 년에 몇 번이나 개장을 해도 생각처럼 실적은 향상되지 않았다. 예전의 나가사키야 이용자에게 영향을 주는 매장을 조성해도 실패였다. 그래서 애초에 고객이 점점 고령층으로 이동한 것이 나가사키야가 운영하기 힘들어진 원인이라고 다시 생각해, 과감히 타깃을 뉴 패밀리에 맞췄다.

젊은이가 많이 방문하는 돈키호테의 구매공간 노하우를 나가사키야에 쏟아부었다. 즉 나가사키야를 돈키호테처럼 만들어 고객을 젊은 층으로 바꿨다. 그리고 신선식품 코너를 접목해 젊은 가족층이 평소 사용할 수 있는 매장으로 진화시켰다. 대형 할인점 메가돈키호테의 탄생이다. 지금은 전 세계적인 관광 명소가 된 시부야의 메가돈키호테도 시작은 나가사키야의 재생이다.

식품부터 취미 기호품까지 10만 점 이상이 갖춰진 메가급 상품 구색과 돈키호테만의 초저가, 어뮤즈먼트가 혼합된 대형 돈키호테라는 새로운 업태는 그동안 돈키호테를 선호하지 않았던 주부층에게 친근하게 다가갔다. 연결 자회사로서 4년째가 되는 2011년, 드디어 나가사키야는 영업 흑자를 달성했다.

돈키호테에도 신선식품이라는 핵심 콘텐츠를 손에 넣은 일은 매우 중요해서, 도시 지역의 젊은이가 주체였던 고객층이 전국의 가족 단위 층으로로 확산되었다. 나가사키야를 재생한 경험을 지금의 유니 재생에 살려서, 유니를 고수익 기업으로 되살리기도 했다(제5장 참조). 실패의 수만큼 얻는 과실도 크다는 것을 몸소 증명한 셈이다.

원래 스포츠맨이었던 아카기 씨는 승패가 확실한 회사에서 승부하고 싶어 돈키호테에 들어왔다고 한다. "제가 돈을 벌 수 있는 회사가 어디인지 찾다가 우연히 만난 게 돈키호테였어요. 성과를 내면 돈을 벌 수 있다고 적혀 있었는데, 들어와 보니 정말이었어요."

아카기 씨는 대학 졸업 후 한동안 일정한 직업을 갖지 않다가 1년여 만에 돈키호테에 입사했다. 당시는 공격적으로 출점하던 시기여서 채용을 강화하고 있었다. 중도 입사 동기는 30~40명 정도 있었는데, 이전에 드러그스토어나 홈센터에서 일한 적이 있는 소매업 경험자뿐이었다.

"저만 갈팡질팡하고 아무것도 못했어요. 소매업 지식으로 말하자면 모두와 굉장히 차이가 있었는데, 그 점에 관해서는 별말을 듣지 않았습니다. 대신 제가 생각하고 한 일에 대해서는 정확히 숫자로 평가해줬어요. 그것이 마음에 들어서 빠져들었죠."(아카기)

항상 자신의 능력 이상의 일을 맡겨주었고, 발탁해준 사실을 격려 삼아 열심히 일해왔다. 지금 생각해보면 매뉴얼대로 일을 진행시키는 체인스토어 이론에 물들지 않았던 것이 결과적으로 주효했을지도 모른다고 보고 있다.

"저는 의미도 모르고, 어쨌든 단품을 많이 판다는 느낌으로 하고 있었으니까요."(아카기)

복귀도 대환영한다

돈키호테에서 흥미로운 점은 복귀 사원이 많다는 것이다. 그 1호가 메이트 출신의 이사이기도 한 마쓰모토 씨다. 메이트에서 사원으로 승격한 다음 해에 창업에 도전하기 위해 돈키호테를 뛰쳐나갔지만, 덧없이 좌절하고 말았다. 결국 자신의 역부족을 반성하고 재입사를 결정했다. 지금은 돈키호테 정직원 전체의 10% 가까운 300

명 이상이, 복귀한 사람이다. 그것은 메이트도 마찬가지라서 돈키호테에서 아르바이트로 일하다가 관두고, 다시 돌아오는 사람이 많다. 도맡아서 일하는 즐거움을 알았기 때문이라고 아카기 씨는 분석하고 있다.

외부 세계에서 바라보면 돈키호테라는 기업의 좋은 부분도 나쁜 부분도 보인다. 그런 다음에 돈키호테로 돌아가기를 선택한 사람들은 한층 높은 동기 부여로 전열에 가담한다. 요즘 젊은이들은 성공 지향의 의지가 약해졌다는 이야기가 자주 들리지만, 돈키호테의 20대는 다르다.

"옛날의 저처럼 좋은 자동차를 사고 싶다는 알기 쉬운 물욕은 없지만, 모두들 마음속에 투지가 있어요. 활약하고 싶다는 마음은 반드시 있다는 거죠. 그 부분은 별로 달라진 게 없는 것 같아요."

'도전'이라는 두 글자가 사라지면 성장은 멈춘다. 그렇게 되지 않도록 일을 게임으로 바꾸면서 완전실력주의와 권한위임으로 조직을 활성화시켜 나간다. 일본 경제가 침체된 잃어버린 30년 동안, 일관되게 우상향으로 거침없이 성장한 PPIH의 조직 구성은 독특하면서도 이치에 닿아 있다. 모두가 배워야 할 힌트가 많이 숨겨져 있을 것이다.

머리색에서도
개성을 고수하라

"머리를 검게 할 필요가 있을까요? 접객만 확실히 하면 머리카락 색은 아무 상관 없잖아요."

직원에게 올라온 소박한 의문에 임원 일동은 무릎을 쳤다. 개성적이고 즐거움이 넘치는 매장 구성을 추구해 온 한편, 머리색은 왠지 검은색이어야 한다고 하는 몰개성에 빠져 있었다.

"그렇지. 규칙이 낡았어요. 시대를 따라가지 못해요."

현장의 목소리가 임원들을 움직여 **염색 자유화**라는 새 규칙이 발표되었다.

2022년 3월 돈키호테 매장에서 우선 도입했고, 같은 해 11월에는 유니가 운영하는 아피타와 피아고로도 확대되었다. 유니는 점포만이 아니라 관리 부문의 염색도 자유화했다. 그리고 그것이 역수입되는 형태로 2023년 2월에는 돈키호테 관리 부문에서도 염색 자유화가 인정되었다.

고작 염색이라고 얕잡아 봐서는 안 된다. 이것이 사내의 사기를 크게 높이는 효과를 가져왔기 때문이다. "의욕이 솟아났고, 자신답게 일할 수 있어서 기쁘다는 소리를 자주 듣습니다." 이렇게 말하는 사람은 PPIH 이사 겸 집행임원 다이버시티(Diversity, 다양성) 매니지먼트 겸 코퍼레이트 커뮤니케이션 관장 디자인 총괄책임자 니노미야 히토미 씨다.

자유화가 시행된 후 2023년 11월, 돈키호테 점포의 점원을 대상으로 지금 자신의 머리색을 묻는 설문조사를 실시했다. 흑발이라고 대답한 것은 전체 답(1,804건)의 47.7%로, 무려 절반에 가까웠다. 33%는 갈색, 19.3%는 화려한 머리색이었다. 상세하게 보면 금발 25%, 회색(애쉬) 14.9%, 핑크(복숭아) 12.9%, 레드(빨강) 9.5%로 이어진다.

연령대별로는 10대에서 화려한 머리색 비율이 가장 높아 무려 35.6%를 차지했다. 70대 이상에서도 화려한 머리색은 3.4% 있었다. 연령대를 불문하고 지방에서 도시의 점포까지, 컬러풀한 머리색을 자신의 개성으로 즐기는 모습이었다.

자신에게 어울리는 색으로 머리카락을 염색해 즐겁고 활기차게 일할 수 있다. 그것이 방문객에게도 전해지는 것인지, 매장 전체가 밝은 분위기가 되었다며 사외에서도 대체로 좋은 평가를 내리고 있다.

사무실에서도 각각의 직원이 자신에게 어울리는 머리색을 하고 일하고 있다(PPIH 제공).

갈색, 금발, 오렌지, 애쉬, 실버 등 다양한 머리색을 시도했다고 하는 10대의 메이트는 "선명한 색으로 하면 색이 좋다며 고객이 말을 걸어와요"라고 이야기했고, 복숭아색 컬러의 50대 메이트는 "고객에게 세련되었다는 말을 들어 기분이 좋았어요. 머리색만으로 판단되지 않으려고 매일 일도 제대로 하려는 의식이 높아졌어요"라고 말했다.

40대 메이트는 헤어 염색제 고객을 접객할 때 "당신 같은 머리색을 하고 싶어요"라는 상담을 받고 상품 구매까지 이어졌다고 한다. 일부 점포에서는 머리색이 자유롭다는 이유로 메이트 지원이 확실히 늘었다. 채용 측면에서도 플러스로 작용하기 시작한 것이다.

염색 자유화에 맞춰서 네일 색상과 디자인도 기본적으로 자유로워졌다. 반면에 유니폼은 철저히 착용하고, 청결함은 반드시 유지하도록 했다. 매장 구성만이 아니라 자기 표현에서도 개성을 마음껏 드러낼 수 있도록 다이버시티(Diversity, 다양성) 개혁이 본격 가동되었다.

그 선도자를 담당하는 니노미야 씨가 여성 최초의 집행임원이 된 것은 2020년 11월의 일이다. 취임하자마자 **다이버시티 매니지먼트 위원회(Diversity management, 이하 'DM 위원회')**를 만들었다. 완전실력주의의 철저함이 미흡하다고 느꼈기 때문이다.

"성별에 관계없이 실적으로 평가받는 회사일 텐데 사내를 둘러보면 여직원이 (남성의 절반 이하로) 적고, 이직률도 남성보다 높습니다. 경영층에서도 제가 여성 최초 집행임원이라는 불편한 진실이 보였어요. 우선은 여성이 일하기 쉽고, 가지고 있는 실력을 마음껏 발휘할 수 있는 환경을 만들어야 하지 않을까 생각했습니다."(니노미야)

무엇보다도 회사 전체를 아우르는 큰 물결을 일으키고 싶었다. 그래서 스스로 발기인이 되어 조직을 넘나드는 위원회의 설립을 제언했다. 니노미야 씨가 집행임원에 취임했을 때 창업자 야스다 다카오 씨는 디자인 경영과 여성의 활약을 이끄는 역할을 맡아주었으면 했다. 그에 대한 하나의 답이 이 위원회의 결성이었다.

여성 점장 100명 프로젝트 가동

여성 점장을 100명으로 늘리려고 DM 위원회가 내놓은 아이디어
는 **라이즈(Rise)!100**이라는 연수 프로그램이다. PPIH 그룹의 방문객
은 남성보다 여성이 더 많다. 그럼에도 2020년 6월 말 기준으로 일
본 내 580개의 점포 중에서 여성 점장은 9명밖에 없었다. 매장 구
성에는 예상 고객에 가장 가까운 사람이 관련되어야 한다는 돈키
호테의 기본 사상인 고객친화성이 실천되지 않는 셈이다. 여성 점
장을 늘리는 것은 그런 의미에서도 급선무였다.

'라이즈!100'은 니노미야 씨가 연수 내용을 감수해서 2021년 5
월에 시동을 걸었다. 점장이 되고 싶은, 혹은 점장에 흥미가 있는
여성 사원부터 상사의 추천까지 자기 추천과 타인 추천으로 여성
참가자를 모집해, 우선은 점장의 업무를 대략 배우는 일부터 시작
했다. 매장의 손익계산서(PL)를 작성하는 훈련에 도전하거나 현역
여성 점장과의 교류회, 1대 1 커리어 면담을 개최하는 등 본인이
점장을 완수할 수 있을지 불안해하는 마음을 풀어주었다.

최대 목적은 "점장이 되는 데 마지막 한 걸음을 밀어주는 것입니

다(니노미야)"라고 한다. 완전실력주의인 이상 라이즈!100을 수강한다고 해서 반드시 점장이 될 수 있는 것은 아니다. 하지만 점장이 되고 싶어도 쉽게 의사를 표시할 기회를 잡지 못한 여성에게 기회를 준다는 의미에서, 라이즈!100은 효과를 발휘하기 시작했다.

연 1회, 반년간의 일정으로 2023년까지 총 3회를 끝냈다. 여성 점장은 일본 내에서 31명까지 증가해(2023년 6월 말 기준), 2030년 6월기까지 100명이라는 목표 달성에 탄력이 붙었다. 다만 100명이 최종 목표인 것은 아니다.

"100명이 될 무렵에는 점포 수도 더욱 증가할 것입니다. 조직의 풍토를 바꾸려면 소수파가 30%를 넘어야 한다고 해요. 그렇게 생각하면 100명이라고 해도 실제로는 부족할 수 있어요. 하지만 알기 쉬운 목표로 100명이라는 숫자를 내걸고, 모두가 하나가 되어 노력하고 싶다는 마음을 모으는 중이에요."(니노미야)

DM 위원회에서 니노미야 씨가 추진하는 것은 **순환형 플랜**이다. 여성의 등용이 기업의 성장으로 이어지고, 그 결과 여성 등용이 더욱 촉진되는 사이클을 만들어 내자는 구상이다.

사내 프로그램, 니노의 방

여성의 활약을 추진하는 시도는 그 범위가 좁아지기 쉽다. 과거 PPIH의 시도를 되짚어보고, 니노미야 씨는 그런 문제 의식이 생겼다. 예를 들어 채용의 1점을 강화한다고 해도 이직이 잇따르면 아무 소용이 없다.

그래서 입사에서 정착, 관리직 승진으로 이어지는 커리어를 전면적으로 지지하고, 임원으로 등용되는 여성을 늘린다. 그렇게 여성이 활약할 수 있는 회사라고 사회에 인지되면 입사를 희망하는

다이버시티 개혁을 담당하는 니노미야 히토미 씨(오른쪽)가 사회를 맡은 니노의 방(PPIH 제공).

여성이 늘어난다. 한층 더 등용된 임원이 성과를 내어 기업 성장으로 연결되면, 그것도 여성의 채용과 등용을 지원해줄 것이다. 그런 선순환을 그려내려고 한다. 이 구상을 실현하기 위해 여성의 채용, 정착, 등용에 걸친 시책을 동시다발적으로 펼치기로 했다. 가령 라이즈!100은 등용을 지원하는 시도 중 하나다.

여성의 정착을 응원하기 위해 니노미야 씨는 사내에서 토크 프로그램까지 하고 있다. 바로 **니노의 방**이다. 돈키호테든, 유니든, 점포든, 관리 부문이든 따지지 않고, 전국 각지에서 활약하는 PPIH 그룹의 여성 사원을 매월 1인 게스트로 초대한다. 그리고 '테쓰코의 방'(일본의 여배우 구로야나기 데쓰코가 1976년부터 진행하고 있는 토크 프로그램-옮긴이) 스타일로 니노미야 씨가 듣는 역할이 되어 대화를 나눈다. 평소의 업무 내용이나 지금까지 해온 업무 중에 인상에 남은 것, 자기 성장으로 이어지는 에피소드, 힘든 시기를 극복한 방법 등을 듣고, 내용을 기사로 정리해 사내의 포털사이트에 올린다.

'니노의 방'을 시작하게 된 계기는 니노미야 씨의 근본적인 체험에 있다. 2005년에 신규 졸업자로 입사했을 무렵, 우연히 회사의 포털사이트를 보다가 전국에서 고군분투하는 직원들의 소개 기사를 발견했다. "20대에 점장이 된 이야기 등 전부 읽어 보면 굉장히 흥미로웠어요. 동경이라고 할까, 이 사람과 함께 일하고 싶다고 해야 할까. 젊어도 이렇게 발탁될 수 있다고 생각하니 저의 동기 부여

가 향상되었어요."(니노미야)

그러나 당시 기사에 소개된 것은 남자 직원뿐이었다. 그 기사의 여성판을 만들고 싶었다. 집행임원이 된 것을 계기로 실행에 옮기기로 했다. "여성 한정으로 이야기를 듣는 일로 후배들에게 이렇게 커리어를 쌓는 방법이 있다는 것을 보여주고 싶었어요."

이는 PPIH에는 정해진 승진 루트가 없기 때문이다. 메이트 출신에서 경영 간부로 발탁된 사원도 있고, 더군다나 니노미야 씨는 점포 근무 경험 없이 오로지 디자인 경력만 있다(제2장 참조). 모든 것은 완전실력주의로 포지션이 정해지기 때문에 자신의 자리에서 스스로 미래를 개척하는 수밖에 없다. 그것을 위한 나침반이 되기를 바라는 마음이 '니노의 방'에 담겨 있다.

"현장에서 일하는 분들이 대부분이라서 디자인 출신인 제 경험담은 별로 참고가 안 될 거예요. 현장에서 열심히 하는 분들의 다양한 사례를 보여주는 게 낫겠다 싶었어요."

저용량 피임약 지원 같은 새로운 정책

여성이 더 일하기 쉽도록 2023년 3월에는 저용량 피임약의 비용보조 제도를 신설했다. 저용량 피임약은 피임뿐 아니라 생리통이나 생리 불순, PMS(월경 전 증후군)라고 불리는 생리 전의 불쾌한 증상 완화에 효과적이라고 한다.

온라인 진료로 저용량 피임약을 처방하는 메데리(mederi, 일본의 여성 건강 전문 온라인 서비스 브랜드)의 법인 전용 서비스와 제휴해 일본 내에서 일하는 45세 이하의 여성 사원에게 복용 비용의 전액을, 남녀 불문하고 사원의 여성 배우자에게는 복용 비용의 반액을 회사가 부담하기로 했다.

"생리통은 사람에 따라 다르지만, 몸져누울 정도로 힘든 경우도 있어요. 저용량 피임약을 복용해 업무 효율이 좋아진다면 이것은 회사가 지원해야 하는 것이 아닐까 싶었어요. 제가 꼭 하고 싶다고 말해서 진행했습니다."(니노미야)

이 외에도 무의식적 편견(Unconcious bias)을 없애기 위한 연수를 2023년부터 전 관리직을 대상으로 실시하고 있다. 성소수자인 LGBTQ+에 대한 이해를 높이기 위한 **DM검정(DM検定)**을 2021년에 창설했다.

'DM검정'은 e러닝과 세트로 PPIH 전 직원이 수검하며, 합격자에게는 다이버시티 추진자의 증표로 합격 스티커를 준다. 2023년에는 1만 명 이상이 합격했다. 니노미야 씨가 위원장이 되어 새로운 정책을 쏟아내자 회사의 공기는 완전히 바뀌었다.

"상위 직급 남성들의 의식이 확실히 달라졌어요. 처음에는 여성 활약이 뭐냐, 반대는 아니지만 왜 여성만 있는 거냐는 의견도 있었어요. 저도 매달 집요하게 관리직 대상 세미나를 진행하면서 한 분 한 분 꾸준히 상사들의 인식을 바꿔왔고, 지금은 그게 당연하다는 말을 들을 정도가 되었어요."(니노미야)

상사들의 의식이 바뀌고, 행동이 바뀐 결과 여성의 이직률도 낮아졌다. 2020년 6월기는 14.1%였지만, 2023년 6월기는 9.7%가 되었다. 2030년 6월기까지 5%를 목표로 한다. 일본 내 신입사원에서 여성이 차지하는 비율도 38.6%(2020년 6월기)에서 43.2%(2023년 6월기)로 상승했다. 니노미야 씨 본인도 육아를 하면서 이사로서 여성들의 롤모델이 되려고 한다. 양립하는 마음가짐을 묻자 이런 대답이 돌아왔다.

"일과 육아를 상반된 것으로 생각하지 않으려고 해요. 육아는 일에 도움이 되고, 반대도 마찬가지라고 생각합니다. 여성의 출산이나 육아도 '다양성'의 하나예요. 여러 경험을 한 사람이 모이면 발상의 폭도 넓어집니다. 다양성을 서로 인정하는 조직은 역시 강합니다. 실제로는 (일과 육아의 양립으로) 버거울 때도 있지만, 초조해하지 않고 멀리 보려고 늘 생각하고 있습니다."

지금 전 세계의 비즈니스 현장에서는 다양성(Diversity), 공평성(Equity), 포용성(Inclusion)의 앞 글자를 딴 DEI가 트렌드가 되고 있다. 돈키호테가 고수하는 완전실력주의 기업문화는 누구에게나 출세할 기회가 있다는 의미에서 공평하다고 본다. 단지 실력을 발휘하고 싶어도 할 수 없는 환경의 사람에게 눈을 돌린 서포트는 이제막 시작되었다. 매장 구성처럼 사내에서도 개성과 다양성을 길러낼 수 있을까? DEI 규칙 만들기에서도 워크가 아닌 게임으로 모두가 참가하는 자세가 필요하다.

제 **5** 장

종합슈퍼마켓을 구한,
돈키호테의 방식

실험의 장이 된,
더블네임 점포

유니가 돈키호테가 되었다!

2018년 2월, 일본 소매업계에 큰 충격이 발생했다. 유니가 운영해온 '피아고 오구치점(요코하마시)'이 '메가돈키호테 유니 요코하마 오구치점'으로 다시 태어난 것이다. 유니의 이름을 남긴 더블네임 점포지만, 외관은 돈키호테 그 자체였다. 검은 바탕에 노란 간판으로 '초저가의 전당 메가돈키호테'라고 큼지막하게 쓰여 있었다.

매장 안에 들어서자 돈키호테 월드가 열렸다. 먼저 알뜰상품을 모은 초저가 코너가 눈에 들어왔다. 상품을 수북이 쌓아 올린 압축진열이나 돈키호테 문자라고 불리는 컬러풀한 팝 광고도 건재했다. 공식 캐릭터인 돈펭이 곳곳에서 얼굴을 내밀었다.

유니는 도카이 지방을 기반으로 아피타, 피아고를 만든 종합슈퍼마켓(GSM; General Merchandise Store) 대표 기업 중 하나다. 이전에는 종합슈퍼마켓으로 이온, 이토요카도를 잇는 매출 규모를 자랑했고, 계열사로 편의점 대기업 서클K선쿠스(Circle K Sunkus)를 거느리고 있었다.

그러나 유니클로나 니토리 등 '카테고리 킬러'라고 불리는 전문점이 대두하는 가운데, 의식주가 전부 갖춰진 종합슈퍼마켓은 백화점처럼 겨울의 시대를 맞이했다.

저렴한 가격에 품질도 좋은 전문점에 손님이 몰리면서 일본의 종합슈퍼마켓 기업은 일제히 고전을 면치 못했다. 유니 그룹 홀딩스(Uny Group Holdings Co., Ltd.)도 예외가 아니어서 실적 부진에 빠졌다. 2016년 9월 훼미리마트에 흡수 합병되어 훼미리마트 유니 홀딩스(FamilyMart Uny Holdings Co., Ltd.)가 출범했다. PPIH(팬 퍼시픽 인터내셔널 홀딩스)가 구 돈키호테 홀딩스일 때, 훼미리마트 유미 홀딩스로부터 유니 주식을 40% 취득한 것은 2017년 11월의 일이다. 그리고 2019년 1월에는 남은 60%를 매입해 유니를 완전 자회사로 만들었다.

결과적으로 훼미리마트에는 '서클K선쿠스'가 남았고, 돈키호테는 '유니'를 취득했다. 서클K선쿠스를 받아들인 훼미리마트는 매장 수에서 '로손'을 제치고 세븐일레븐에 이어 업계 2위로 올라섰다. 한편 돈키호테 측은 유니를 그룹에 더한 2019년 6월기에 매출액이 1조 3,288억 엔으로, 전년 대비로 40% 이상 성장한 엄청난 매출증가를 달성해 마침내 1조 엔 기업의 반열에 올랐다.

훼미리마트와 돈키호테, 양측의 생각이 맞아떨어진 셈이다.

돈키호테×유니, 서로의 장점만 취합

나가사키야에 이은 돈키호테의 종합슈퍼마켓 재생극, 제1탄이 '메가돈키호테 유니 요코하마 오구치점'이었다. 나가사키야와 마찬가지로 돈키호테식 매장 만들기를 도입해서 유니의 피아고를 종합슈퍼마켓에서 할인점으로 업태 전환했다.

나가사키야의 인수로 돈키호테는 신선식품이라는 비장의 고객 유치 카드를 얻었다. 메가돈키호테가 일반적인 돈키호테(ピュアドンキ, 통칭 '퓨어돈키')와 다른 것은 신선식품까지 취급하는 대형점이라는 점이다. 신선식품이 매장에 생기자 '주부의 쇼핑'을 불러들여 돈키호테의 고객층은 크게 확대되었다.

같은 일을 돈키호테×유니의 더블네임 매장에서도 시도했다. 유니는 업계 내에서 식품의 신선도나 품질에는 정평이 나 있었기 때문에 청과, 생선, 정육, 반찬이라는 4가지 신선식품에 관해서는 유니가 매입을 주도했다. 그 외의 주거 관련 상품, 의류, 가전, 버라이어티 상품이나 주류, 음료, 과자 등의 가공식품은 모두 돈키호테 측에서 준비했다.

신선식품에 관한 유니의 매입 루트나 감정하는 능력, 식재료 가공 기술을 직접 배울 수 있는 것은 돈키호테에 귀중한 경험이 된다. 돈키호테의 풍부한 상품 구색과 구매공간의 철학, 유니의 신선식품 능력을 조합해서 공세에 나선 것이다.

성과는 업태 전환 첫해부터 나타났다. 2018년에 개장한 최초의 더블네임 6개 점포(요코하마 오구치점, 도카이도리점, 자마점, 호시카와점, 도요타 모토마치점, 고우점) 실적을 개장 전과 비교하면, 매출액이 97% 증가한 259억 엔으로 거의 배로 뛰었다. 고객 수는 71% 증가해서 1,084만 명, 영업손익은 2,000만 엔의 적자에서 4억 8,000만 엔의 흑자가 되었다(2018년 3월~2019년 2월 집계, 모두 소진 조건부 매입 계약을 제외한 직영 부문의 실적).

메가돈키호테 유니(신선식품을 취급하지 않는 매장은 '돈키호테 유니') 의 운영을 담당하는 것은 유니가 아니다. 2017년 11월에 신설된 'UD리테일'이라는 기업이다. 종합슈퍼마켓인 아피타와 피아고에서 할인점 메가돈키호테로 상호가 바뀌면서 업태도 운영 기업도 달라졌다. 2020년 12월 1일자 조직 재편으로 UD리테일은 나가사키야와 함께 돈키호테의 완전 자회사로 이동했다. 즉 명실공히 돈키호테와 유니의 더블네임 점포가 돈키호테화된 것이다.

"매장이 바뀌었기 때문에 돈키호테의 사람이 와서 이렇게 메가돈키호테를 만든다고, 점원에게 권한을 위임했습니다. 1년 사이에 메이트도 어느 정도 익숙해져서 매장이 확 바뀌었어요."

UD리테일 전 사장이자 유니의 부사장 가타기리 미키히라 씨는 이렇게 회고했다.

초저가 대행진

'여기까지 합니다! 초저가의 전당' '압도적 초저가 프라이스' '초저가 도시락 코너'

실제로 메가돈키호테 유니 이나자와히가시점(아이치현 이나자와시, 구 아피타 이나자와히가시점)에 발을 들여놓사 '초저가'라는 글자가 매장 내에 넘쳐흘렀다. 대형 점포인 만큼 통로 폭이 넓고, 이른바 압축진열은 많이 보이지 않았지만, 상품을 보여주는 방식은 돈키호테 그 자체로 역시나 장난기가 가득했다.

매장에는 수수께끼의 현지 숍을 다수 만들었다. 청과 코너는 이나자와 히가시 신선 시장, 텐트 코너는 이나자와 히가시 바다의 집, 주류 코너는 리큐어 이나자와(LIQUOR INAZAWA)라고 각각 이름 붙였다. '신이 내린 저렴한 가격' '고기 축제 고기 가득 그야말로 고기 카니발' 등 웃음이 절로 나오는 팝 광고도 줄줄이 눈에 띄었다.

정열가격 전용 코너를 비롯해 아웃도어 장비 '그린 스테이지',

아이치현 이나자와시의 '메가돈키호테 유니 이나자와 히가시점'에는 현지 '이나자와'라는 지명
을 이름에 넣은 현지 숍과 같은 코너가 다수 있다(저자 촬영).

매장 내 화덕에서 피자를 구워내는 '트롤리스타' 등 돈키호테의 오리지널 상품 브랜드가 곳곳에 자리했다.

돈키호테의 영혼을 이식받아 '메가돈키호테 유니'가 된 점포는 실적이 빠르게 회복되었다. 2018년 2월, 1호점 개업으로부터 세어 보니 6년 남짓이었다. "매출액과 영업이익의 전년 대비 하락은 전혀 없습니다. 매출도 이익도 계속 오르고 있습니다." UD리테일 사장으로, 돈키호테 부사장도 겸하는 스즈키 고스케 씨는 이렇게 밝혔다.

100가지의 매장을 만들자

가타기리 씨와 스즈키 씨는 이인삼각이 되어 아피타, 피아고에서 '메가돈키호테 유니'로 업태를 전환시켰다. 당초 약 100개의 점포를 리뉴얼할 계획이었기 때문에 "100가지 매장을 만들자"라고 가슴에 새겼다.

"사실 같은 점포를 만드는 게 편하잖아요. 100가지 매장을 만들려면 매번 새로운 판매 방식과 새로운 카테고리를 넣을 필요가 있어요. 물론 (매대 구성 등의) 레이아웃은 일반적인 돈키호테의 점포에서도 전부 다르지만, 메가돈키호테 유니에서는 특히 더 거침없이 바뀌습니다. 그중에서 좋다고 생각되는 것은 남기고 한층 더 업그레이드하고, 동시에 돈키호테의 기존 점포에 '수출'해 갔어요."(스즈키)

업태 전환을 기회로 삼아 **매장을 실험의 장으로 놓고 온갖 시도를 해본 것**이다. 메가돈키호테 유니로 성공을 거둔 구매공간은 지금 표준형 점포인 퓨어돈키나 메가돈키호테에도 '표준 장비'되어 있다. 그 일례가 전 세계 식품을 한자리에 모은 코너인 **월드이츠(world eats)**다. 아이디어의 발단은 100가지 매장을 만들기 위해 고객 데이터를 세세하게 조사한 것에 있다.

메가돈키호테 유니 미노카모점(기후현 미노카모시)은 브라질인이 많이 사는 지역에 있었기 때문에, "브라질 식품을 살 수 없어서 어려움이 있지 않을까?"라는 가설을 세워 상품을 진열했다. 그랬더니 날개 돋친 듯 팔렸다. 그 후 가게의 입지에 따라 베트남, 말레이시아, 필리핀 등 각국의 식품 매입을 강화했는데 역시나 호평을 받았기 때문에, 전국의 퓨어돈키나 메가돈키호테에서도 주력 코너로 힘을 쏟기로 했다.

불티나게 팔린 브라질인 전용 샌들

스즈키 씨가 놀란 것은 정보가 전해지는 속도의 빠르기였다. "브라질 사람만 신는 샌들이 있어요. 일본에도 전혀 수입되지 않았는데, 미노카모점이 매입했더니 브라질인의 네트워크로 퍼져 나가서 기후현의 브라질인이 사러 왔어요. 일본 어디에도 팔지 않으니까요."

3,000엔짜리 샌들을 2주 동안 모두 200만 엔 정도 팔았다. 한 점포에서 무려 600켤레 이상 팔린 셈이다. 유니 시절에는 해외의 병행 수입품은 거의 취급하지 않았지만, 메가돈키호테 유니에는 **지역마다 MD(머천다이징)를 바꾸고, (매장에서) 보여주는 방법을 바꾸고, 가격을 바꾸도록** 전환했다고 한다(스즈키). 개별 점포의 편단으로 상품을 매입하는 돈키호테의 방식을 도입했기에 생겨난 뜻밖의 히트였다.

돈키호테에서 이미 친숙한 산리오 코너도, 산리오 상품을 한데 모아 진열하는 방식이 메가돈키호테 유니에서 시작했다고 한다.

산리오 상품은 원래 나가사키야에서 코너로 만들었지만, 예전에 철거했었다. "예전의 나가사키야는 어둡고, 낡은 대형 쇼핑센터를 끌고 가는 분위기라서 판매가 신통치 않았어요. 효율이 좋지 않다고 해서 중단했는데, 메가돈키호테 유니는 조명도 밝고, 깨끗하며, 통로도 넓어요. (고객의) 타깃 자체는 딱 맞기 때문에 다시 진열해놓으니 잘 팔리더라고요. 팔리지 않을 이유가 없죠."(가타기리)

전 세계 식품을 모은 월드이츠는 일반 돈키호테에서도 전면에 배치했다(PPIH 제공).

아피타, 피아고를 메가돈키호테 유니처럼 만들었을 때 사실 잠재 니즈가 있다는 것이 판명된 상품은 많다. "키즈 수영복이나 트레이딩 카드, 한국 화장품도 그렇죠. UD리테일에서 불이 붙었어요. 아직 더 있습니다. 아마 3시간쯤은 계속 이야기할 수 있을걸요. 그 정도로 많아요"라고 스즈키 씨도 동조했다.

가전 코너를 마을의 가전매장으로

가전 코너가 아니라 마을의 가전매장 느낌으로 보이게 했더니, 매출이 증가한 것도 새로운 발견이었다. 예를 들어 2023년 6월 신슈 최대 종합 할인점으로 오픈한 메가돈키호테 유니 이나점(나가노현 이나시, 구 아피타이나점)에는 3층에 '이나덴'이라는 이름의 가전 전문점을 마련했다. 그 간판에는 **우리 마을의 가전매장, 이나 전기 이나덴**이라고 쓰여 있다.

"돈키호테에서 생활가전을 구매한다는 이미지가 별로 없잖아요. 가전매장처럼 꾸며보면 잘 팔리지 않을까 싶어서 도전해보는 겁니다."(가타기리)

구매공간 안에 가전매장이 섞여 있다고 생각할 수 있도록 간판만이 아니라 그 내용물도 가전 전문점과 비슷하게 만들었다. 대형 냉장고, 세탁기, 텔레비전 등도 이곳에 오면 대강 갖출 수 있다.

"일반적인 작은 돈키호테는 아무래도 정열가격 브랜드의 가전 위주가 되는데, 이곳에서는 잘나가는 제조사 제품부터 틈새 상품까지 넣었어요. 그래서 돈키호테 가전 코너를 떠올리는 분들은 깜짝 놀라시죠. 정말로 가전매장이 되어 있으니까요."(스즈키)

지명에 '덴(電, 전기, 전자라는 뜻-옮긴이)'을 붙여 가전 전문점으로 만드는 발상은 더블네임이 아닌 일반적인 메가돈키호테에서도 채

나가노현 이나시의 점포에서 마을의 가전매장으로 내세운 이나덴(PPIH 제공).

택했다. 이나시의 '이나덴'만이 아니라 가쓰타(이바라키현 히타치나카시)의 '가쓰덴' 등 전국에 현지 가전 전문점을 연이어 늘려 나갔다.

아웃도어 상품도 다양하게 모아 전문점으로 만들었다. 돈키호테의 오리지널 아웃도어 브랜드 '그린 스테이지'를 매장명으로 승격시켜 200평 정도의 구매공간을 만든 것이 시초다. 돈키호테에서는 그때까지 아웃도어 상품은 봄여름에만 취급하고, 면적도 20평 정도인 곳이 많았다. 메가돈키호테 유니에서는 캠핑용품만이 아니라 아웃도어 의류도 섞어 물품 수를 늘려 상설화했다. 이것이 맞아떨어져서 지금은 전국 약 200개의 점포에 같은 코너가 확산되고 있다.

비워둘 바에야, 차라리 만들어라

한편 급속한 업태 전환에 따른 부작용도 나타났다. 유니 시절에 들어왔던 입점 업체가 매출이 떨어졌다며 철수하기 시작한 것이다. 종합슈퍼마켓과 할인점 업태는 고객층이 크게 달라서 생각만큼 상승효과를 발휘할 수 없다고 판단되었다.

"유니와 달리 메가돈키호테의 경우 한 번 (입점 업체가) 나가면 쉽게 (다음 매장에) 들어와 주지 않습니다."(스즈키)

그러나 수많은 고비를 넘긴 돈키호테가 아니겠는가. **"빈 공간을 헐값에 빌려줄 바에야 우리가 직영으로 도전해보자**는 시도에서 모든 것이 시작되었어요."

동네 가전매장이나 아웃도어 숍을 구매공간에 집어넣는 아이디어는 여기에서 나왔다. 메가돈키호테식으로 만들어 떠난 고객도 물론 있지만, 결과적으로 유니 시절에는 방문하지 않았던 고객 쪽이 증가해 합하면 플러스가 되었다고 한다(스즈키).

고객층도 40, 50대가 중심이었던 유니 시절보다 훨씬 젊어졌고, 재일 외국인을 끌어들이면서 글로벌해졌다. 빈 공간이 생겨도 스스로 매장을 만들어서 채우면 된다고 긍정적으로 파악하는 정신은, 유니에도 이식되어 아피타와 피아고에서도 차례차례 직영 전문점이 탄생하고 있다.

메가돈키호테 유니로 점포를 하나씩 낼 때마다 새로운 판매 방법이나 보여주는 방식을 '발명'했다. 잘되면 곧바로 기존의 퓨어돈키, 메가돈키호테에 도입했다. 그것이 반복되어 그룹 전체의 구매 공간이 진화했다. 업태 전환에 수백억 엔의 비용을 들였지만, 그것을 메우고도 남을 정도의 성과를 가져온 셈이다.

돈키호테를 강하게 한,
유니의 신선함

돈키호테가 유니를 끌어들이면서 눈에 띄게 강력해진 것은 역시 신선식품 분야다. 2007년 10월에 나가사키야를 자회사화하고 나서 돈키호테는 신선식품의 구색이 큰 폭으로 증가해 혼자 사는 젊은이 중심이었던 고객층은 가족 단위까지 확대되었다. 단지 (경영 파탄 후에 인수한) 나가사키야의 신선식품과 주쿄 지역을 중심으로 톱 브랜드였던 유니의 신선식품을 비교하면 역시 그 수준이 달랐다고 한다(스즈키).

나가사키야는 100% 인스토어(점내) 가공이었지만, 유니는 고기나 생선을 가공하는 프로세스 센터를 전국에 3곳 가지고 있어, 센터에서 처리해 점포에 납품할 수 있게 되었다. 일괄 가공으로 품질이 안정되고, 점내 가공에 소요되었던 비용도 절감할 수 있다. 제공할 수 있는 상품 수도 늘어났다. 고기와 생선만이 아니라 소금에 절인 생선과 청과도 유니에서 '수출'해 기존 메가돈키호테의 식품 코너도 강화되었다.

메가돈키호테 유니에서는 새롭게 **리즈델리**(Re'z deli)라는 종합 반찬점을 출점했다. 적당한 가격(reasonable), 계절감(seasonal), 맛(delicious)을 조합해 만든 단어로, 매장에는 볼륨감과 저렴함을 양립시킨 도시락이나 반찬이 쭉 진열되어 있다.

제조는 가네미 식품이 한다. 몇 년 동안 유니의 점포에서 반찬을 판매해, 백화점에도 판로를 확대했다. 도쿄역이나 시나가와역을 비롯한 수도권을 중심으로 양식 반찬점 '이션(eashion)'의 약 40개 점포를 경영하는 등 업계에서는 이름이 알려진 기업이다.

유니가 그룹에 가세해 PPIH는 가네미 식품의 최대 주주가 되어 주식공개매입(Take Over Bid; TOB)를 거쳐 2023년 3월에 업무제휴를 맺었다. 가네미 식품은 같은 해 11월부터 돈키호테의 오리지널 상품인 '편애밥'(제3장 참조) 제조도 맡고 있어, 유니가 이어준 인연이 돈키호테 음식의 매력을 높이는 데 크게 기여하고 있다.

쓸데없는 것이 많아서 재미있다

업태 전환 과정에서 돈키호테처럼 되어도 여전히 유니의 이름을 남긴 것은, 신선식품을 중심으로 유니의 장점도 많이 도입하고 있기 때문이다. 건물 옥상 위로 솟은 구조물에는 '유니(UNY)'라고 큼지막하게 적혀 있다. "(더블네임으로 한 것에는) 유니 시절의 고객도 소중히 하겠다는 마음이 있습니다. 일반적인 메가돈키호테가 아니라 새로운 '메가돈키호테 유니'를 만들고자 해서, 유니에도 돈키호테에도 없었던 옥상 구조물을 새롭게 만들어 돈키호테 컬러인 노란색과 검은색으로 유니의 로고를 넣었습니다."(스즈키)

돈키와 유니의 융합은 물밑에서도 진행되었다. 2022년에는 상품 개발 부서를 통합해 양사 직원들이 같은 장소에서 어깨를 나란히 하게 되었다.

메가돈키호테 유니의 옥탑에는 크게 유니의 로고가 들어간다(PPIH 제공).

그저 막연하게 조직을 정리한 것은 아니다. 유니의 직원들이 돈키호테에서 배우는 것만큼이나, 돈키호테의 직원들도 유니에서 배우고 있다. 식품 개발에서는 유니가 우위에 있고, 유니가 돈키호테에 OEM(상대 브랜드에 따른 생산) 형태로 공급하는 상품은 이미 다방면에 걸쳐 있다고 한다.

한편 돈키호테가 유니에 주입한 것은 전문성을 돋보이게 하고, 고객의 신뢰를 얻으면 잘 팔린다는 경험을 통해 터득한 법칙이다. 그것은 원래 출신이 종합슈퍼마켓이든 할인점이든 다르지 않다.

"효율만 추구하면 구매공간을 재미있게 표현할 수 없어요. **쓸데없는 것도 필요하거든요.** 돈키호테도 그렇고 쓸데없는 것들이 많잖아요. 효율만 우선시해서 여러 가지를 깎아내는 데 익숙해진 결과가 지금의 GMS(종합슈퍼마켓) 업계입니다. 즐겁지 않은 GMS, 강약이 없는 GMS가 아니라, **완급을 조절하는 것이 중요하다**고 생각합니다."(가타기리)

돈키호테식 변화를 멈추고, 종합슈퍼마켓 재생으로

당초의 예정은 여세를 몰아 아피타·피아고의 약 100개 점포를 더블네임 점포로 리뉴얼하는 것이었다. 그러나 2023년 6월 오픈한 메가돈키호테 유니 우레시노점(미에현 마쓰사카시)에서 업태 전환이 종료되어, 총 63개의 점포에서 중지되었다.

왜 도중에 중지되었을까? 생각 이상으로 점포 사이에 경합이 발생했기 때문이다. 아피타와 피아고는 종합슈퍼마켓이다. 정확하게 말하면 같은 종합슈퍼라도 아피타 쪽은 대형점으로, 피아고는 지역 밀착점으로 분할해왔다. 특히 본사가 있는 아이치현을 중심으로 도카이 지방에는 아피타, 피아고 점포가 꽤 많다.

돈키호테로 업태를 전환하는 한편 GMS도 남긴다

● 업태 전환과 동시에 GMS도 남긴다

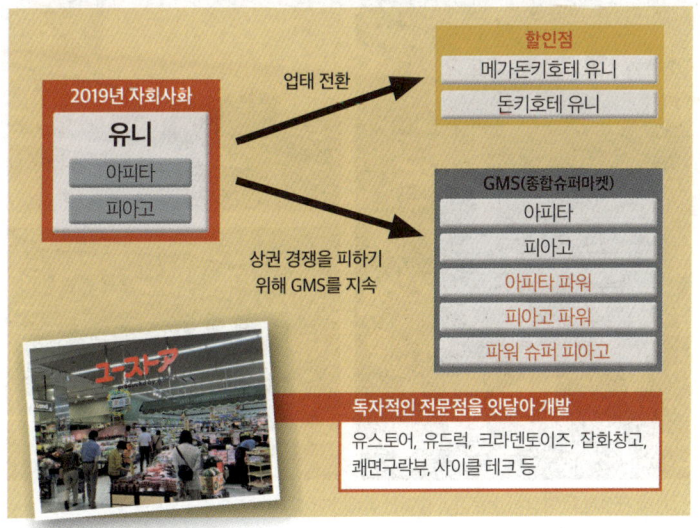

2019년 자회사화		
유니		
아피타		
피아고		

업태 전환 →

할인점
메가돈키호테 유니
돈키호테 유니

상권 경쟁을 피하기 위해 GMS를 지속 →

GMS(종합슈퍼마켓)
아피타
피아고
아피타 파워
피아고 파워
파워 슈퍼 피아고

독자적인 전문점을 잇달아 개발
유스토어, 유드럭, 크라덴토이즈, 잡화창고, 쾌면구락부, 사이클 테크 등 그 아피타, 피아고를 할인점 업태의 돈키호테로 바꾼 것이 '메가돈키호테 유니'다. 하지만 돈키호테는 돈키호테에서 '메가돈키호테'를 다수 출점해왔다. 새로 태어난 '메가돈키호테 유니'와 기존의 '메가돈키호테'가 고객을 서로 빼앗아 그만큼 수익이 줄어드는 예상 못한 사태가 벌어진 것이다.

그래서 업태 전환 시 기존 돈키호테 점포와 경합을 벌일 것으로 예측되는 상권에서는 아피타, 피아고의 이름을 남기고, 종합슈퍼마켓 그대로 재생에 도전하기로 했다.

잡화나 자전거 등 다양한 전문점이 늘어선 아피타(가게 내부는 저자 촬영, 외관은 PPIH 제공).

더블네임 1호점이 된 요코하마 오구치점이 화려하게 미디어에 소개되었기 때문에 유니의 점포는 모두 돈키호테가 되었다고 생각하기 쉽지만, 실은 그렇지 않다. 더블네임점은 전체의 30% 정도에 지나지 않고, 나머지 70%(약 130개 점포)는 아피타나 피아고의 상호를 계승해 지금도 종합슈퍼로 운영하고 있다.

2023년 여름, 유니 본사의 코앞에 있는 종합슈퍼마켓 아피타 이나자와점(아이치현 이나자와시)을 방문하면 본 적 없는 임대 매장이 건물의 여기저기에 입점해 있었다. 생필품이 모여 있는 **잡화창고**, 자전거가 늘어선 **사이클 테크(CYCLE TEC)**, 침구를 취급하는 **쾌면구락부**. 입점 업체처럼 보이지만 모두 유니가 직접 만든 **전문점(스페셜리티 숍)**이다.

체인점이여
스스로 업태를 창조하라

유니는 2020년 5월 New 아피타·피아고의 구상을 발표했다. 일부 점포는 '아피타 파워', '피아고 파워'라고 상호를 바꾸어 쇄신을 강하게 어필했다. 종합슈퍼마켓이면서 전문성을 크게 높이는 쪽으로 가닥을 잡았다.

가장 큰 개혁은 중앙집권형 체인점이었던 유니를 돈키호테식 개별 점포 경영으로 바꾼 것이다. 그 일환으로 점포 직원에게 매입 등의 권한을 위임해 상품 구색을 심화한 직영 전문점을 잇달아 개발해갔다. 돈키호테가 어느 카테고리에 특화된 'ㅇㅇ돈키'의 출점을 강화(제2장 참조)하고 있는 것처럼, 유니도 질세라 자신의 매장을 이용해 업태 창조에 도전하고 있다.

특히 성공한 것이 완구 문구에 특화된 크라덴토이즈다. PPIH 집행임원 GMS 사업 영업 담당의 기무라 류이치 씨는 "다른 곳에서 본적은 없지만, 재미있어 보이는 장난감의 비중이 상당히 올라서 매출총이익률이 크게 개선되었습니다"라고 실감을 이야기했다.

종합슈퍼마켓의 장난감 코너라면 모두 대형 완구업체의 독무대였고, 유니도 그랬다. 다만 어디에나 있는 상품을 진열해놓으면 신선한 맛이 없다. 모처럼 발길을 해도 굳이 이곳에서 살 필요가 없다고 발길을 돌릴 것이다.

돈키호테가 그렇듯 뜻밖의 진귀한 물건을 발견할 수 있어야 구매공간이 즐거워진다. 거기에 마진이 남는, 즉 수익이 나는 것을 조건으로 평소엔 쉽게 볼 수 없는 독특한 상품을 시장에서 찾아낸다. 아울러 유니 오리지널 상품 개발도 강화했다. 예를 들어 '대공룡 슈팅 배틀'은 8개의 공룡을 얼마나 적은 구수로 쓰러뜨릴 수 있는지 도전하는 게임이다. 처음 보는 상품이 갑자기 방문개의 관심을 끈다. 그리고 자사에서 기획한 상품이 업체에서 매입하는 것보다 이익에 기여도가 크다.

상품 구색에 개성을 도입하자 매출총이익도 향상했다. "오픈된 매장 공간에서 장난감 코너를 구성하는 것보다 크라덴토이즈처럼 전문점으로 구성하는 편이 잘 팔려요."(기무라) 이런 깨달음도 얻을 수 있었다. 종합슈퍼마켓에서도 특정 카테고리를 스핀아웃(분리·독립)시켜 전문성을 높일 수 있다. 드러그스토어인 **유드럭(ユ—ドラッグ)**과 스킨케어 메이크업 브랜드를 모은 **뷰티 테라스(BEAUTY TERRACE)** 역시 새 점포로 유니의 매장에 딱 들어맞았다.

한편 무엇이든 전문점으로 구성한다고 좋은 것은 아니었다. '홈센터'(ホームセンター, 일용 잡화나 주택 설비 관련, 혹은 목재 등의 상품을 판매하는 소매점 업태로, 일본에 여러 체인점이 있다-옮긴이) 영역의 전문점화에 도전한 적도 있었지만 "결국 홈센터를 이길 수 없었습니다. 우리가 어중간한 평수로 해도 수치는 쉽게 오르지 않았어요. 고객의 기대치에 미치지 못했다는 뜻이겠지요."(기무라)

가전 전문점으로서 개발한 **크라덴(KURADEN)**도 처음은 400평으로 시작했지만, 대기업 가전 양판점과 같은 싸움은 할 수 없었다고 한다(기무라). 반대로 면적을 140평으로 줄여 소형점이면서 지역에 밀착된 형태로 내놓았더니 겨우 활로가 열렸다고 한다. '크라덴토이즈'는 '크라덴'에서 스핀아웃한 완구와 문구 전문점이다.

이렇게 우선은 업태를 창조한 뒤에 출점해보고 고객의 반응을 살핀다. 어떻게 해야 더 많은 고객의 마음에 와닿을 것인지 구매공간 속에서 실험을 반복해간다. 기대한 만큼의 반응을 얻으면 다른 아피타, 피아고의 점포에도 전개한다. 이렇게 유니 한정 인스토어 전문점 체인이 속속 등장하고 있다. 지금까지 언급한 것 외에도 책은 **유메야 서점**, 주방 관련 아이템은 **365키친(365KITCHEN)**, 애견 미용이나 애완동물 호텔은 **펫츠 빌리지**, 유행하는 화장품 잡화를 도입해 꾸미고 싶다면 **변신공화국**이라는 식이다.

유니의 강점인 신선식품 코너에서도 전문점화가 진행되고 있다.

종합슈퍼마켓이면서 전문성을 높인다는 구상 아래 아피타, 피아고의 매장에도 직영 전문점을
출점해 업태 창조에 도전했다(크라덴토이즈는 PPIH 제공. 그 외는 저자 촬영).

고기는 **미트 센터**, 생선은 **우오유**라는 상호를 내걸어 정육이나 회만이 아니라 로스트비프 도시락이나 특대 초밥, 해물덮밥 등도 갖추고 있다. 미트 센터의 스핀아웃으로 2024년 2월에는 아피타 미나토점(나고야시 미나토구)의 푸드코트에 불고기덮밥 전문점 **갈비 왕국**을 출점했다. 급기야 요식업까지 창조한 것이다.

예전의 슈퍼마켓을 일부러 부활시키다

유니는 2020년 12월 이후 **먹거리의 전당 유스토어**라는 할인형 식품 슈퍼마켓의 출점도 시작했다. 일찍이 유니 자회사가 운영해서 나고야 지역에서 지명도가 높았던 식품슈퍼마켓 '유스토어'의 상호를 약 12년 만에 부활시켰다.

아피타나 피아고의 매장 내 슈퍼라는 위치이지만, "지금까지의 아피타나 피아고에 들어 있는 슈퍼가 아니라 식품에 특화한 다른 슈퍼가 탄생했다는 임팩트를 내고 싶었습니다(기무라)"라고 한다. 실제로 피아고 파워 묘코지점(아이치현 이치노미야시)의 유스토어를 방문하면, 매장에 3개의 선언이 게시되어 있다.

먹거리의 정보 제공을 소홀히 하지 않습니다.

먹거리의 새로운 발견을 계속 제공합니다.

먹거리의 전당으로 우리가 사지 않는 상품은 판매하지 않습니다.

매장에는 도전 프라이스, 전당 한정 특가 등의 문자가 현란하게 내걸려 있다. 유니가 강점으로 하는 4가지 신선식품(청과·생선·정육·반찬)을 철저한 경쟁점 조사에 따라 할인가격으로 제공한다는 결의를 담았다. 먹거리의 전당은 돈키호테의 초저가 전당을 떠올리게 하는데, 그야말로 돈키호테의 철학을 주입한 식품슈퍼마켓에 도전하고 있다.

과거 유스토어에는 돈키호테 같은 분위기가 감돌았다고 한다. 유니에는 유스토어 출신자도 매우 많은 데, 유니(아피타, 피아고)의 장사보다는 유스토어의 장사가 좀 더 권한위임형이라서 일하는 사람들도 유니는 체인스토어, 유스토어는 개별주의라는 느낌이라고 말했다고 한다.

개별적인 경영을 떠올린다는 의미에서도 유스토어의 부활은 상징적인 사건이었다. 이용객에게도 아피타, 피아고의 식품 코너를 리뉴얼했다기보다는 '유스토어'라는 슈퍼가 출점하는 편이 변했다고 생각할 수 있다. 실제로 유스토어식으로 구성하자 식품 매출이 눈에 띄게 늘었다. 게다가 "가나자와시 등 주쿄 이외의 유스토어를 잘 모르는 지역 쪽에서 매출이 잘 나옵니다(기무라)"라고 한다.

업계 굴지의 이익률로

이렇게 독자적인 전문점 집합체로 탈바꿈한 유니는 수익 체질이 강화되었다. PPIH의 2023년 6월기 GMS 사업 매출액은 고물가의 영향 등으로 수익 감소(전기 대비 2.3% 감소한 4,619억 엔)였지만, 영업 이익은 10% 증가한 281억 엔을 확보했다. 영업이익률은 6.1%로, GMS 업계에서는 상당히 높은 수준이 되었다. 최근 제3분기(2023년 7월~2024년 3월기)에서는 7.8%로 한층 더 성장했다. "시행착오를 반복해 신선도가 높은 매장이 되었습니다. 이제 일반적인 체인형 GMS가 아닙니다"라고 JP모건증권의 무라타 다로 시니어 애널리스트가 평가했다.

유니가 바뀔 수 있었던 것은 돈키호테가 실천해온 권한위임을 도입해 현장 직원 개개인이 활기차게 행동하기 때문이다. "역시 스스로 매입해, 스스로 진열하고, 스스로 판매한다는 것은 즐거우니까요. 지금은 하루에 5, 6개의 점포를 돌다 보면 매장마다 상당히 개성이 생겼다고 느껴져요. 우리는 이렇게 팔겠다는 의지가 확실히 보이는 구매공간도 물론 있고요."(기무라)

사실 기무라 씨 본인도 예전에 돈키호테에 '흡수'된 쪽의 기업에 있었다. 바로 '나가사키야'다. 원래 몸담고 있던 의류 기업이 나가사키야의 자회사가 되었고, 나가사키야가 2007년 10월에 돈키호

예전의 브랜드를 아피타와 피아고 속에서 부활시킨 먹거리의 전당 유스토어(저자 촬영).

테의 자회사가 되어 돈키호테에 흘러 들어가게 되었다.

처음에는 부정적인 감정이 들었다고 한다. 나가사키야는 돈키호테와는 정반대의 체인스토어 경영이었기 때문에 무엇을 해도 마음이 달랐다. 새로운 상품 관리 시스템에도 당황했다.

"돈키호테는 단품주의이기 때문에 단품의 데이터는 세세하게 잡을 수 있지만, 예를 들어 의류는 티셔츠, 팬츠라는 (카테고리별) 덩어리로는 분석하기가 어려웠습니다. 왜 이게 안 되는지 처음에는 불편함만 느껴져서 싫은 것만 눈에 띄더라고요. 아마 유니 분들도 마찬가지였을 텐데, 시스템이 바뀌고, 일하는 방식도 바뀌고, 지금까지 익숙했던 것들을 빼앗기면 좀 거부감이 들잖아요."

그런 기무라 씨의 회의적인 기분이 순식간에 날아간 것은 2008년 6월, 나가사키야에서 돈키호테로 업태를 전환한 1호점 메가돈키호테 요쓰카이도점(지바현 요쓰카이도시)이 오픈했을 때였다.

기무라 씨는 매장의 의류 담당으로 그 자리에 있었다. 나가사키야의 요쓰카이도점은 사내에서 가장 실적이 안 좋은 점포였다. 연간 3억 엔의 적자를 낼 정도였는데, 메가돈키호테로 새롭게 단장한 첫날에 계산대에서 다 처리할 수 없을 정도로 붐비는 상황을 마주했다.

충격적이었다. 왜 이렇게 사람이 오는 것일까? 메가돈키호테라고 해도 지금만큼 구매공간이 세련되지 않았고, 기무라 씨 생각으로는 그냥 큰 할인점에 지나지 않았는데도 말이다. 왜 돈키호테는 인기가 있을까? 나가사키야와 무엇이 다를까?

"이것을 이해하지 못하면 앞으로 돈키호테에서 일하기 힘들 것 같았어요. 그때부터 의식이 확 바뀌었죠."

지금은 돈키호테의 힘이 어디에 있는지 알고 있다. 기무라 씨는 재빨리 이렇게 말했다. "밖에서 보면 모르는 부분에 있을 거예요."

돈키호테라고 하면 무엇을 연상될까? 압축진열이나 화려한 팝 광고를 떠올리는 사람이 많을 수도 있다.

"그건 그냥 따라 하려고 하면 할 수 있잖아요. 그런데 계속할 수는 없어요. 왜 돈키호테는 그게 가능할까요? 굉장히 성실하게, 우직하게 노력해주는 '메이트'라는 존재가 밖에서는 보이지 않아요."(기무라)

사원이 열심히 하는 것은 당연한 일이다. 그러나 아르바이트가 광고 문구를 쓰고, 매입이나 가격 책정에도 관여한다. 아르바이트가 이렇게까지 주체적으로 일하는 것이 기업문화로 확립된 곳은 돈키호테밖에 없다. 그래서 쉽게 따라갈 수 없는 것이다.

GMS는 일상의 테마파크가 될 수 있다

유니도 이제는 돈키호테와 마찬가지로 매장을 '구매공간', 아르바이트는 '메이트'라고 부른다. 현장으로 권한을 위임하는 일도 상당히 진행되었는데, 아직 돈키호테의 영역에는 미치지 못했다.

"그렇게 쉽게 되지는 않죠. 우리(유니)는 지금까지 직원을 위해서 메이트가 일하고 있었어요. 그러니까 사원이 주역이고, 메이트는 어시스트였는데, 갑자기 180도 바뀌어 메이트가 주역이 되고 사원이 어시스트가 되어야 한다고 하면 쉽지 않죠. 조금씩 이해하기 시작한 단계입니다."(기무라)

유니에서도 메이트가 상품을 발주하고 매대 구성이나 가격 책정도 담당할 수 있는 체제로 이행했다. **상인지원팀**이 메이트의 매입을 지원해서 만약 생각대로 팔리지 않아도 실패마켓(제2장 참조)이 아닌 **실패를 저지른 마켓**(しくじっちゃった市)이라는 이름의 특가세일을 열어 매진시키는 등 리스크를 감수할 수 있는 구조를 잇달아 도입하고 있다.

현장을 믿고 맡기는 일이 뿌리 내린 돈키호테는 기무라 씨가 볼 때 공격과 수비가 뚜렷한 회사로 비친다. "현장은 공격하고 회사는 지킵니다. 회사가 다소 지나친 시도도 허용해주기 때문에 돈키호테는 과감히 승부를 걸 수 있어요. 유니는 체인스토어였기 때문에

'실패를 저지른 마켓'은 돈키호테 방식을 도입한 특설 코너이다(저자 촬영).

공격하는 것이 능숙하지 않았습니다. 균형 있게 창과 방패를 양손으로 드는 것이 옳다고 여겼어요. 이제는 그 방패를 거두어가고, 양손에 모두 검을 들고 싸우라고 해요. 아직 제대로 사용하지 못하는 부분이 있나 싶기도 합니다."

아직 과제는 있지만, 유니는 돈키호테식 경영을 착실히 도입해 고수익 기업으로 부활했다. 자사 상품을 본격적으로 개발하고, 새로운 업태를 계속해서 내놓으며 전면에 나선 공격적인 행보가 눈에 띈다. 유니의 고군분투는 종합슈퍼마켓도 여전히 제대로 싸울 수 있음을 의미한다.

"GMS는 쇠퇴해가는 업태라는 이미지가 강한데, 냉정히 생각하면, 이미 상당히 도태되었습니다. 그래서 오히려 중요하다고 생각해요. 고객의 잠재적인 니즈를 확실히 맞추면 더 알차게 이용 가능한 쇼핑센터가 될 수 있어요. **GMS는 일상의 테마파크가 될 수 있습니다.**"(기무라)

돈키호테가 키워온 개별 점포 경영이 획일화를 추구해온 체인스토어의 위기 상황을 돌파하게 해주었다. 유니가 돈키호테처럼 거침없이 밀어붙이는 기업이 되었을 때, GMS는 최첨단 업태로 다시 영광을 되찾을 수 있을지도 모른다.

입사 2년 차가 다스리는
변신공화국

2023년 6월 아피타 미나토점(나고야시 미나토구)의 2층에 새로운 국가가 생겼다. 바로 **변신공화국**이다. '왕'이 아닌 숍마스터(점장)에 부임한 것은 아직 유니에 입사한 지 1년 남짓(당시)인 Z세대, 25세의 신후쿠 사키 씨다.

변신공화국의 콘셉트는 되고 싶은 자신이 되는 것이다. 유니 사내에서 공모를 거쳐 상호가 정해졌다. 누구나 이곳에 오면 새로운 아이템을 만나 자신을 새롭게 변신시킬 수 있기를 바라는 마음이 담겨 있다.

콘셉트는 화장품과 수입과자 등을 조합해서 구성한 유니 최초 '신감각 코스메틱 잡화숍'이다. 돈키호테 같은 화려함은 없지만, 자세히 보면 곳곳에 손수 쓴 광고 문구가 있어 '이런 상품이 지금 인기가 많은가?'라는 놀라움도 담겨 있다. '아피타'라는 쇼핑센터의 분위기에 어울리는 차분한 매장으로 완성되어 있다.

최애 색, 태국 화장품에서 수입과자까지

예를 들어 '최애 색 코스메틱'이라는 이름의 코너에는 좋아하는 아이돌이나 아티스트가 사용하는 색을 언제라도 써볼 수 있도록 다채로운 미용 아이템이 모여 있다. '최애 아이돌 컬러로 언제라도 최애를 느낄 수 있어!'라며 구매 의욕을 자극한다.

'변신공화국 직원 애용 중♡'이 붙어 있었던 것은 '생 비타민C를 그대로 담아냈다'라는 에센스다. '은근히 따뜻해지는 에센스에 빠져든다' '에센스 70회분이 1매의 마스크에!'라고 점원의 감상이 수기로 첨부되어 있다.

이 외에 '미용 대국 태국에서 태어난 헤어케어&바디케어 브랜드'을 크게 코너로 만들었다. 입소문으로 화제가 된 헤어오일은 '충격적인 윤기, 풍성한 머릿결, 착 감기는 정돈감'을 강조하며 적극 홍보 중이었다.

매장 내부는 크게 메이크업, 스킨케어, 아로마, 헤어케어, 목욕용품이라는 5개의 전문 코너와 과자 잡화로 이루어져 있다.

메이크업 코너에는 저가 코스메틱과 아시안 코스메틱이 모여 있고, 스킨케어 코너에는 시트 마스크만으로 130종류 이상이 있다. 테스트할 수 있는 샘플 상품도 쫙 진열되어 있다.

아로마 코너에는 20~30대 사이에서 인기 있는 리드 디퓨저(아로

마 오일이 담긴 병에 스틱을 꽂는 방식의 방향제)를 강화했다. '프래그런스 페스티벌'이라고 이름을 붙인 매대에는 캘빈클라인, 코치, 케이트 스페이드, 랑방, 지미추 등 유명 해외 브랜드의 향수가 즐비해 마치 공항 면세점 같은 광경이 펼쳐져 있다.

헤어케어 코너는 1,000엔 이하부터 살롱 전용 제품까지 가격대가 다양하다. 욕실 코너에서는 알록달록한 개별 포장 입욕제가 옛날 과자점 느낌의 단지에 담겨 낱개로 판매되고 있었다. 사진 찍기 좋은 배스밤이나, 이탈리아의 프래그런스 비누 등 선물 수요도 예상한 라인업으로 구성되어 있다.

과자 · 잡화 코너로 눈을 돌리자 Z세대에서 유행 중인 구미(gummy)를 비롯해 서양과 한국에서 상륙한 수입과자가 활개 치고 있었다. 미용에 관심이 많은 사람에게 인기 있는 치아시드 함유 과자, 헤어 액세서리 같은 소품 종류도 손에 넣을 수 있다.

목표는 새로운 발견과 저절로 손이 가는 연출로, 저도 모르게 오랫동안 머물게 되는 매장을 만드는 것이다. 젊은 층에 중점을 두면서도, 고급 브랜드까지 아우르는 다채로운 상품 구성이 가능했던 것은 유니의 뛰어난 상품 조달력이 큰 몫을 했다.

이는 PPIH로 한 그룹이 된 이후에도 "돈키호테는 NG지만 유니는 OK"라는 업체가 적지 않기 때문이다. 초저가를 앞세운 돈키호테는 자사 브랜드의 세계관에 어긋나면 때때로 업체들에게 외면을 받기도 한다. 반면에 유니는 대형 종합슈퍼로서 오랜 역사가 있어서 제조업체에서 큰 신뢰를 받고 있다. 코스메돈키도 오카시돈키도 아니다. 바로 종합슈퍼마켓이기 때문에 할 수 있는 전문점을 구체화한 것이다.

용기를 인정받아 이례적으로 발탁되다

아피타 나루미점(나고야시 미도리구)에서 근무를 거쳐 갑자기 최연소 점장이 된 신후쿠 씨는 설마 자신이 선택되리라고는 생각하지 못했다고 말했다.

변신공화국을 열면서 유니는 점장을 공모했다. 지금까지 없었던 업태라서 망설이는 사람이 많았는데, 신후쿠 씨의 응모가 경영진의 눈에 띄었다.

"코스메틱 숍이 생긴다고 적혀 있었어요. 솔직히 무엇을 할지는 잘 몰랐지만, 화장품을 매우 좋아해서 하고 싶다고 손을 들었죠."(신후쿠)

그 용기를 인정받아 멋지게 발탁된 것이다. 그러나 점장 취임은 오픈 직전에 통보받았다. 이미 상호와 콘셉트는 정해진 상태였다. "스스로 괜찮을까 불안한 마음은 있었지만, 새로운 것에 도전한다

는 기대감도 컸어요."(신후쿠)

지금은 점장으로서 고등학생, 대학생, 주부 메이트들을 매일 통솔하고 있다. "손으로 쓴 팝 광고를 좀 더 늘리고 싶어서 하루에 한 장씩은 쓰자고 모두에게 이야기해요. 핼러윈이나 크리스마스 시즌에 맞춘 계절상품이나 고객의 요청이 많은 상품을 함께 모아두면 반응이 꽤 좋더라고요. 그리고 순위 코너도 만들고 싶은 생각이 있어요."

신후쿠 씨는 유니가 돈키호테식 개별 점포 경영을 도입하고 나서 입사했다. 매뉴얼에 의존하지 않고, 자신의 생각을 구매공간에 반영해나가야 한다. 바로 얼마 전까지 대학생이었는데, 갑자기 점장이 되어 현장을 정리해 매출액이나 이익을 만들어 가는 입장이 되었으니 당연히 당황스러울 수 있다.

"뭐가 정답이라는 게 없으니 고객 반응을 볼 수밖에 없어요. 아예 안 될 때도 있고 사람이 많이 모여줄 때도 있어요. 판별하기가 어렵다고는 생각합니다."(신후쿠)

신경 쓰고 있는 것은 트렌드를 받아들이는 일이다. 스스로 SNS로 정보를 수집할 뿐 아니라 고등학생인 메이트가 지금 유행하는 품목을 알려주기도 한다. "역시 유행하는 아이템을 딱 두면 젊은 사람들이 알아보고 찾아와 줍니다. 유행에 따라 구매공간을 조성하는 게 중요하다는 걸 깨달았습니다."

신참 점장으로 매일 공부하고 있지만 (메이트들과) 모두 열심히 하고 있어서 힘들다고 느낀 적은 없다고 한다. 오히려 날이 갈수록 더욱 즐거워지고 있다. 자신의 성장을 실감하기 때문이다.

"일에 대한 의식이 아마 많이 변했을 거예요. 입사 때부터 숫자를 보라는 말을 들었는데, 지금까지는 정말로 그냥 보기만 했거든요. 이제는 어떤 제품이 잘 팔리고, 어떤 건 안 되는지를 제대로 볼 수 있어요. 원하는 상품을 들여와 달라고 스스로 위쪽에 부탁하기도 해요."(신후쿠)

매출액의 구성비를 확인하고 "아로마와 헤어케어의 코너에 더 힘을 쏟아야 합니다"라고 말하는 식으로 의욕 넘치게 구매공간의 개선을 거듭하고 있다. 착실한 시도가 결실을 맺어 재방문하는 고객이 서서히 늘었다는 반응도 있다. 돈키호테와 달리 변신공화국은 장소 특성상 가족 단위 방문이 많다. 용돈을 모아 매주 목요일 정해진 시간에 와주는 초등학생 여자아이도 있다고 한다. "(메이트) ○○씨 계세요?"라고 전화가 걸려 오는 등 사람을 보고 찾아오는 고객도 생기기 시작했다.

유학 중 상하이에서 아피타를 만나다

신후쿠 씨는 나고야시 미나미구의 출신이다. 사람과 관련된 일을 하고 싶어 유니에 입사했다. 지역의 기업이기도 해서 아피타나 피아고는 어릴 적부터 친숙했다. 어머니와 자주 쇼핑하러 방문했고, 대학 시절에는 유학지인 중국 상하이에서 아피타와 재회하기도 했다. 유니와 함께 걸어온 기억이 구직 활동 때 되살아나서 이곳에서 일하고 싶다고 지원했다.

앞으로 자신이 미래의 유니를 이끌어 갈 차례가 온 듯했다. "이 매장을 맡아 일하면서 저는 역시 코스메틱을 좋아한다고 인식했기 때문에 앞으로는 코스메틱 바이어를 목표로 하고 싶어요."(신후쿠)

변신공화국은 아피타와 피아고의 코스메틱 잡화점으로 업태가 확립되면서, 현재 점포가 3개까지 늘어났다. 믿고 맡기면 그 속에서 사람은 성장해간다. 돈키호테가 만들어 내고 키워온 권한위임의 DNA는 확실히 유니에도 이어지고 있다.

고객의 소리에 귀를 기울여 개별 점포 경영을 정교하게 다듬어 즐거움을 줄 수 있는 매장을 만드는 데 힘쓰고 있다. 여기까지 살펴봤듯이 체인스토어라는 속박에서 해방된 유니는 재미있는 GMS라는 독특한 존재가 되기 시작했다.

PPIH는 나가사키야에 이어 유니의 재생에서도 성과를 냈다. 이

수완을 다른 소매업 체인에도 발휘할 수 있다면, 인수합병을 활용해 사업 규모를 한층 더 확대할 길이 열린다. 현시점에서는 아직 세븐&아이홀딩스, 이온과의 매출액 차이가 크지만 시가총액에서 이온에 육박할 정도로 주식시장에서는 성장력이 좋다는 평가를 받고 있다. PPIH는 업계의 제3세력을 담당하기에 걸맞은 실력을 착실히 쌓아가고 있다.

유니를 바꾼,
알려지지 않은 상인들의 계보

2023년 10월 31일 유니 사장이 교체되었다. 돈키호테식 개별 점포 경영을 유니에 도입하고, 유니를 고수익 기업으로 바꾼 세키구치 겐지 씨에게서 바통을 넘겨받은 것은, 같은 돈키호테 출신의 사카키바라 켄 씨다.

전임인 세키구치 씨는 나가사키야 사장 등을 역임하고, 2019년 4월 유니의 사장에 취임했다. 아피타, 피아고의 일부 점포를 돈키호테로 바꾸는 업태 전환을 추진하면서 2020년 5월 'New 아피타 · 피아고 구상'을 발표했다. 아피타, 피아고 그대로 재생한다고 결정한 점포는 종합슈퍼마켓이라는 업태를 유지하면서 전문성을 높일 방침을 내세웠다.

"세키구치 씨는 우리 유니의 상호는 그대로 두고, 고객이 내부가 바뀌었다고 확실히 인지할 수 있는 매장을 만들고자 했습니다. 간판은 아피타, 피아고로 유지하지만 내부를 인상 깊게 바꾸려면 역시 카테고리로 표현할 수밖에 없습니다. 우리의 입점 업체들과 견줄 수준까지 MD(머천다이징)를 정교하게 다듬어 구체화해보자고 한 거죠. 그게 잘된다면 정말로 스핀아웃(분리·독립)해서 노면에서 승부할 수 있습니다. 왜냐하면 PPIH는 예전부터 그걸 해왔으니까요."

지금은 아직 유니 내에서 전문점을 개발하는 단계지만, 궤도에 오른 전문점은 유니 밖으로 내보내도 통할 가능성이 있다. 돈키호테에서 말하는 키라키라돈키(제2장 참조)처럼 정교한 업태를 유니에서도 배출할 수 있을 것이라고 사카키바라 씨는 기대를 담았다.

메이트를 상인화하고 발탁 인사를 시작하다

PPIH가 유니를 완전히 자회사화한 지 6년째. 현장을 믿고 맡기겠다는 권한위임이 점점 스며들었다.

"최근 1년 사이에 메이트가 철저히 재량권을 가지고 일할 수 있는 체제가 갖추어졌습니다. **메이트 상인 원년**이라고 할 만해요. 아직 완벽하지는 않지만, 이 체제를 좀 더 진화시키면 강점이 되리라 생각합니다."(사카키바라)

젊은이들을 과감히 발탁한 것도 새로운 도전의 하나다. 사내 공모를 통해 입사 2년 차인 Z세대를 숍마스터(점장)로 둔 변신공화국은 유니가 공격적인 조직으로 바뀐 증거이기도 하다.

"입사하자마자 점장으로 데뷔한다는 건 굉장히 의미가 있고 꿈 같은 일이에요. 매장 모습도 좋아 보였죠? '변신공화국'이라는 이름도 좋고요. 번거로운 협상은 전부 우리가 처리할 테니까 하고 싶은 일이나 바라는 점을 마음껏 말해주면 일이 훨씬 더 흥미로워질 거예요."

예를 들어 나고야역 앞의 키라키라돈키는 신규 업태 개발 본부장 스즈키 고스케 씨(돈키호테 부사장)가 현장에 권한을 전부 이임했다. 그만큼 신뢰하는 점장이었기도 했지만, "아무거나 하고 싶은 대로 다 해도 된다는 식으로 했으니까요. 정말로 그렇게까지 확실히 틀을 깨지 않으면 새미있는 긴 절대 니오지 못해요. **권한위임은 권한을 위임받는 쪽의 적극성도 필요하지만, 맡기는 쪽의 배짱도 필요해요.** 정말로 다 맡긴다는 것이 어느 선까지인지 유니도 최근 드디어 알게 되었습니다."(사카키바라)

마치 돈키호테의 초창기를 보는 듯하다. 돈키호테의 창업자 야스다 다카오 씨도 옛날에 권한위임을 선언한 순간, 사원들이 마음대로 상품을 매입하기 시작하자 조마조마하면서 지켜봤다고 밝혔다. 후배의 성장을 바라고 뒤에서 뒷받침하는 도량이 유니의 성장을 재촉하는 것이다.

정열가격에 뒤지지 않는 상품을 만든다

지금 특별히 지원하는 것은 상품 개발이다. 다른 지방의 슈퍼와 조합해 전개하던 오리지널 브랜드인 '스타일 원'을 종료하고 새롭게 'UNY'를 시작했다.

"UNY라는 이름을 붙인 이상 상당한 각오를 하고 만들어야 합니다. 역시 비교 대상이 되는 것은 돈키호테의 '정열가격'(제3장 참조) 입니다. 임팩트가 있어서 예비 지식이 없어도 돈키호테의 상품이라고 대강 짐작할 수 있지요. 상품에 'UNY'라고 붙이면 유니 제품이라는 건 알 수 있지만, 오리지널 상품을 만들려면 우리 매장이 어떻게 인식되고 있는지, 무엇이 강점인지부터 시간을 들여 정리해 보고 싶어요."(사카키바라)

돈키호테의 정열가격 리브랜딩도 콘셉트부터 패키지 디자인, 판촉에 이르기까지 상당한 시간을 들여 형태를 잡았다. "돈키호테처럼 개성이 확실히 드러나는 업태에서도 상당한 기간이 소요되니까, 상대적으로 차분한 유니는 훨씬 신중하게 상품을 설계해야 하지 않을까 싶어요."(사카키바라)

사실 2023년 가을부터 시키시마 제빵과 공동 개발한 'Pasco × UNY의 생롤빵' 등을 발매하고 있는데, "아직 고객의 시선을 사로잡을 정도로 바뀌었다는 느낌은 없어요. 어느 정도 상품이 늘어나

고 진열이 정돈되었을 때 얼마나 효과가 있을지 지금 이대로는 조금 의문스러운 부분도 있어요."(사카키바라)

돈키호테는 300자가 넘는 '깜짝뉴스'로 패키지를 가득 채워도 웃으며 허용되는 부분이 있다. 하지만 유니에서 같은 일을 했을 때 고객층이 다른 이상, 제대로 받아들여질지는 모호하다. 유니는 유니대로 개성을 표현한 세계관을 상품 하나하나에 담아야 한다.

그래서 돈키호테의 원칙인 고객친화성에 따라 오리지널 상품의 예상 고객에 가까운 개발 멤버를 유니 사내에서 모았다. 현재 'UNY'와는 별도로 새로운 이름의 오리지널 브랜드를 만들기 위해 검토 중이다. 경영 통합의 이점을 살려 돈키호테의 멤버도 동참해 PPIH 팀으로 논의를 거듭하고 있다고 한다.

가격으로 맞서는 승부사 유니가 된다

사카키바라 씨가 한층 더 분발하기를 바라는 부분이 가격 전략이다. 돈키호테식 가격 책정 기술을 배워 유니에서도 수익 창출의 기술은 자리를 잡아가고 있다고 보지만, 아직 부족하다.

"장사에 능숙해지니 불필요한 할인은 하지 않지만, 오프라인 매장을 운영하는 이상 가격을 밀고 당기며 조절하는 일이 중요하니까요. 결국 핵심은 그 부분이죠. 어떤 세일도 하지 않을 때 찾아와 주시는 고객에게 기쁨을 드리고자 하는 생각이 있어야 해요. 그 여력으로 매출총이익률은 이미 확보되어 있거든요."(사카키바라)

그 일환으로 시작한 것이 **가격총선**(제3장 참조)이다. 할인을 원하는 식품이나 일상 소모품을 직원의 투표로 모집해 그 결과를 기본으로, 선택한 상품에 대해 경쟁 점포를 웃도는 가격 인하율로 판매한다. 아피타, 피아고, 유스토어, 총 130개의 점포에서 2024년 4월부터 시작해 130개의 점포, 130개 방식의 할인 캠페인을 내세웠다.

유니의 본사가 있는 아이치현은 식품슈퍼의 경쟁이 치열하다. 2023년 11월에는 간사이 지구에서 온 디스카운트 슈퍼 '로피아'가 첫 상륙했고, 반년 후 빠르게 2호점을 냈다. 호쿠리쿠 지역의 '알비스'도 2021년에 진출했다. 이온 그룹도 할인점 '더 빅'이나 24시간 영업이 많은 '맥스 밸류'로 공세를 가하고 있고, 이웃의 기후현에서는 '바로'가 침공하고 있다. 유니가 보기에는 자신들의 영토를 휩쓰는 것 같아서 즐겁지 않은 상황이다.

"조금 신경이 쓰이죠. 유니는 할인점이 아니지만, 가격을 내릴 수 없는 것은 아니에요. 앞으로는 가격으로도 맞설 부분은 맞설 거에요. (돈키호테의) 디스카운트 영혼이 있으니까요."

PPIH가 2024년 5월에 도내에서 개최한 결산 설명회에서는 **승부사 유니**라는 글자를 프레젠테이션용 모니터에 크게 띄웠다. 이익률이 높아졌기 때문에 지금부터는 공격적으로 나선다는 메시지다.

2023년 7월에는 유니의 사내에 신규 출점 프로젝트를 시작했다. 아시아와 북미에서 과감하게 새로운 시장을 개척하는 PPIH가 일본 국내에 더 이상 출점할 여지가 없다고 보는 것이 아닌지 자주 추측을 하는데, 그렇지 않다고 한다.

"북쪽에서 남쪽까지 상권을 다시 검토해보니 가능성이 보이는 지역이 꽤 나왔어요. PPIH 전체로 생각하면 반드시 메가돈키호테나 돈키호테로 내지 않아도 됩니다. 상권에 따라서는 아피타나 피아고로 내는 선택지도 당연히 있지요. 유니의 멤버들에게도 새로운 점포를 낸다는 것은 힘이 되기도 하고요."(사카키바라)

유니 안에 다채로운 선문 입태가 싹트기 시작한 지금이야말로 여러 가지 출점 패턴을 생각할 수 있다고 한다. "아피타, 피아고 단독이 아니라 메가돈키호테의 한 층을 우리의 전문 업태로 구성할 수 있다면 하고 싶어요. 메가돈키호테 속 식품 코너를 우리 유스토어에서 맡을 수도 있고요."(사카키바라)

그것을 위해 우선은 이길 수 있는 업태를 갈고닦는다.

"지지 않는 업태는 지금도 만들어져 있다고 생각하지만, 앞으로는 승리하러 갈 것입니다. 그 힘은 충분히 있어요."(사카키바라)

강등으로 배운 돈키호테의 이치

열정적인 메시지를 내놓는 사카키바라 씨가 돈키호테에 입사한 것은 1997년이었다. 입사 계기는 돈키호테의 발상지인 후추점(도쿄도 후추시)에서 **1억 엔의 매입을 자유롭게 할 수 있다**는 광고 문구를 본 것이었다.

"취업 준비도 제대로 안 한 불량 학생이었지만, 그렇다고 (동급생에게) 지고 싶지는 않았거든요. 매장(후추점)에 가면 굉장히 활기가 있었어요. 밝고 생기 있게 일하는 사람들이 있었고, 매일 축제 야시장처럼 떠들썩했어요. 정말 충격이었어요. 엄청 붐볐다니까요."(사카키바라)

지금과 달리 건물은 지저분했다. "후추점은 완전히 너덜너덜했죠. 본건물이 어디까지인지 알 수 없을 정도로 판잣집처럼 생긴 걸계속 덧대며 확장했으니까요. '프랜차이즈 모집'처럼 지금 생각하면 새빨간 거짓말인 간판도 나와 있었다니까요. 하하. 하지만 자유롭게 일하면서 재미있어 보이는 분위기를 보니 저도 할 수 있을 것 같았어요."(사카키바라)

기를 쓰고 영업을 열심히 하자고 다짐했지만, 처음에는 상품 관리 부문에 배속되었다. "바라던 자리는 아니었지만, 전표만 봐도 거래처가 거의 파악되었어요. 대략적인 원가와 시세 감각도 생겼

고요. 아주 좋은 경험이었습니다."(사카키바라)

거의 1년이 지난 뒤 당시 영업본부장에게 직접 영업 담당으로 바꿔 달라고 이야기했다. 상품을 판매하는 즐거움을 맛보는 날들을 보내다가 입사 4년 차에 복합상업시설 '파우 가와사키'(가와사키시)에 생기는 새로운 점포의 점장을 맡게 되었다. 그 후 카테고리 리더로 승진했지만, 실력이 부족했는지 1년 만에 해임되었다고 한다.

총괄 점장으로 강등당해서 돈키호테 도쓰카 하라주쿠점(요코하마시 도쓰카구)의 매장 앞에 서 있던 시절에 갑자기 당시 상사가 매장에 나타났다. "관두라고 할 줄 알았거든요. 제가 일일 보고에 계속 매장 앞이라고 써서 한번 와봤다고 하셨어요. 제가 기운 빠져 있진 않은지 걱정돼서 오신 거예요. 센스가 없다고 한바탕 설교를 하시더니 불볕더위 속에서 와이셔츠를 땀에 흠뻑 적시면서 직접 매장도 꾸며주셨어요. 제가 손을 대려고 하면 하지 말라고 하시면서. 정말 2시간 동안 해주셨어요. 완성된 매장을 보니 정말 논리가 다 들어가 있었어요. 진열 방식이나, 통로를 내는 방법이나, 상품을 보여주는 방식에 이유와 논리가 있더라고요. 지금은 감사하게 생각해요. 그렇게 직접 알려주는 사람이 있었다는 사실이요. 이런 일까지 해주셨다니. 정말 더운 날씨였거든요. 저도 기회가 있을 때마다 그렇게 해야겠다고 생각해요."(사카키바라)

그 상사가 훗날 돈키호테의 사장이 되는 나루사와 준지 씨다. 실제로 매장을 바꾼 것만으로도 상품이 팔리기 시작했다.

"예를 들어 통로가 있으면 저는 그 맨 끝에 물건을 두지 않았어요. 왜 저쪽에는 상품을 두지 않느냐는 말을 (나루사와 씨에게) 들었거든요. 결국 막다른 곳에 물건이 없다는 것은 그곳에 갈 이유가 없어지거든요. 요점은 끝에 있는 매대가 전부 죽는다는 거예요. 말로 하면 쉽게 이해가 안 될 수도 있는데, 그런 논리가 곳곳에 담겨 있습니다. 이것을 사면 이것도 살 것이라는 식이에요. 계속 매장을 생각해온 사람이라는 것을 깨닫고 감탄했습니다."(사카키바라)

나루사와 씨는 부모님이 개인 상점을 운영했다. 심야까지 영업하는 장점을 살려 매주 월요일 발매하는 「주간 소년 점프」를 월요일이 되는 순간에 뒀다. 그러자 0시 1분에 완판되었다고 한다. "일찍 팔다 보니 전날 저녁 11시쯤부터 사람들이 많이 모인 것 같아요. 추운 날에는 그때 고기만두를 팔았다고 해요. 장사꾼으로 손님을 자주 보잖아요."

나루사와 씨를 '뿌리부터 장사꾼'이라고 회고한 사카키바라 씨. 돈키호테는 그런 장사꾼들의 지지 속에서 여기까지 성장했다. 유니의 전 사장 세키구치 씨도 그렇다.

사장이라도 현장을 도는 데 전념한다

세키구치 씨는 사카키바라 씨와 같이 1997년 입사했지만, 7세 정도 연상이었다. 당시는 아직 돈키호테가 7개밖에 없던 시절. 원래 파친코 업계에 있던 세키구치 씨는 재미있는 가게를 만들어 돈을 벌고 있는 돈키호테를 보고 잘될 것 같다며 뛰어들었다. 동기 입사라고는 해도 사카키바라 씨에게는 구름 위의 존재 같았다고 한다.

"선배인 줄 알았어요. 그 정도로 입사했을 때부터 대단한 사람이었습니다. 입사한 지 1년 만에 순식간에 출세했어요. 다만 세키구치 씨도 승격과 강등, 어느 쪽이 메인인지 모를 정도로 굉장히 오르락내리락했어요. 그래도 항상 현장의 최선선에서 뛰셨죠. 그렇게 정신력이 강한 사람은 흔치 않다고 생각해요."

대형 점포를 낼 때는 으레 세키구치 씨가 진두지휘했다. 나가사키야의 재생에서는 부사장으로 메가돈키호테를 만들어 냈다. 그후 나가사키야의 사장에 취임해 미국 회원제 할인점 '마루카이'의 운영 회사를 인수한 뒤 사장도 겸했다. 2015년 1월에는 미국 로스앤젤레스에 '도쿄센트럴' 1호점을 열었다. 그리고 유니의 완전 자회사화를 계기로 유니 사장으로 변신했다. PPIH 그룹의 돌격대장으로 늘 새로운 길을 열어왔다.

"세키구치 씨가 나가사키야의 경험을 살리면서 시간을 들여 유니의 마인드를 바꿔 왔기 때문에 지금이 있어요"라고 사카키바라 씨는 진지하게 말했다.

그런 세키구치 씨에게 우선 1년간 유니를 잘 이해하라며 유니 부사장으로 내정된 것이 2023년 7월이다. 사카키바라 씨는 새로운 임원으로 아이치현에 입성했지만, 세키구치 씨의 몸 상태가 급변한 것을 계기로 급하게 사장으로 등판했다.

사카키바라 씨가 사장으로 취임하면서 사내에 선언한 것은 유니를 알기 위해 노력하겠다는 약속이었다. "현장과의 대화를 세키구치 씨가 굉장히 중요하게 생각했기 때문에 그것도 계승해가겠다고 했어요. 세키구치 씨는 누구보다 열심히 일하셨으니까요. (유니의 점포 수가) 130개 정도라면 전부 돌면서 스스로 파악해야 한다고 생각했던 것 같습니다. 그러니까 자신이 건강하게 매장을 돌 수 없게 되니 물러나는 수밖에 없다고 결단한 거죠."(사카키바라)

사카키바라 씨가 새로운 사장으로 매장을 돌았을 때의 일이다. 현장의 직원이 "사카키바라 씨는 임시 사장이세요?"라고 물었다고 한다.

"날카로운 지적을 받는 경우도 많아 체력이 좀 필요하긴 해요. 그래도 점포 하나하나 운영을 제대로 보고 싶어서 차분히 시간을 들이려고 생각합니다. 그리고 '장' 격인 사람들이 입점 업체와 어떻게 관계를 맺는지도 직접 깊이 들여다보려고 해요."(사카키바라)

사카키바라 씨는 유니에게 와서 느낀 점도 밝혔다. "할인 중심의 돈키호테보다 훨씬 진지하다는 점이에요. 우리가 정보를 발신하면 빠짐없이 다 읽어주거든요. 돈키호테 사람들은 대충대충이라 그렇게 꼼꼼히 읽진 않거든요. 그냥 적당히 보죠. 허허. 회의나 주간 보고, 각종 보고는 가급적 줄이고, 현장이 자율적으로 움직이면서 매장 운영에 집중할 수 있는 체제를 갖추고 싶어요."(사카키바라)

선배들의 뜻도 함께 짊어지고, 유니를 성장 궤도에 올려놓고자 한다. 반격의 기회는 이제 무르익었다.

제 6 장

돈키호테 창업자,
야스다 다카오

그것은 갑작스러운 일이었다. 2015년 2월, 돈키호테 홀딩스(현 PPIH 의 전신)의 중간 결산 설명회에서 창업자 야스다 다카오 씨가 이번 결산기(2015년 6월기) 말에 은퇴한다고 발표한 것이다.

돈키호테 홀딩스 회장 겸 CEO의 직을 내려놓고, 당시 사장 겸 COO(최고 집행 책임자)였던 오하라 고지 씨에게 CEO의 자리를 양보했다. 게다가 돈키호테 그룹 각시 이사의 사임도 결의했다면서, '은퇴의 인사'라는 제목의 A4 7매의 종이를 출석자에게 나누어 주었다.

그 속에는 스스로가 만들고, 크게 둥지를 튼 돈키호테에 대한 애정과 후진에 거는 기대, 목표로 하는 미래가 솔직한 표현으로 쓰여 있었다. 왜 야스다 씨는 은퇴를 결정했을까? 그때의 결산 설명회로 시간여행을 떠나보자.

가장 한창일 때이기에 스스로 물러난다

야스다 씨가 66세가 되는 해였다. "돌아봤을 때 제 뇌리에 분명하게 은퇴라는 두 글자가 스쳐 지나간 것은 지금으로부터 4년쯤 전, 62세가 되었을 때로 기억합니다. 가능하면 3년 내를 목표로 해서, 즉 65세까지는 자신의 의지로 경영 총수에서 물러나자고 조용히 다짐했습니다."

당시(2014년 6월기) 매출액은 처음으로 6,000억 엔을 넘었을 무렵이었다. 1호점의 첫해 매출이 5억 엔도 되지 않았던 돈키호테는, 눈덩이처럼 매출이 늘어나 25년 만에 당당한 대기업으로 자리 잡았다.

"말 그대로 기적 같은 발전의 기쁨을 누릴 수 있었습니다"라고 야스다 씨는 감사의 말로 이를 표현했다. 그런 다음 "창업자인 제가 실적이 최고조이고 기력과 체력 모두 충분할 때 스스로 물러나는 것이야말로, 돈키호테가 앞으로도 오랫동안 융성하게 번성하기 위해 피할 수 없는 절대 조건이 될 것"이라고 강조했다.

이때 야스다 씨는 자신에 대해 "아직 젊은 사람에게 질 것 같지는 않습니다. 지금도 휴일은 남쪽 바다에서 레저 스포츠를 취미로 즐기고 있습니다. 그런 의미에서는 기운이 넘친다고 할 수 있어요. 제 입으로 말하긴 뭐하지만, 지금이 경영자로서 가장 무르익은 시기일지도 몰라요"라고 단언할 정도다.

　회사를 경영하고자 하면 아직도 할 수 있음에도 굳이 일선에서 물러난 것이다. 1대에 급성장한 기업에서는 창업자가 70대, 80대가 되어도 현역인 경우가 흔하다. 실적이 호조이고 본인도 활력이 넘친다면 더욱 그렇다. 그러나 야스다 씨는 여기에서도 역발상을 고수했다.

　"제가 아는 한, 이런 상황에서 창업자가 자진해서 은퇴한 경우는 없습니다. 말 그대로 희귀 케이스라고 생각해요. 그래서 물러나는 겁니다. 물론 다른 회사가 하지 않는 일을 하는 것이 돈키호테가 돈키호테인 이유이자 DNA입니다."

　그리고 자신이 본보기가 되어 건강할 때 후진에게 맡기는 모습을 보여주고, 후계자도, 다음 후계자도, 또 다음 후계자도 같은 일을 반복할 것을 요구했다.

　"경영의 권한을 위임하는 선순환 시스템을 구축해, 반드시 그것을 돈키호테의 전통으로 만들어 주기를 바라고 있습니다."

장사의 권한위임에서 경영의 권한위임으로

왜냐하면 돈키호테가 성공한 가장 큰 요인이 권한위임 시스템에 있다고 확신하기 때문이다. 그 원점은 1989년, 도쿄도 후추시에 개업한 돈키호테 1호점이다. 당시 야스다 씨는 '소매업의 돈키호테'와 '리더라는 사명으로 운영하는 도매업', 이 두 가지 일을 병행하고 있었다.

"그 무렵 저는 새로 시작한 소매업(돈키호테)과 자금 측면에서 이를 뒷받침하는 당시의 본업이기도 한 도매업(리더)을 동시에 경영하고 있어서, 그야말로 잠잘 틈이 없을 정도로 매일 일했습니다. 하지만 역시 힘들어지면서 점차 소매업 쪽은 손을 쓸 수 없게 되었고, 매장은 생각대로 되지 않아 괴로운 상태에 내몰렸어요."

그래서 어쩔 수 없이 현장 담당자에게 매장의 모든 업무를 통째로 넘겼다. 그것이 권한위임의 시작이었다. 경험이 적은 현장 담당자에게 모든 것을 맡기는 일은 조마조마했다. 실수로 큰 손해를 보기도 했지만, 누구나 예전과 달라져 부지런히 일을 하게 되었다. 이때 그는 절실히 느꼈다.

"역시 사람은 자신이 주역이 되어 자신의 의지로 결정할 수 있는 일에 진지하고 열심히 한다는 사실을 알았습니다."

그로부터 야스다 씨는 상품 매입, 진열, 판매 등 매장의 모든 업무를 전부 부하 직원에게 맡기고, 자신은 점포 개발과 재무 전략 등 경영의 핵심 업무를 전적으로 담당하기로 했다. **장사의 권한위임**을 단행한 것이다. 그것이 주효해 돈키호테는 소매업의 이단아로 성장 가도를 달리게 되었다.

하지만 기업으로 커지면서 이번에는 장사의 권한위임에서 남겨진 핵심 업무가 늘어나 복잡해지면서 야스다 씨에 대한 의존도가 어느 때보다 높아졌다.

이래서는 안 된다는 위기감이 고조되자 제2의 권한위임을 실행에 옮겼다. 그것이 **경영의 권한위임**이다. 2010년 가을 야스다 씨는 책 한 권을 집어 들었다. 『성공하는 기업들의 8가지 습관』이다. 오랜 세월 번영하는 기업의 공통점은 비전과 이념을 기반으로 한 경영을 하고 있으며, 카리스마 경영자에 의존하지 않는다는 통찰을 이미 얻고 있었다. 다 읽고 깊은 감명을 받은 야스다 씨는 돈키호테도 '비저너리 컴퍼니'가 되어야 한다고 단단히 마음먹었다.

"부모는 자식의 자주성을 인정하고 자식은 부모에게 의지하지 않게 되는 것처럼, 압도적인 영향력을 가진 창업자인 저 자신과 기업의 사이도 그렇게 해야 할 시기가 슬슬 다가왔다고 느꼈습니다."

야스다 다카오의 분신이 하는 경영으로

직접 펜을 들어 초안 작업을 한 것이 100쪽이 넘는 기업이념집 『원류』(제7장 참조)다. 초판을 사내에 배포한 것은 2011년 4월. 혼신의 힘을 담아 상인 야스다 다카오/경영자 야스다 다카오의 DNA를 모두 넣어 총망라했다고 하며, (간행한) 이 시점에서 개인적으로 창업자이자 경영자 야스다 다카오는 소멸해 그 이념이라고 생각하는 노하우만이 순수하게 『원류』로 옮겨져 승화했다고 명언할 정도의 역작이다.

2013년 9월에는 개정판을 간행했다. 야스다 씨는 『원류』의 사내 전파에 주력하며, 『원류』가 충분히 스며드는 것을 보고 은퇴하기로 결심했다. 『원류』는 돈키호테식 '비저너리 컴퍼니'를 구현한 것이다. 『원류』를 깊이 읽고 제대로 이해해 자기 것으로 만든 뒤 업무 현장에서 실천할 수 있다면, 누구나 돈키호테의 경영자가 될 수 있다고 믿었기 때문이다.

『원류』를 한 사람이라도 더 많이 경험해서 "제2, 제3의 야스다 다카오가 많이 배출되었으면 좋겠습니다. 야스다 다카오의 분신이 각자 특기 분야를 살려 팀 경영을 해준다면, 최강의 돈키호테 그룹을 구축할 수 있습니다. CEO는 그 정리 역할을 철저히 하면 됩니다"라고 했다.

이 책을 여기까지 읽은 사람이라면 알아차렸을 것이다. 왜 돈키호테 임원들은 모두 개성이 두드러지는 것일까? 왜 실패해도 결코 헛되이 넘기지 않을까? 왜 누구나 타고난 장사꾼이며, 자기 나름의 비전을 품고, 활기차게 일할 수 있는 것일까? 왜 누구나 쉽게 사원이나 메이트에게 일을 맡길 수 있을까?

야스다가 바라던 대로 『원류』의 가르침을 온몸으로 익히고 성장해온 후배들이 각자의 자리에서 야스다 다카오처럼 행동하며 철학을 실천하고 있기 때문이다. 그 집합체가 된 돈키호테는 확실히 야스다 씨가 일찍이 원했던 최강의 팀 경영을 실현하고 있다고 할 수 있다.

스스로 권한을 박탈해, 지구적 시각으로 지켜본다

『원류』의 '차세대 리더의 마음가짐 12개 조' 중 제5조에는 **"자신의 권한을 스스로 박탈해 부하 직원에게 부여한다"**라고 되어 있다. 『원류』의 정신이 사내에 널리 펴졌다고 본 야스다 씨는 자신이 직접 집필한 『원류』의 철학에 따라 조용히 그리고 담담하게 자리에서 물러났다.

야스다 씨는 자신이 떠났다고 해도 앞으로 개화가 기대되는 새로운 업태나 새로운 사업이 줄줄이 예정되어 있고, 돈키호테 그룹의 미래는 매우 밝고 희망차다고 전망했다. 그다음으로 "빛나는 미래를 실현시키는 것은 창업자인 내가 아니라 후배들과 현장 직원들의 힘의 결집이어야 합니다. 그것에 제가 은퇴하는 가장 큰 의의와 가치가 있습니다"라고 응원했다.

이 은퇴 발표를 거쳐 야스다 씨는 명예직인 '창업 회장 겸 최고 고문'이라는 직함을 자처하게 되었다.

"앞으로 저는 돈키호테를 비롯한 일본 내 그룹 사업에 정말 큰일이 아니고서는 전혀 관여할 생각이 없습니다"라고 선언하고 일본을 떠나 싱가포르로 거처를 옮겼다. 눈앞에 놓인 것은 돈키호테 그룹이 거의 손대지 못했던 해외 사업 인프라와 레일을 깔아주는 일이었다.

"앞으로는 지구적 시점에서 돈키호테를 지켜보고, 전폭적으로 지원하고 싶습니다"라고 야스다식 소신을 밝히고, 카리스마 경영자는 담담히 경영 일선에서 물러났다.

그러나 근본적으로 일을 매우 좋아하는 사람의 수완을 보여주며 싱가포르 맨땅에서 '돈돈돈키'(제1장 참조)라는 업태를 일으킨 것은 앞에서 살펴본 대로다.

은퇴한 이후로 시간이 지나 돈키호테는 '팬 퍼시픽'을 회사명에 붙여 문자 그대로 아시아를 석권해 매출액 2조 엔에 가까워졌다. 창업자 야스다 다카오 씨의 가슴에는 지금 무엇이 오가고 있는지, 단독 인터뷰로 다가가 보았다.

---

interview

점포는 작품, 점원은 주인공이다

팬 퍼시픽 인터내셔널 홀딩스
창업 회장 겸 최고 고문

야스다 다카오

1949년 기후현 오가키시 출생. 1973년 게이오기주쿠대학 법학부를 졸업했다. 1978년, 도쿄 니시오기쿠보에 '도둑시장'을 개점했다. 1980년 전신이 되는 기업 '저스트'를 설립. 1989년 돈키호테 1호점을 도쿄도 후추시에 오픈했다. 이후 매출 및 이익 증가를 이어나가며 2015년 돈키호테 홀딩스(현 PPIH) 회장 겸 CEO를 퇴임했다. 창업 회장 겸 최고 고문으로 싱가포르로 이주해서 일본 생산품을 전문으로 취급하는 '돈돈키'를 시작했다.

▶ **2023년 6월기에 34기 연속의 매출 및 이익 증가를 달성해 일본의 소매업에서 매출액 4위가 되셨습니다. 지금까지의 여정을 어떻게 평가하십니까?**

솔직히 생각해보면 참 멀리까지 왔네요. 제가 창업할 때만 해도 '조'가 붙는 매출액을 내는 기업이 되리라고는 꿈에도 생각 못 했어요. 실제로 매년, 몇십 %씩 늘어나서 복리 효과로 실적이 올라가는 일을 삼십몇 년 동안 지속하면 작은 회사도 이렇게 되는 것이지요.

▶ 그렇다고 아무나 할 수 있는 일은 아니지 않습니까?

애초에 성실한 이미지 자체가 우리 회사랑 안 어울리잖아요. '돈키호테'라는 상호는 호쾌하고 한바탕 승부를 벌이는 이미지가 있는데, 회사 경영은 전혀 다른 문제예요. 완전히 정반대죠.

20대, 인생의 MBA를 배우다

▶ 사실은 매우 견실하게 성장해왔다는 그 차이가 흥미롭네요. 야스다 씨가 소매업계에 뛰어든 것은 29세 때. 1978년, 도쿄 니시오기쿠보에 잡화점 도둑시장을 오픈하셨어요.

도둑시장을 오픈하기 전까지 제 20대는 떠돌이 인생이었어요. 그때 인생의 **MBA**를 배웠어요. 학구적인 MBA의 세계와는 완전 정반대의 실제 지식이에요. 살아 숨 쉬는 많은 사람과 희로애락을 나누며, 여러 가지 일에 대해 제 나름의 가설을 세울 수 있게 되었고, 그 가설을 검증해오면서 오늘날에 이르렀어요. 이것이 저의 원점입니다.

▶ 심야에 도둑시장 매장 정리를 혼자 하고 있는데, 손님이 방문한 일에서 '나이트 마켓'이라는 발상을 얻었다고 들었어요.

짐을 풀 장소가 없어서 매장 앞에서 셔터도 열어놓고 작업하고 있는데, "아직 영업하세요?"라고 말을 걸어온 사람이 있었어요. 저야 1엔이라도 매출이 필요하니까, "네, 들어오세요"라고 했죠.

사실 떠돌이였던 시절부터 **밤 시간대가 잠재력이 큰 시장**이라는 것은 이해하고 있었어요. 당시에는 편의점도, 심야영업하는 식당도 적어서 밤에 움직이는 사람들은 정말 곤란하다는 것을 누구보다 잘 알고 있었으니까요.

다만 매장에서 일할 사람이 없었어요. 도둑시장이라는 이름의 개인이 경영하는 가게라니, 부모님께 "너, 도대체 어디에서 일하는 거니?"라는 말을 들어도 설명하기 힘들지 않겠어요? 허허.

그러니까 전부 내가 하는 수밖에. 기진맥진했어요. 당시는 말하자면 개인 사무실이기 때문에 본인이 은퇴하면 끝이에요. 사업적으로 확장성 제로인 셈이에요. 그러면 **자신이 프로듀서가 되어 모두를 무대에 세우면 되잖아요.** 어떻게 해야 좋을지 막막했을 때 일단 그들에게 하나부터 열까지, 전부 철저하게 맡겨보자는 생각을 하게 되었어요.

▶ 현장으로 권한을 위임하셨군요. 보통 사람은 그렇게까지 맡길 수 없다고 생각하는데요. 어떻게 실천할 수 있으셨나요?

맡기는 사람의 심경은 그렇겠죠. **다만 많은 사람은 맡는 쪽의 입장이에요. 주어를 상대로 전환해서 생각하면 점주가 맡기겠다고 부탁하면 하지 않을까요?** 이쪽은 미리 정해둔 기일이 오면 평가를 하지만, 도중에는 일절 참견하지 않아요.

저도 죽기 살기로 머리를 짜내며 일을 해왔으니까요. (직원을) 같은 환경에 두면 사람이 바뀌지 않을까 궁금했는데, 아니나 다를까 바뀌었어요. 그때부터 회사가 커졌습니다.

권한위임을 한 것은 또 하나 큰 이유가 있어요. 당시는 체인스토어의 전성기였습니다. 매뉴얼이 있고, 그대로 해달라는 방식이에요. 하지만 저는 언제 무너질지 모르는 작은 회사에서 그들과 같은 경기 종목으로 싸우면 절대 이길 수 없다고 이미 인식하고 있었죠.

그렇다면 '성선설'에 입각해서 맡겨 버리자고 생각했어요. 그러면 전혀 다른 점포가 생기는 거예요. 이런 엉뚱하고 유쾌한 가게가 있다니, 특별히 눈에 띄니까, 결국 잘되었죠. 체인점도 아니고 개인 상점도 아니에요. 그야말로 코페르니쿠스적 전환을 했기 때문에 오늘이 있는 겁니다. 사실 독자적인 전략으로 확대해온 덕분에 **"우리 회사에는 동종업계의 경쟁사가 없었다"**는 말을 자주 들어요.

▶ **라이벌이 없었던 거군요.**

현장의 의욕과 수준은 세계 1위

한마디로 **업태는 있어도 업계는 없는 것이죠**. 실제로 저희를 흉내 내도 생각보다 잘 기능하지 않아요. 그 이유를 하나만 말씀드리자면 메이트의 의욕과 수준이 세계에서 제일 높기 때문입니다.

이 사실을 다들 모르고 있어요. 사원들만 정말 열심히 일하고 있을 거라고 생각하죠. 그게 아니에요. 메이트도 사원 이상으로 시급을 받으며 일하는 사람들이 더 열심히 하고 있습니다. 자부심을 크게 느끼고, 자기 승인(승인 욕구)을 이룰 수 있는 구조로 되어 있기 때문입니다. 그래서 홋카이도에서 오키나와까지 국지전에서는 거의 전승을 거두는 거예요.

▶ **승인 욕구를 이룬다는 게 구체적으로 무슨 뜻인가요?**

저는 원래 이론적으로 **인간은 모두 승인 욕구의 덩어리**라고 생각합니다. 승인 욕구가 강하다는 것을 나쁘게 보는 경우가 매우 많지만, 그 자체를 부정하는 것은 큰 실수입니다.

우리 매장은 도심에도 있지만, 압도적으로 대다수가 지방의 교외에 있습니다. 그곳에서 일하는 40대 여성이나 50대 메이트가 있잖아요. 돈키호테에서 일하면 그 지역에 사는 자신의 친척, 지인이 모두 방문하는 거죠. 우리는 메이트에게 직접 매입할 상품을 선택하게 합니다. 팝 광고를 쓰는 일도 99% 메이트가 합니다. 상품을 꺼내서 진열하는 일도, 계산대 담당도 그래요. 그녀들에게는 사회적으로 인정받는 최고의 순간이죠.

우리는 매장 자체가 작품이라고 생각하며 만들고 있어요. 해외 매장까지 포함해서 다 작품입니다. 저는 '예술 작품(art)'이라고 생각하는데요. 저도 작품을 만들고 있고, 현장 사람들도 작품을 만들고 있습니다. 9만 명 모두가 작품을 만들고 있기 때문에 담겨 있는 영혼이 달라요. **유통업은 국지전이지 않습니까. 요점은 지역 챔피언을 많이 배출하면 되는 거예요.** 그렇다면 압도적으로 작품을 만들고 있는 쪽이 강하지요. 이 차이는 꽤 큽니다.

▶ **최근에는 아시아에서 돈돈돈키 점포를 빠르게 확대 중이죠.**

일본의 돈키호테와는 다른 업태의 상점이에요. 아시아에서는 일본산 제품을 전문적으로 다루는 특화 매장 형태로 운영하고 있습니다. 왜냐하면 **일본의 돈키호테는 해외로 가져갈 수 없으니까요.**

일본의 식품은 제2의 자동차 산업

▶ **어째서인가요?**

우리는 유니클로나 니토리 같은 제조 소매업(SPA)이 아니라 **편집**

형 소매업이니까요. 일본의 돈키호테는 많은 매입처와 상품 구성에 따라 성립되는 매장이고, 그것을 해외로 가져간다는 것은 우리의 매입처가 그대로 이동하지 않는 한 어려운 일입니다.

이것은 일본에서 쌓아 온 우리의 특기를 전혀 활용할 수 없다는 이야기지요. 그렇다고 우리가 평범하게 현지 거래처를 뚫고, 평범하게 할인점을 한다고 해도, 현지에서 오래 해온 로컬 할인점은 이길 수가 없죠. 그렇다면 어떤 방법이 있겠습니까?

2015년에 제가 싱가포르로 이주해서 여러모로 생각한 끝에 도달한 것이 '돈돈돈키'라는 업태입니다. 메이드 인 재팬, 즉 일본의 상품으로 좁혀서 일본이라는 나라를 테마로 하면 어떨까 하는 것에서 시작되었습니다. **한 나라에 특화된 상품을 다루면서 세계적으로 통용되는 매장을 만드는 것은 일본뿐**이라고 생각하거든요. 그런데 그런 매장을 일본인이 만들고 있지 않더라고요. 그래서 새로운 업태를 만들어 낸 것뿐입니다.

일본의 식품은 제2의 자동차 산업이 될 수 있다고 해도 과장은 아니라고 생각합니다. 하지만 전 세계의 일식 레스토랑은 대부분 외국인이 경영하고 있어요. 예를 들어 초밥은 지금까지 세계적인 콘텐츠가 되었음에도 일본 기업의 활약이 보이지 않아요. 정말 안타까운 일이죠.

그래서 팬 퍼시픽 인터내셔널 클럽(PPIC)이라는 조직을 만들어 정부와 민간이 함께 힘을 모아 일본의 농축수산물 수출을 늘리려 하고 있어요. **일본 내에서는 인구도 줄고, 먹는 양도 줄고 있으니 아무리 팔아도 제로섬은커녕 마이너스섬**이라서 해봐야 뻔하다는 겁니다. 해외에서 팔지 않는 한 아무것도 되지 않아요. 특히 쌀을 팔지 않으면 일본의 임야 풍경이 뿌리부터 무너질 겁니다.

▶ **해외 사업에 관해서는 앞으로도 적극적으로 진두지휘할 생각이십니까?**

글쎄요. 구체적으로는 제 부하 직원들이 꾸준히 해주고 있는데, 어쨌든 일본에서 하고 있어도 한계가 있는 게 사실이죠. 우연히 확장성 있는 업태를 우리가 만들었으니, 이것은 미국도 포함해서 앞으로 전개해갈 것이고, 그것을 하지 않는 한 미래는 없다고 생각해요.

수요만 있고 공급이 거의 안 되고 있으니까요. 이것을 우리 회사만 할 수 있다고 생각하지 않아요. 다들 하면 좋을 텐데 아무도 안 해요. 일본의 식품슈퍼는 능력이 뛰어나고 우수하니까 하면 좋을 텐데, 하지 않는 거죠. 이상하게도.

컬트 집단처럼 철저하게 실천한다

▶ **대기업병에 빠질 것을 염려해 집필한 것이 기업이념집 『원류』죠. 짐 콜린**

스의 『성공하는 기업들의 8가지 습관』에 공감하셨다고 들었어요.

그 책을 읽고 촉발된 것은 틀림없는 사실이에요. 사실 『원류』를 만들기 십수 년 전부터 공사 구분을 철저히 하는 등의 '5대 금기'를 스스로 정해뒀어요. 그리고 그 금기의 영향을 가장 많이 받은 것이 입법 책임자인 저 자신이었죠.

저 자신이 100% 지키지 않으면 정해놓은 의미가 없으니까요. 그래서 정말로 엄격하게 지켜왔는데, 그것만으로는 부족하다고 느꼈을 때 짐 콜린스의 책을 읽었어요. 많은 우여곡절을 극복해 온 기업은 일정한 경영이념이 명확하게 있고, 회사 안에서는 거의 컬트 집단처럼 철저히 실천하고 있다고 확실히 적혀 있었어요. 꼭 그런 기업이어야 한다고 생각했네요.

▶ **『원류』 전에 '5대 금기'를 만든 것은 스스로를 다스리기 위해서였나요?**

스스로를 다스리기도 했지만, 현장 사람들에게 매입 권한을 전달하기 때문에 당연히 여러 가지 일이 발생하니까요. 매입하는 입장의 사람에게만 좋은 생각을 하면 회사의 도덕성은 붕괴되고 말지요.

그래서 그런 일은 절대 없도록 하라고 했고, 만약 생기면 해고라고 했어요. 아무리 실력이 있고, 공적을 올린 사람이라고 해도, 금기에 저촉된 사람은 해고라는 것을 명확하게 정했고, 처음에는 많이 잘랐어요. 매입 업체 쪽도 출입금지 했으니까요. 그러다가 아무도 위반하지 않게 되었습니다.

상사가 부하 직원을 개인적인 일로 이용하는 것도 전부 금지시켰습니다. 당시 우리는 운송 업체가 바쁠 때는 출점하기 위해 부하 직원에게 도움을 받는 일을 당연한 것처럼 생각하고 있었습니다. 아무도 나쁜 일이라고는 생각하지 않았습니다. 하지만 그것은 안 되는 일이고요.

5대 금기 중에는 부하 직원의 '결혼 중매 금지'라는 항목도 들어 있습니다. 중매를 받으면 어떻게든 중매해준 사람을 우선시하게 됩니다. 그런 것까지 일일이 정했어요. 옛날에는 출퇴근 기록계를 다른 사람 대신에 누르지 않기 같은 항목도 있었습니다. 그러다가 아무래도 수준이 낮은 듯해서 나중에 삭제했지만, 처음에는 쓰여 있었어요. 그만큼 심했거든요. 도덕적 해이가.

▶ 현장에 권한이 위임되기 때문에 높은 도덕성이 요구될까요?

모두가 도덕을 지키지 않는 한, 성선설 경영은 통용되지 않아요. 원래 제가 체육계 조직 스타일을 기본적으로 싫어합니다. 선배는 위라는 생각이 정말 싫어요. 『원류』에도 매니지먼트의 철칙 제1장에 **"상사는 거만하게 굴지 말 것"**이라고 썼습니다. 저 내용으로 이제 거만하게 굴지 못하게 되는 거죠. 허허.

▶ 2019년에 오하라 고지 전 사장이 퇴임하고, 다음 해에 금융상품거래법 위반(거래 권장) 혐의로 체포되었습니다. 충격이셨나요?

당국에서도 사전에 신호 같은 것이 없었기 때문에 꿈에도 생각하지 못했습니다. 다만 피의사실을 알아서 해고한 것은 아니고, 시기를 보면 아시겠지만 그 전에 여러모로 맞지 않는 부분이 있어서 그는 이미 당사를 떠나 있었습니다.

독자성과 확장성을 동시에 갈고닦다

▶ 권한위임의 새로운 형태로 2020년 9월에 '밀리언 스타 제도'를 발족했습니다. 100만 명의 상권마다 1명의 지사장을 배치했고, 당시에는 20대 지사상도 탄생했어요.

제도를 만들자고 말한 사람은 저입니다. 매출액이 1조 엔을 넘어, 1명의 지사장이 수십 점포를 두루 살피는 상태가 되어 있었어요. 그렇게 하면 지사로서 기능을 할 수나 있을지. 우리는 점장이나 지사장은 메이트 전원의 이름을 이름표를 보지 않고 말할 수 없으면 실격이거든요. 한 사람이 파악할 수 있는 사람은 140~150명이라는 설도 있어요. 100만 명의 상권에서 직원이 150명 정도여서 1밀리언에 1명의 지사장으로 했습니다. 영업이익 기여도에 따라 매월 순위를 발표하고, 하위 20% 지사장은 1년마다 교체하는 구조입니다.

대기업병을 배제하면서 다 같이 하나의 목적을 향해 나아가는 유기적인 결합을 가진 팀으로 조직을 만들고 싶어요.

중요한 것은 독자성의 확립과 (비즈니스로서) 확장성 구현입니다. 이 상반된 모순을 동시에 갈고닦지 않는 한, 우리는 기업으로 성립할 수 없어요. or가 아니라 and입니다. 이렇게 재미있는 게임은 없습니다. 돈도 지위도 명예도 필요 없지만, 이 게임만은 관둘 수 없어요.

제 7 장

7

진정한 CEO,
『원류』

길을 잃었을 때 펼치는
살아 있는 비즈니스 책

취재 중 책상에 놓인 소책자. 손때가 묻었고, 여기저기 페이지가 접혀 있다. 분명 수차례 정독했기 때문일 것이다.

돈키호테를 운영하는 팬 퍼시픽 인터내셔널 홀딩스(PPIH)의 임원들은 취재에 응할 때마다 늘 그 소책자를 들고 있었고, 때로는 페이지를 넘기며 질문에 답했다. 표지에 눈길을 주니 『원류(源流)』라고 적혀 있었다. 집필한 사람은 돈키호테의 창업자이자 PPIH 창업 회장 겸 최고 고문 야스다 다카오 씨다.

그냥 소책자가 아니다. 모든 직원이 앞으로 끝까지 실천해야 할 이념과 행동규범이 정해져 있으며, PPIH의 진정한 CEO(최고경영책임자)라고 규정되어 있다.

현 사장 CEO 요시다 나오키 씨조차도 매일 밤 『원류』를 보며 대화하고 있다고 한다. "읽다 보면 야스다(회장)와 말하는 기분이 들어요. **말투가 'The 야스다 다카오'**이기 때문"이라고 밝힌다.

『원류』는 2011년 4월에 초판이 발행되어 개정을 거듭해 현재는 개정 신판(제4판)이다. 요시다 씨는 회장실 책임자로서 초판을 엮는 과정을 자세히 지켜봤다.

"일단 시간을 방대하게 들여 야스다 씨가 한 글자 한 문장씩 써 나갔어요. 말을 지극히 중요시하는 경영자인 야스다 씨의 기백이 가득 차 있어서 처음 열었을 때, 정말 대단한 것이 생겼다고 느꼈습니다"라고 요시다 씨는 되돌아보았다.

지금까지 살펴본 것처럼 PPIH는 모든 직원에게 권한을 위임하고, 스스로 생각하고 일하기를 원한다. 당연히 판단이 흐려지는 때가 생긴다. 그럴 때 모든 종업원의 나침반이 되는 것이『원류』다.

그 내용은 놀라울 정도로 실리적이다. 예를 들어 기업원리인 **고객 최우선주의**를 실현하기 위해서 **어느 시대든 설레고 두근거리는 초저가 상품이 있는 구매공간을 구축한다**, 변화에 유연하게 대응하고 창조적인 파괴를 원칙으로 하며 안정을 지향하고 틀에 박힌 조화는 배제한다, 과감하게 도전하되, 현실을 직시하고 빠르게 철수하는 것도 두려워하지 않는다 등으로 이어진다.

야스다 씨가 오랜 사업에서 획득한 경험 지식을 알기 쉽게 언어화해서 정리했다. "이것이 있으면 비즈니스 서적을 읽을 필요가 없다"라고 호언장담하는 임원도 있을 정도다. 실제로 '원류'라는 말의 의미에 대해서는 다음과 같이 기재되어 있다.

기업원리

고객 최우선주의

경영이념

제1조	높은 이상과 도덕성을 바탕으로, 사심 없이 정직한 장사에 전념한다.
제2조	어느 시대든 설레고 두근거리는 초저가 상품이 있는 구매공간을 구축한다.
제3조	현장으로 과감하게 권한을 위임하고 항상 적재적소를 다시 검토한다.
제4조	변화에 유연하게 대응하고 창조적인 파괴를 원칙으로 하며 안정을 지향하고 틀에 박힌 조화는 배제한다.
제5조	과감하게 도전하되, 현실을 직시하고 빠르게 철수하는 것도 두려워하지 않는다.
제6조	부당한 이익은 좇지 않고, 핵심 주력 사업을 철저히 추구한다.

경영사상가 짐 콜린스의 『성공하는 기업들의 8가지 습관』(원제: Built to Last: Successful Habits of Visionary Companies)은 『원류』의 편찬 계기가 되었다.

옮긴이 주 위 표지는 일본에서 번역출간된 『성공하는 기업들의 8가지 습관』(일본어판 제목: ビジョナリー・カンパニー; 비저너리 컴퍼니)과 『좋은 기업을 넘어 위대한 기업으로(Good to Great)』(일본어판 제목: ビジョナリー・カンパニー 2)이다. 돈키호테의 '비저너리 컴퍼니'가 여기서 나온 것으로 보인다.

"여기서 말하는 원류란 말 그대로 유통의 원천이다. 우리는 세계 어디에도 없는 새로운 유통을 창조해 고객을 기쁘게 하고 성장하며 사회에 공헌해왔다. 이 책은 그 근원이 되는 것을 남김없이 저술한 것이다."

야스다 씨가 『원류』을 엮으려고 생각하게 된 계기는 짐 콜린스의 명저 『성공하는 기업들의 8가지 습관』을 읽은 것이었다. 때는 2010년. 급속히 거대해진 회사는 대기업병이라는 여파를 안기 시작했다. 그때 야스다 씨가 펼친 이 책에는 카리스마 경영자에게 의지하지 않고, 이념 주체의 경영으로 성장을 지속해야 한다는 내용이 설명되어 있었다. 이에 크게 자극을 받아서 이런 회사가 되고 싶다 생각했다고 한다.

원류 추진본부에서 전도사를 양산한다

목표로 해야 할 모습을 명확히 정해서 그것을 종업원 한 사람 한 사람이 자기 나름대로 해석해 행동에 옮길 수 있도록 한다. 그렇게 하면 자신이 없어도 회사는 성장을 계속할 수 있다. 『원류』는 창업자인 야스다 씨의 생각을 차세대에 맡기는 역할을 담당한다.

PPIH에는 **원류 추진본부**라는 조직이 있어서 원류 계발에 힘쓰고 있다. 『원류』를 얼마나 습득하고 있는지 확인하기 위해서 서브 매니저(과장 대리) 이상은 빈칸 채우기 문제와 논술시험 응시가 필수다. 논술에서는 자신이 매일 실천하고 있는 일을 『원류』의 조문에 비추어 자기만의 해석을 담아 표현해야 한다. 단지 암기하는 것만이 아니라 조문이 자신의 피와 살이 되어 있는지 시험받는 것이다. 합격하면 **원류 전도사** 칭호를 받을 수 있고 스트랩 색상이 달라지며 정장에 붙이는 배지도 얻을 수 있다.

초판이 간행된 지 13년. 전도사의 수는 2,000명을 넘었다. PPIH의 연결 사원 수는 약 1만 7,100명(2023년 6월 말 기준)으로, 전체의 10%를 넘는 규모다. 2019년 인수한 유니가 급속히 따라잡아서 이제 전도사의 절반은 유니의 직원이라고 한다. 정식으로 전도사가 된 관리직들이 부하 직원에게 '포교'하거나 고선 시가를 읽어주는 일본의 전통 카드놀이처럼, 원류의 조문을 낭독하는 대회를 열어 그룹 전체에 가르침을 전해왔다.

PPIH의 경우 원류 전도사가 되는 것이 지사장으로 승진하는 등용문으로 알려져 있다. 그것도 『원류』를 배우는 동기 부여가 된다. "부끄럽지만, 최근에 원류의 열기가 식고 있어요"라고 밝히는 사람은 상무집행임원 돈키호테 부사장으로, 2022년 10월에 원류 추진 본부장에 오른 스즈키 고스케 씨다.

"예전에는 합격률을 높이기 위해 의욕적인 지사장이나 상사가 자기 부하에게 보충 강의를 했어요. 합격률이 지사마다 붙기 때문이죠. 저도 지사장 때는 이미 학원의 빨간펜 선생님이었습니다. 사람들한테 논술을 쓰게 한 뒤 다 확인했어요. 여기는 이렇고, 저렇고, 안 된다고 말하면서요."(스즈키)

전도사를 더욱 업그레이드하다

그러나 한 번 원류 전도사가 되면 그다음 테스트는 없었다. 개중에는 '원류'의 정신이나 내용을 잊어 아무 소용이 없어진 사원도 있지 않을까? 스즈키 씨는 그렇게 우려했다. "지금까지 원류의 포교 활동은 전도사가 되지 않은 분들을 상대로 했는데, 제가 하고 싶은 건 전도사가 된 2,000여 명에 대한 업그레이드예요."

스즈키 씨가 새로 시작한 것은 세 가지다. 첫 번째는 반년에 한 번 있는 확인 테스트다. "면허 갱신 같은 겁니다. 기본적으로 떨어지는 사람은 없잖아요. 그런 수준의 테스트를 먼저 하기 시작했습니다."

두 번째는 1년에 한 번 리포트 제출이다. 자신이 원류 전도사로 지난 1년 동안 어떤 포교 활동을 했는지, 앞으로 어떤 일을 하려고 하는지를 적도록 한다.

세 번째가 **원류를 말하는 모임**의 개최다. 1명당 5분의 시간제한 안에 부서도 지역도 다른 10명을 웹 회의로 연결해서 『원류』의 해석이나 스스로 실시한 예시를 선보인다. 1명이 발표하면 나머지 9명이 그 내용을 채점하는 식이다. 우선은 1,000명이 넘는 돈키호테의 『원류』 전도사 전원을 강제로 참가시키고, 반년에 걸쳐 한 바퀴 도는 스케줄을 짰다.

채점 결과 너무 저평가되면 전도사 자격을 박탈할 생각이었지만, "아직 누구 하나 박탈당하지 않았어요. 모두 그 정도로 『원류』의 이념에 대한 해석을 자신의 말로 표현할 수 있다는 의미지요"라고 스즈키 씨는 가슴을 쓸어내렸다.

각 회차 10명 중 가장 점수가 높았던 『원류』 전도사에게는 다시 한번 발표하도록 해서 그 내용을 영상으로 기록한다. 만담 경연대회 우승자가 텔레비전에서 다시 개그를 해달라고 요청받는 것과 같다. "이것은 굉장히 수준이 높고 『원류』의 이념이 잘 침투되어 있음을 알 수 있어요. 저는 이것을 시각적으로 보여주고 싶었어요."(스즈키)

스즈키 씨가 쏜 3개의 화살은 사내에서 쓸데없는 일이라고 환영받지 못한다고 한다. 하지만 그렇게까지 『원류』의 포교를 하는 것은, 『원류』야말로 CEO이며 나침반이 되어주는 『원류』를 잊으면 회사가 뿔뿔이 흩어져 표류할 우려가 있기 때문이다.

반대로 말하자면 『원류』라는 비전이 조직의 말단에까지 스며들고 있어서, PPIH는 현장에 권한을 위임하면서도 굳건하게 성장을 추구할 수 있다. 그것은 야스다 씨가 은퇴한 후에도 실적이 둔화하는 일 없이, 오히려 승승장구하는 것으로도 증명된다.

『원류』의 편찬과 포교에 임한 2010년대 전반은, 매출과 이익은 계속 증가했지만, 매출증가율이 비교적 낮아서 야스다 씨는 저성장 시대였다고 말한다. 그러나 야스다 씨가 포교 활동을 중단하고 은퇴를 단행한 2015년 이후 성장에 가속도가 붙었다. 이 책의 초반에 나온 칼럼인 '데이터로 보는 돈키호테'의 실적 추이 그래프를 보면 일목요연하다. 비저너리 컴퍼니로 탈피해 성장의 층계참을 벗어난 것이다.

원류는 창업자의 목소리와 같다

스즈키 씨에 의하면 『원류』에 쓰인 내용은, 『원류』가 생기기 전부터 창업 회장(야스다)이 미팅에서 이야기하고 있었다고 한다.

"저는 20대 후반부터 회장님을 정기적으로 회의에서 만났으니까, '아, 그때 이야기구나' 싶어서 이해가 잘 되더라고요. **『원류』는 회장님의 목소리** 같은 거예요. 회장님과 얘기한 적이 없는 외부에서 보면 조금 종교적인 측면을 느끼는 것 같은데, 읽어보면 장사나 경영의 본질이 많이 적혀 있다고 우리 종업원들은 자부합니다."

이런 스즈키 씨 본인도 『원류』를 몇 번씩이나 읽었다. "지금은 쭉 읽을 수 있지만 어려운 한자가 많아서 그 위에 죄다 읽는 법을 달아 놨어요. 하하."

스즈키 씨가 가진 『원류』에는 메모가 빽빽하게 쓰여 있다.

"『원류』에 **권한위임의 본질은 좁고 깊다**고 되어 있는데, 제가 처음 읽었을 때 '어머니의 사랑처럼'이라고 메모해놨어요. 허허. 돌아보면, '와, 굉장하다. 이게 뭐지?' 싶더라고요. **긍정적이든 부정적이든 성의를 갖고 공정하게 부하를 평가해야 한다**는 부분에는 '경우에 따라 눈물을 흘리며 강등을 통보한다'라고 메모했더라고요. 그렇게 해석했던 거예요."

자신이 그랬던 것처럼 『원류』를 어떻게 읽을지는 자유다. 사실 PPIH의 간부에게 『원류』에 관해 물으면 모두가 좋아하는 구절을 술술 외우고, 자신의 경험과 업무관, 인생관도 섞어서 그 구절이 왜 마음에 와닿았는지 구구절절 말해준다.

스즈키 씨는 새롭게 차세대를 담당하는 젊은 사람과도 『원류』를 이야기하는 모임을 시작했다. 15명을 한 그룹으로 해서 합숙하는 형식으로 『원류』에 대해 토론하는 모임이다. 기획한 이유는 기업으로 급성장하는 과정에서 그런 자리가 사라졌기 때문이다.

"예전에는 회장님과 젊은 친구들이 함께 3박 4일 꼴 연수를 갔어요. 저는 인솔 담당이었는데, 코로나 사태가 생겼고 회장님도 아시아 출점 때문에 바빠지면서 없어졌어요."

일본을 대표하는 대기업이 된 지금, 야스다 씨의 육성이 닿지 못하는 사원도 증가했다. 『원류』를 이야기하는 모임은 『원류』라는 소책자를 통해 야스다 씨의 육성을 전달하는 역할을 다한다.

이념을 정해놓은 기업은 세상에 많이 있지만, 그 대부분은 유명무실한 게 현실이다. PPIH는 이념을 말로만 내세울 뿐 아니라 사내 전체에서 공유하고, 구성원 각자의 행동 수준에서도 구체화하고 있으므로 아무리 사원이 증가해도 흔들리지 않고 하나로 뭉친다.

이념을 철저히 실천하면 강한 조직으로 거듭날 뿐 아니라 예기치 못한 사태가 발생했을 때도 위력이 발휘된다. 잇따르는 불미스러운 일들을 극복할 수 있었던 것도 『원류』의 근간이 되는 토대가 있었기 때문이다.

비판과 불미스러운 일로
단련된 원류 경영

"PPIH가 급성장을 이루는 동안 이면에서는 다사다난한 일이 많았습니다."(야스다)

1999년에는 심야영업에 따르는 치안 악화와 소음 문제 등을 이유로 돈키호테 이쓰카이치 가도 고가네이 공원짐(당시 도쿄도 니시토쿄시)에서 출점에 반대하는 주민운동이 일어났다. 비슷한 움직임은 전국으로 퍼져 돈키호테는 곳곳에서 반대 운동과 대치하게 되었다. 도의회에서는 자민당의 의원에게 매우 문제가 있는 기업이라는 공격의 대상이 되었고, 언론보도에서도 돈키호테에 엄격한 논조가 이어졌다.

2004년 12월, 돈키호테 우라와 카게쓰점, 오미야 오와다점(사이타마시)에서 연달아 방화 사건이 발생했을 때는 종업원 3명이 목숨을 잃었다. 돈키호테는 피해자인데도 좁은 통로에 상품을 수북이 쌓아 올리는 압축진열이 피해를 키운 것 아니냐는 언론의 성토를

과거에는 불미스러운 일이 일어나 비판도 받았다

● 지금까지 일어난 주요 사건

1999년 9월	돈키호테 이쓰카이치 가도 고가네이 공원점(당시)에 대해 현지 주민이 오후 11시 폐점을 신청. 최종적으로 영업시간 단축에 동의했다.
2004년 12월	사이타마시의 돈키호테 우라와 카게쓰점, 오미야 오와다점(모두 당시)에서 방화 사건이 발생했다. 돈키호테는 피해자의 입장인데도 압축진열 방식이 피해를 확대시킨 것 아니냐며 언론에서 성토를 받았다.

● PPIH의 컴플라이언스 대책

1	상사(특히 임원)는 업무의 30%를 부하 직원과의 커뮤니케이션에 할애한다.
2	권한과 동시에 책임도 위임한다. 손익계산서의 관리까지 확실하게 맡긴다.
3	사심 없이 정직하게 장사한다. 의심이 생기면 즉시 조사해서 공개한다.

받았다.

창업자 야스다 씨는 이 방화 사건을 "규모가 커져서 의욕만 앞서고 말았습니다. 우리의 사회적 성숙이 결여되어 있었어요. 당연히 받아야 할 페널티를 받았다고 생각합니다"라고 밝혔다.

좋은 상점(번창하는 점포)을 만드는 것만으로는 부족하고, 좋은 회사로 만들지 않으면 세상의 손가락질을 받는다. 사회와 더불어 사는 기업이어야 한다고 깨달은 야스다 씨는 그 후에 저술한 『원류』에서 "높은 이상과 도덕성을 바탕으로, 사심 없이 정직한 장사에 전념한다"라고 적었다.

2020년 12월에는 PPIH 전 사장인 오하라 고지 씨가 금융상품거래법 위반(거래 권장) 혐의로 체포됐다. 오하라 씨는 야스다 씨가 은퇴한 후 2015년 7월에 사장에 취임해, 유니를 인수하는 등 4년 동안 점포 수와 매출액을 배로 늘렸지만, 2019년 9월을 기해 그룹의 전 직책에서 퇴임했다. 이미 사업에는 손을 뗀 상태였지만, 매출 1조 엔이 넘는 대기업의 전 수장이 체포되었다며 연일 자극적으로 보도되었다.

원류는 반드시 지켜야 할 규칙

이렇게 수많은 불미스러운 사건을 넘어 매출과 이익을 계속해서 순조롭게 증가시킨 것도 『원류』의 이념이 스며들어 있었기 때문이라고, PPIH 이사 겸 상무집행임원 CSO(최고전략책임자) 겸 CFO(최고재무책임자) 대행 경영전략본부장 모리야 히데키 씨는 말했다.

모리야 씨는 2000년 돈키호테에 입사해 영업 현장에서 점장, 총괄점장, 지사장을 역임한 뒤 물류부, 판촉전략부, 공정거래관리부 등의 책임자를 맡았다. 2019년에는 집행임원에 취임. 과거에는 리스크 관리 본부의 본부장도 담당하는 등 PPIH의 공격과 수비를 잘

아는 핵심 인물이다.

왜 『원류』가 규정 준수에 효과적일까? 그것은 지켜야 할 규칙이 명확하게 정해져 있기 때문이다. 『원류』 중에는 **일을 워크가 아닌 게임으로 즐겨라**는 조문이 있다. 실제로 PPIH에서는 돈키호테를 중심으로, 게임 감각으로 즐기면서 실력을 겨루는 구조가 갖추어져 있다(제4장 참조).

"게임에 참가하려면 역시 규칙이 필요하죠. 규칙을 지킨 다음에 마음대로 하는 것이니까요. 그 규칙 안에 규정 준수 항목이 들어가 있는 거예요."(모리야)

『원류』는 회사에서 일을 즐기기 위한 최소한의 규칙이다. 그 규칙 하나로 『원류』에는 절대 하면 안 되는 **5대 금기**가 나열되어 있다.

직무 이외의 목적으로 회사의 상품·설비를 사용하는 **공사 혼동 금지**, 협력사에 접대받는 **특혜 금지**, 신속한 보고·연락·상담을 게을리하는 **불이행 금지**, 상사가 사적으로 부하 직원에게 일을 시키는 **사적 개입 금지**, 개인의 가족이나 집안, 이성 관계 등에 관해 사내에서 소문을 내는 **비방 금지**다.

모두 사회 통념상 좋지 않다고 여겨지는 행위들이다. 『원류』를 통해서 개개인이 사회인으로서 부끄럽지 않게 행동해, 처음부터 의심의 눈초리를 받을 위험을 줄이고자 한다. "회사가 어떤 혐의가 있을 때도 평소 사심 없이 정직하게 장사하면 문제는 크게 번지지

5대 금기

❶ **공사 혼동 금지**	▶ 직무 이외의 목적으로 회사의 상품, 설비 등을 사용하는 일 ▶ 직무 시간을 개인적인 목적으로 사용하는 일 ▶ 개인 물품을 직접 협력사에서 원가로 직접 구매하는 일
❷ **특혜 금지**	▶ 협력사에서 접대 및 선물을 받는 일 ▶ 협력사에서 사적인 편의, 배려를 받는 일 ▶ 협력사에서 직무상 제공받은 물품을 사적으로 사용하는 일
❸ **불이행 금지**	▶ 신속한 보고, 연락, 상담을 게을리하는 일 ▶ 직무상 알게 된 기밀 및 사내의 정보를 누설하는 일 ▶ 직무상이라고는 하지만 상품을 함부로 남용하는 일 ▶ 상품 및 집기 비품의 취급이나 보관 관리 소홀
❹ **사적 개입 금지**	▶ 상사가 사적으로 부하 직원에게 일을 시키는 일 ▶ 종업원 간에 금전의 대여 및 증여를 하는 일 ▶ 상사가 부하 직원의 중매를 하는 일 ▶ 모른 척하며 잘못된 사내 화합을 지키려 하는 일
❺ **비방 금지**	▶ 개인의 가족, 집안, 이성 관계 등에 관해 회사 내에 소문을 내는 일 ▶ 업무 평가를 당사자가 없는 자리에서 비판만 하는 일 (비판은 할 수 있으나 배우고 개선할 수 있도록 본인의 앞에서 솔직하게 이야기해야 한다)

● 표의 예시는 대표적인 것이다.

않습니다. 가능한 한 빨리 제대로 정보를 공개해서 이야기할 수 있어요."(모리야)

이런 것들이 축적되어 돈키호테는 조금씩 신뢰를 되찾아갔다. 규정 준수 의식을 한층 더 높이기 위해 지금은 『원류』의 조문을 보강하는 추가 대책도 자발적으로 강구하고 있다.

업무시간 30%는 부하 직원과 대면

그중 하나가 **상사, 특히 임원은 업무시간의 30%를 부하 직원과의 커뮤니케이션에 사용해야 한다**는 규정이다. 실제로 야스다 씨도, 사장 CEO 요시다 씨도 평소 이 30% 규칙을 실천하고 있다. 직함에 상관없이 누구나 이상하다고 생각하는 것은 이상하다고 말할 수 있는 투명성 높은 기업 풍토를 조성하기 위해서다.

모리야 씨는 현장에 권한을 위임하는 구조에 대해 다음과 같이 말했다. "권한을 가지고 있는 사람들이 많다는 것이 사실 가장 큰 방어선이 됩니다. 의견을 낼 수 있는 인원이 많고, 의견을 낼 수 있는 자리도 있다는 것이 부정을 알아차릴 가능성도 키우니까요." 현장에서 나온 목소리를 경영진이 방치하지 않기 위해서도 30% 규칙은 기능하고 있다고 한다.

반면에 현장에 권한이 있기 때문에 일어나는 문제도 있다. 상품을 들여오는 과정에서 발생하는 규정 위반이다. 일본「독점금지법」에서는 거래상 우위에 있는 입장(점포 수가 많은 대기업)을 이용해 상대(업체 측)에 현저한 저가 판매를 강요하는 행위는 '우월적 지위의 남용'으로 금지되고 있다.

일반적인 체인점이라면 매입을 담당하는 것은 바이어 등 일부의 사원에 국한되지만, PPIH는 그렇지 않다. 메이트도 포함하면 그야말로 9만 명 이상의 종업원이 있다. 게다가 매장에서는 각 종업원에게 상품의 매입을 맡기기 때문에, 규정 준수에 관해 샅샅이 살피려면 엄청난 수고가 들어간다.

"우리의 경우는 매입 권한을 가진 사람이 많기 때문에 굉장히 힘듭니다. 게다가 거래처가 다른 회사에 비해 수십 배 이상으로 훨씬 많습니다."(모리야)

PPIH는 현장에서 **권한과 동시에 수치 책임이라는 책무도 지게 한다**고 모리야 씨는 말한다. 그런 이유로 담당하는 카테고리마다 손익계산서를 갖게 한다. 장사하는 사람이라는 자각을 주려는 목적이 있지만, 책무를 지면 부담도 느끼는 법이다. 개중에는 가능한 한 저렴하게 매입하려고 하는 종업원도 있을 텐데, 그것이 함정이 될 수도 있다.

그래서 메이트에게도 「독점금지법」 연수를 받게 한다. "10대나 20대 초반에 우월적 지위 남용이 무엇인지 아는 직원이 일반적으로 얼마나 되겠냐고 하면 별로 없겠죠. 그렇지만 우리 회사 내에서 물으면 메이트를 포함해 당연히 전원 인식하고 있습니다." 모리야 씨는 이렇게 자신감을 보였다.

술의 힘을 빌리는 것은 금지

음주에 얽힌 문제의 싹도 규정으로 미리 제거하고 있다. PPIH에서는 **사원 간 친목회에서 술을 제공하는 것을 금지하고 있다.** "상사가 부하 직원에게 술을 권하는 것은 직장 내 괴롭힘으로 연결되는 요인입니다. **술을 마시지 않으면 할 수 없는 커뮤니케이션은 진짜 커뮤니케이션이 아니에요.**"(모리야)

만일 한 사람이라도 음주운전으로 적발되면 회사 전체가 타격을 받는다. 그러므로 친목회 영수증을 경리부에서 확인하고, 가게에 전화를 걸어 술이 제공되었는지 확인한다고 한다(모리야). 이 정도로 철저한 모습이다. 그럼에도 음주가 필요하다면 사전에 회사에 신청해 허가를 받아야 한다고 한다.

이런 여러 가지 독자적인 규정을 지나치게 엄격하다고 파악하는 시선도 있을 것이다. 그러나 이런 규정이 있기 때문에 어떤 때라도 규율을 유지하면서, 일이라는 게임 속에서 종업원의 자발적 성장을 촉진할 수 있다. 그래서 과감히 권한위임을 해도 조직이 깨지지 않는다.

『원류』를 바이블 삼아 비즈니스의 기초를 배우고, 사회인으로 지켜야 할 규범을 몸에 익힌다. 『원류』는 한 사람 몫의 상인만이 아니라 상식을 갖춘 어른들도 길러내고 있다.

10인 10색,
임원들이 말하는 자신들의 원류론

PPIH 임원들은 『원류』를 수없이 읽으며 일과 삶의 나침반으로 삼고 있다. 이 책에 등장한 모든 임원에게 자신이 가장 좋아하는 『원류』 조항을 꼽아 달라고 했다. 각자의 경험이 뒷받침된 『원류』론은 그야말로 10인 10색이다. 이러한 다양성이 어떤 의미에서 돈키호테를 상징하고 있다.

변화에 유연하게 대응하고 창조적인 파괴를 원칙으로 하며 안정을 지향하고 틀에 박힌 조화는 배제한다.(경영이념 제4조)

- 상무집행임원 아시아 사업 책임자 마치다 사토시

일본이 아직 인바운드 수요에 들떠 있지 않던 2006년, 저는 간사이 지구 지사장에 취임했습니다. 도톤보리의 점포에서 (외국인 관광객을 상대로) 1억 엔을 팔고 싶다고 했더니 모두 웃더군요. 하지만 저는 매장의 핵심 자리에 면세품 카운터를 놓았습니다.

앞으로 인바운드 수요가 증가하면 분명 면세품이 주요 승부처가 될 것이라는 감이 왔거든요. 세금을 내지 않아도 구매할 수 있기 때문에 외국에서 온 사람들이 사용하지 않을 수가 없어요. 그러면 먼저 하는 것이 무조건 좋다고 생각했습니다. 실제로 몇 년 후 인바운드 수요가 강해지기 시작했을 무렵, 도톤보리점은 다른 곳에서는 보기 힘든 수준의 매출 규모가 되었습니다.

저는 지금 아시아 사업 책임자를 맡고 있는데, '안정을 지향하고 틀에 박힌 조화는 배제한다'는 마음을 항상 지니고 있지 않으면 '여기까지면 좋다, 이대로 괜찮다'고 타협하게 됩니다. 그래서 **항상 현재 상황을 내 안에서 부정하고 있는 거죠. 아무리 좋은 때든 나쁜 때든 현재 상황을 부정하면 새로운 각도에서 매사를 볼 수 있습니다.**

어떠한 때도 주어의 전환을 염두에 두고, 상대의 입장에서 발상하라.(사원 마음가짐 · 행동 규범 10개 조의 제5조)

- 이사 겸 전무집행임원 CMO(글로벌) 해외 사업 총괄책임자 겸 북미 사업 책임자

마쓰모토 가즈히로

주어의 전환은 항상 하고 있습니다. 북미 사업을 담당하고 있어서 현지 직원의 입장에서 보고 있어요. 상사가 외국인인 사람은 어떨지 떠올리면서 어떻게 하고 싶은지 생각해봅니다. **직원으로 주어를 전환해서 권한을 위임하는 거예요.**

예전에는 직원에게 일본 방식을 강요하던 때도 있었어요. 이때는 상황이 좋지 않아서 매니지먼트에 크게 실패했습니다. 하라고 명령하면 그 자리는 빨리 끝나지만, 효과는 금방 사라지더군요. 시간은 걸려도 현지 직원에게 다가가면서, 어떻게 하면 일본을 이해해줄지 고민하기 시작하자 모두 함께 생각해주었습니다.

곰곰이 돌이켜보니 저도 마찬가지였습니다. 저도 처음부터 이렇게 일을 잘하지 않았으니까요. 그때 인내심을 갖고 곁에서 포기하지 않고 가르쳐준 상사가 있었다는 생각이 들었지요. 지금은 현지의 직원들과 소통할 때 "모두 어떻게 생각해요?" "어떻게 하면 할 마음이 들까요?"라고 묻습니다.

해외에 있어도 고객에게 주어를 전환할 수 있어요. 말은 서툴러도 현지 주재원의 심리는 될 수 있으니까요. 하와이에서 관광객의 기분이 되어 본다면, '이런 기념품 코너를 만들면 좋지 않을까' 하는 아이디어가 나옵니다.

처음 미국에 건너갔을 때는 "어차피 일본인은 3년이면 돌아갈 텐데요"라는 말을 들었어요. 지금 4년째가 되어서야 비로소 받아

들여지고 있다고 느낍니다. 그것은 일본의 가치관을 강요하지 않게 되었기 때문입니다. 모두에게 몇 번씩 계속 이야기하는 것은 "PPIH는 일본이 아닙니다. 일본에서도 이상한 기업이에요"라는 말이었습니다.

현지의 멤버들과 통역을 통해 몇 시간씩 『원류』를 읽었어요. 이 부분은 일본의 문화이지만, 이것은 PPIH의 독자적인 문화, 철학이라고 알려줬어요. 시간은 걸렸지만 이것이 최단 거리일 수도 있어요. 자신이 모르는 것이라도 지금은 현지 직원이 생각하고 움직여주고 있으니까요.

불가능한 이유를 내세우는 것이 아니라 어떻게 하면 할 수 있을지를 철저히 생각하라.(차세대 리더의 마음가짐 12개 조 제9조)

- 상석집행임원 CIO 업무전략실장(영업 부문) 가루베 데쓰야

할 수 없다고 말하는 것은 간단합니다. 세상에는 불가능한 일이 가득하니까요. 안 된다고 하면 금방 끝납니다. 그것에서는 더 이상 아무것도 생겨나지 않아요. 하지만 **어떻게 해야 할 수 있을지 깊이 생각하면 반드시 방법은 있습니다.**

할 수 없다고 아무리 들어도 고객에게 무엇이 좋은지 우리는 모두 계속 생각해왔습니다. 예를 들어 2011년에 동일본 대지진이 있었잖아요. 그때 상점을 여는 것은 신중하지 못하다거나 밤중까지 불을 켜놨다고 여러모로 비판받았거든요.

다만 그럴 때 "네, 알겠습니다" 하고 물러서는 것이 아니라 "아니, 손님이 상점에 오셨어요. 응대하고 있는 것입니다"라고 했어요. 매장에 방문해준 고객을 어떻게 대해야 가장 기쁘게 할 수 있는지 모두 절대 포기하지 말고 그것만 생각하자고 결정했습니다. 어떻게 해야 할 수 있는지를 생각해내는 것이 돈키호테의 DNA, 그 자체거든요.

칭찬은 상대가 마음속 깊이 자부심을 느끼고 있는 무언가를 발견하고 인정해주는 일이다.(차세대 리더의 마음가짐 12개 조 제8조)
- 이사 겸 집행임원 다이버시티 매니지먼트 겸 코퍼레이트 커뮤니케이션 관장

디자인 총괄책임자 니노미야 히토미

디자인의 세계는 숫자로 성과가 나오지 않으며, 시간을 들여 깊이 생각해야 합니다. 창작의 고통이 큰 직종이라고 느끼고 있습니다. 그래서 제가 남몰래 고집하고 있는 부분을 알아주면 굉장한 동기부여가 되고 뿌듯했습니다.

그것은 디자인뿐 아니라 다른 영역이라도, 어떤 사람이어도 마찬가지일 거예요. **표면적인 결과물을 칭찬하는 것은 쉬운 일이지만, 그 결과물에 이르는 과정을 제대로 지켜보고 대화한다는 것이 무엇보다 신뢰 관계를 구축**할 수 있다고 생각하기 때문에 상대가 마음속 깊이 자부심을 느끼고 있는 무언가를 발견하고 인정해주는 일에 매우 신경 쓰고 있습니다.

일을 워크가 아닌 게임으로 즐겨라.(사원 마음가짐 행동규범 10개 조 제8조)

- 상석집행임원 PB 사업 총괄책임자 마케팅 전략 관장 카이바랩 사장 모리타니 다케시

업무의 기본적인 정책으로 즐겁지 않으면 사람은 힘을 발휘하지 못한다고 생각합니다. **자신이 즐겁다고 생각할 때 폭발적으로 성과를 창출**한다고 믿기 때문이에요. 저 자신이 그랬으니까요.

워크가 아니라 게임으로 즐기면 괴로운 일도 견딜 수 있고, 재미있어서 몇 시간이라도 몰입할 수 있습니다. 이때 '게임'은 비디오 게임을 말한다고 저는 이해하고 있는데, 10시간 연속으로 할 수 있지 않나요?

하지만 숙제는 절대 못해요. 제가 그랬거든요. 숙제하기가 너무 힘들어서 대학도 재수해서 들어갔어요. 그렇지만 게임이라면 어떻게든 되죠. 80시간 동안 쉬지 않고 앉아서 기저귀까지 차고 게임하는 사람도 있어요. 그런 거예요. **게임이 일이라면 무조건 성과를 낼 수 있을 겁니다.**

그래서 워크가 아니라 게임처럼 느껴지게 일을 해달라고 해요. 일을 게임처럼 생각하는 사람이 그 일을 하면 좋다고 생각하거든요. 저는 그런 식으로 인사를 운영합니다. 누가 일이 재미없다고 하면 아무리 핵심 멤버라고 해도 바로 이동시켜줍니다. 그게 회사에 가장 좋다고 생각하니까요.

저도 줄곧 게임하듯이 일에 몰입해왔어요. 그래서 쉬는 날은 굳이 없어도 된다고 생각해요. 나이 든 아저씨라 몸이 피곤하기는 해요. 하지만 휴식을 위해 장기 휴가를 가고 싶다는 생각은 별로 해본 적이 없어요.

특별히 쉬고 싶으면 쉬고, 연휴도 필요하면 내기도 해요. 어디 가고 싶을 때 휴가를 내는 경우도 있고요. 그렇다고 휴가가 없으면 못 살겠다는 건 아니에요. 쉬는 날에 업무를 좀 한다고 해도 그렇게 싫지 않습니다.

어느 시대든 설레고 두근거리는 초저가 상품이 있는 구매공간을 구축한다.(경영이념 제2조)

- 상무집행임원 돈키호테 부사장 나가사키야 사장 아카기 신이치로

'어느 시대든 설레고 두근거린다'는 말을 경영이념으로 사용하다니. 하하. 돈키호테답다고 생각해서 정말 좋아요.

다양한 고객이 있고, 항상 새로운 발견과 기쁨이라는 비일상적인 것을 제공하는 것이 당사의 역할입니다. 그 연속으로 고객의 인기를 얻어온 것인데, 설레고 두근거린다는 말은 매우 독특하네요.

제 사생활에서도 그렇더라고요. **항상 설레고 두근거리는 상태라는 것이 가장 능동적으로 행동할 수 있는 힘을 발휘할 수 있다. 다양한 발견과 자극이 있어서 늘 도전해나갈 수 있다**는 느낌입니다.

물론 초저가 상품이 있는 구매공간을 중요하게 생각하지만, 설레고 두근거린다는 표현은 매우 잘 전해지고 알기 쉽죠.

구매공간에서 담당자나 점장에게 말합니다. "설레고 두근거리는 포인트가 어디에 있어요? 좀 자랑해봐요." 그러면 이야기 내용이 바뀌거든요.

항상 기분을 젊어지게 해주는 말이에요. 설레고 두근거린다는 말은. 업무만이 아니라 모든 것에 활용할 수 있다고 봅니다.

상대의 마음도 모르는 사람은 다른 사람보다 강해질 수 없다.(차세대 리더의 마음가짐 12개 조 제12조)

- 집행임원 GMS 사업 영업 담당 기무라 류이치

상대의 마음도 모르는 사람은 다른 사람보다 강해질 수 없다는 말은, 일이라기보다 인생 그 자체에요. 역시 자신의 생각이나 자신의 기분을 강요하다가 끝나는 경우가 더 많잖아요. 일에서든 개인적이든.

예를 들어 상대의 마음을 모르는 의사는 이쪽이 아무리 배가 아파도, "이걸 먹으면 나을 겁니다"라는 말로 끝나요. 하지만 우리는 그게 아니라 배의 통증에 대해 좀 더 언급해주기를 바라죠.

자신의 입장으로만 생각한다면, 이는 쉽지 않습니다. 하지만 **특히 일에서는 상대의 입장이 되어야 상대의 고민을 잘 알 수 있어요. 상대가 안고 있는 애로사항이 무엇인지는 상대의 입장에서 보지 않으면 답을 가르쳐줄 수 없습니다.** 그래서 상대방의 기분을 헤아리는 것을 항상 의식하려고 합니다.

직책이나 상하의 구별 없이 개인의 다양성을 존중하고 인정하라.(사원의 마음가짐 · 행동 규범 10개 조 제7조)

- 상무집행임원 유니 부사장 가타기리 미키히라

회사에서 맡은 직책, 역할은 인간의 우열을 가리는 것이 아니라는 생각을 좋아해요. 원래 입사했을 때부터 메이트 분들에게 배웠거든요. 그녀들의 반감을 사면 일이 잘 풀리지 않고, 반대로 그녀들이 마음에 들면 굉장히 일이 잘 풀립니다. 능력을 발휘해서 매장을 변화시키거든요. 그런 모습을 계속 봐왔어요.

거래처와의 관계도 마찬가지입니다. 입사하자마자 자신의 아버지보다 나이가 많은 영업사원이 찾아옵니다. "우리 제품 좀 사주세요"라며 고개를 숙이세요. 그래서 자신이 대단하다고 착각하기 쉬운데, 그렇지 않아요.

제가 입사 2년 차 때 신요코하마에서 약 1,000m² 정도의 작은 점포에서 점장을 했습니다. 다음 해, 삿포로점이 생겨서 똑같이 점장을 하게 되었습니다. 그때는 약 5,000m² 정도였기 때문에 재고 정리가 끝이 보이지 않았어요. 신요코하마 시절에는 새벽 1시나 2시에는 끝이 났지만, 삿포로점은 새벽 5시가 되어도 좀처럼 끝나지 않았습니다.

진땀을 흘리고 있는데, 거래처 파트너분이 끝나지 않은 부분을 말해주면 식품이든 브랜드 상품이든 뭐든 도와주겠다며 사람을 몇 명이나 데리고 와 주셨어요. 정말 눈물이 차올랐어요.

이제 이분들을 절대 배신할 수 없겠다고 생각했어요. 그런 식으로 말해주는 관계를 구축할 수 있어서 좋았고, 앞으로도 그렇게 해 나가야겠다고 마음먹었습니다. 결국 모든 일은 직책이 아니라 사람과 사람의 관계에서 비롯되거든요. 얼마나 신뢰를 받느냐가 중요해요.

현장에서 지혜와 감성과 번뜩임을 갈고 닦아라.(사원 마음가짐·행동규범 10개 조 제3조)

- 상무집행임원 돈키호테 부사장 UD리테일 사장 스즈키 고스케

저는 창조성이 특기라고 스스로도 생각하고 있어서, 항상 젊은 사람에게 지혜와 감성과 번뜩임이 중요하다고 이야기합니다. 그런 것을 갈고닦으면 재미있는 상점이 생겨날 것이라고 믿고 있기 때문이지요.

돈키호테의 구매공간 콘셉트는, 'CV(편리함)+D(저렴함)+A(즐거움)'입니다. 키라키라돈키 등 제가 담당하는 특화형 점포에서는 거기에 'T(트렌드)'라는 요소를 넣어 의식적으로 강화하려고 해요.

트렌드를 파악하는 것은 쉽지 않지만, 원래 **승률 100%는 불가능**하니까요. 뭘 해도 매입에서 실패하는 상품이 반드시 나옵니다. 단일 점포의 실패는 엄청난 금액이 아니고, 거듭되는 실패는 이 회사의 누구나 다 지나온 길입니다. 실패한 수만큼 그와 그녀들을 강하게 한다고 생각하고, 꾸준히 도전하라고 호소하고 있습니다.

높은 이상과 도덕성을 바탕으로, 사심 없이 정직한 장사에 전념한다.(경영이념 제1조)

- 상무집행임원 GMS 사업 총괄책임자 겸 국내 사업 공동 CMO 유니 사장 사카키바라 겐

결국 상점은 더 이상 물러날 수 없는 공간이에요. 저희는 말솜씨로 물건을 파는 장사가 아니라, 진열된 상품을 고객이 자유롭게 집어서 사게 하는 장사니까요. 땅바닥에 발을 붙이고 장사를 하면서 긴 안목으로 매장을 살리려면, 가격이든 무엇이든 적어도 지금 생각할 수 있는 최선을 제공해야 한다고 생각해요.

저는 고베시 출신으로 1995년 한신 대지진 때는 고베에 없었지만, 친구에게 물어보니 미네랄워터가 1병에 2,000엔으로 판매되던 시기가 있었다고 하네요. 그 가게는 당연히 이제 흔적도 없어졌죠.

우리도 신종 코로나바이러스 팬데믹(세계적 대유행) 때 마스크 고 갈이라는 문제에 직면했습니다. 마스크 원가는 올랐는데, 절대 인상하지 말라고 점포에 통지했어요. 예를 들어 뭔가 프리미엄이 붙은 물건은 장사꾼이라면 비싸게 팔아도 돼요. 최대한 돈을 벌라고 하죠. 하지만 사람들이 필요로 하는 물건을 팔 때는 개수 제한을 붙여도 되니까, 절대 편승해서 가격 인상을 하지 말라고 이야기한 적이 있습니다.

저뿐만이 아니라 저희는 모두 장난스럽게 보여도 의외로 정직하니까요. 2011년 동일본 대지진 때도 각 점포와 전혀 연계가 되지 않았는데도 모두 같은 일을 했어요. 도심부에서는 전기를 무료로 개방했고, 피해 지역 쪽에서는 밥도 지었어요. 그게 대단한 건가 싶어요. **방심하면 소매(笑売; 웃으면서 하는 장사)에서 웃음(笑)이 사라져 소매(消売; 사라지는 장사)가 되니까요.** 인기라는 것은 좀 더 멀리 보면서 생각해야 합니다.

PPIH 그룹에 감독은 필요 없다.(차세대 리더의 마음가짐 12개 조 제1조)

- 이사 겸 상무집행임원 CSO 겸 CFO 대행 경영전략본부장 모리야 히데키

감독은 보통 한 명밖에 없죠. 다만 기업 규모가 점점 커지면 감독만 점점 늘어나는 곳이 있어요. 우리 그룹은 애초에 감독조차 필요 없다는 말이에요.

예를 들어 (창업 회장인) 야스다 씨가 해외에서 일본으로 돌아오는 일이 가끔 있는데, 제일 먼저 공항을 나와 매장을 보러 갑니다. (사장 CEO인) 요시다 씨도 회식에서 돌아오는 길에 매장을 둘러봅니다. 그만큼 매니지먼트하는 사람이 현장에 마음을 쏟고 있어요. 본사에 있는 사원도 크리스마스나 연말연시 성수기에는 모두 현장에 가서 계산대도 보고, 포장도 하고, 접객도 합니다.

우리는 중도에 들어온 관리직도 점포에서 제대로 일할 수 있는 인재가 되어야 돌아올 수 있는 수준으로 점포 연수를 하거든요. 사업을 이해한다는 것이 굉장히 중요하기 때문입니다. 종이만 읽는 것으로는 전달은 안 되니까요. 감독이라고 앉아서 옛 무용담을 늘어놔도 아무 소용이 없어요.

제가 '감독은 필요 없다'를 꼽은 것은 **회장, 사장을 필두로 모두가 플레잉 매니저로 움직이는** 힘이 우리 회사의 원동력이 아닐까 싶었기 때문입니다. 이것 하나는 제가 일하는 도중에도 잊지 않으려고 해요.

실제로 이 회사의 실적은 종업원들의 지혜가 모여서 이루어져 있습니다. 회사는 다양한 전략 수단을 준비해두고 있지만, 어떤 것을 선택해 어떻게 활용할지는 현장 직원들이 그때그때 상황에 맞게 판단하고 있습니다. 그래서 요시다 씨도 그렇고, 저도 그렇고, 다른 임원들도 가장 열정적으로 시간을 들여 이야기하게 되는 건 결국 사람에 관한 일이 아닐까 싶네요.

모두 뛰어난 임원들을 현재 아우르는 사람은 사장 CEO 요시다 나오키 씨다. 그렇다면 그는 진정한 CEO인 『원류』와 어떻게 마주하고 있을까? PPIH 그룹의 현 상황을 어떻게 파악하고, 어떤 미래를 그리고 있을까? 자신이 지나온 길을 되돌아보면서 속마음을 전부 말해주었다.

"제 경력은 우리 회사의 주류들이 보면 안 맞아요. 고객을 대한 경험도 없고, 돈을 번 것도 아니니까요."

---

interview

사장은 회사의 주역이 아니다

팬 퍼시픽 인터내셔널 홀딩스
대표이사 사장 CEO 돈키호테 사장

요시다 나오키

1964년 오사카시 출생. 1995년에 인시아드(INSEAD; 유럽경영대학원)에서 경영학 석사를 취득한 후 맥킨지앤컴퍼니 재팬에 입사했다. 컨설팅 회사 경영을 거쳐 2007년에 PPIH에 입사해 해외 사업 본부장과 미국 자회사의 사장을 겸임했다. 2012년 이사, 2013년에 전무이사를 거쳐 2015년에 전무이사 겸 CCO(최고컴플라이언스책임자). 2018년에 대표이사 전무 겸 CAO(최고관리책임자)가 되었고, 2019년부터 현직에 있다.

요시다 나오키 씨는 2019년 9월에 PPIH의 사장 CEO(최고경영 책임자)가 되었다. 대형 컨설팅 회사인 미국 맥킨지앤컴퍼니 등을 거쳐 2007년 PPIH에 들어왔다. 외부의 어드바이저라는 입장에서 PPIH와 관계를 맺었지만, 창업자인 야스다 다카오 씨에게 매일 밤 걸려 오는 입사 권유의 전화에 두 손을 들었다고 한다.

"그런 이상한 일은 그만두는 편이 낫다고 하시는 거예요. 허허. 실물 사업이 최고다, 돈키호테는 정말 좋다는 말만 계속 들었어요. 회장님은 늘 그런 느낌이라 굉장히 기세가 있다고 해야 할지, 끈질기다고 해야 할지. 제가 진이 다 빠졌다니까요. 그런데 웃긴 게 입사하고 보니까 정말 그렇다는 거예요. **우리가 여기까지 이어진 건 절반은 창업자의 힘이고 절반은 틀림없이 직원들 덕분이죠.** 사장이 이런 말을 하면 안 될지도 모르겠지만 정말 최고의 동료들이에요."

34기 연속 매출 및 이익 증가를 이룬 2023년 6월기의 결산 설명회에서, 요시다 씨는 자신을 가장 행복하고 행운인 사장이라고 회고했다.

PPIH에 들어간 후에는 해외 사업 본부장, 회장실 책임자 등을 역임했다. 소매업의 수장임에도 현장 경험은 없다. 그런 자신의 역할을 요시다 씨는 이렇게 말했다.

"저의 가장 중요한 일은 '기타'입니다. 회사 경영은 누락이 있으면 안 되니까요. 그래서 모두가 안 하는 일, 하기 싫은 일, 안 되어 있는 일을 해요. 사장은

이 회사의 주역이 아니니까요."

요시다 씨가 PPIH에 가지고 온 것 중의 하나가 예산 관리다. 놀랍게도 창업 이래 요시다 씨가 사장 CEO에 오를 때까지 이 회사에는 '예산 관리'라는 개념이 없었다.

사업별 ROIC로 예산 관리

"업태가 2개 정도밖에 없고, 점포 수가 증가해 매출도 이익도 직선적으로 성장하는 단계에서는 예산 관리가 없는 상태 그대로도 상관없어요. 하지만 사업 포트폴리오가 늘어나고 규모가 커지면서 완전히 달라진 거예요. 각각의 사업에 따라 어떤 수익을 요구해야 하는지 투하자본이익률(ROIC)로 파악하려고 했습니다. 점포별로는 물론이고, 상품의 축으로도 예산을 만들고 있습니다. 귀찮은 과정이고, 그다지 재미있는 이야기는 아니지만요. 예산 관리가 중요한 이유는 경영 측에서는 자원을 어떻게 배분할지 결정하는 과정이고, 사업 측에서는 반드시 달성해야 할 수익을 약속하는 과정이기 때문입니다."

권한위임으로 개별 점포 경영을 유지하면서도 최근 눈에 띄게 이익률이 올라온 것은 이런 사고방식이 퍼져 왔기 때문이라는 측면도 있다. 상품을 중심으로 매출총이익을 늘리기 위해서 착수한 것이 돈키호테의 오리지널 상품 브랜드 '정열가격'의 리뉴얼이다.

"우리가 늦었던 것이 매출에서 차지하는 PB의 비율을 높이는 일이었습니다. 미국에 트레이더 조(Trader Joe's)라는 식품슈퍼 회사가 있는데, 매장 내에 진열되어 있는 상품의 대부분이 PB입니다. 조금 색다른 상품이 많아서 팬이 많습니다. 우리 직원 중에서도 미국에 시찰이나 여행을 가면 트레이더 조를 가장 선호하더라고요. 우리한테 인기가 있다는 건 아마 돈키호테랑 가깝지 않을까? 그런 이야기를 했어요.

트레이더 조를 보고 있으면 (알겠지만), PB 비율이 증가한다고 해도 즐거운 매장은 만들 수 있다는 생각이 들어요. **재미있는 상품을 적절한 가격 책정과 통일감 있는 디자인으로 판매한다.** 정열가격 리뉴얼을 통해 우리 나름의 PB 모습은 보여주지 않았나 싶습니다."

요시다 씨는 이익 중시의 경영으로 초점을 맞춘 목적을 기업을 영속시키기 위해서라고 이야기한다.

"우리 회사는 상장 기업입니다. 고객이 만족할 뿐 아니라 기업 가치를 극대화하고 지속적으로 높여나가야 해요. 그것이 회사를 차세대로 이어지게 합니다. 임원들은 현재의 이익을 극대화하는 일로 고심하지만, 한편으로 미래를 위한 투자도 하지 않으면 성장을 할 수 없습니다. 어느 회사든 사장이 다리 역할이 해야 하지 않겠어요?"

증권 애널리스트로 소매업계를 오랜 세월 분석해온 와세다대학 비즈니스 파이낸스 연구 센터 주임연구원이자 연구원 준교수인 사사키 야스유키 씨는 이전에는 개인 상점이 커졌을 뿐이라는 인상이었지만, 최근 20년 사이에 기업 체제가 갖추어졌다고 평가했다. 다만 소매업 측면에서는 '1대 경영자' 같은 존재라고 한다. 카리스마 창업자가 사라진 뒤에도 힘을 유지하기는 쉽지 않다고 말한다.

원류를 엔진으로 하는 집합체가 될 수 있을까?

이러한 사실은 요시다 씨가 가장 잘 알고 있을 것이다. 회장실 책임자로서 기업이념집인 『원류』을 만드는 미팅에 전부 참가해 포스트 야스다를 준비해온 요시다 씨에게, 야스다 씨는 어떤 존재일까?

"아버지예요. 제 아버지라기보다는 모두의 아버지요. 야스다 씨는 정이 많은 사람이거든요. **결국은 정이다.** 그것을 야스다 씨에게 배웠어요. 제게 자주 말씀해주셨거든요. 아무리 머릿속으로 생각해도 생각한 대로 되지 않을 거라고요.

사장이 되고 나서 그 말을 정말 실감했죠. 저를 포함해서 한 사람 한 사람의 힘은 그렇게 판타스틱하지가 않아요.

하지만 (일본의 상장 유통 그룹에서 사상 6번째가 되는) 영업이익 1,000억 엔을 달성한 데는 이유가 있을 겁니다. 사원 개개인의 힘으로는 (다른 회사보다) 뒤떨어질지 모르지만, 야스다 씨의 가르침을 받아 이 회사에서 성장해 단체로 좋은 결과를 냈다는 건 그런 것이라고 생각해요."

야스다 씨에게는 사원들의 마음을 이끌어 사로잡는 묘한 매력이 있다. 그것은 회장실 책임자로 6년 동안 야스다 씨 곁에 있었기 때문에 알 수 있다.

"회장실은 항상 문을 열어뒀어요. 상당한 수의 직원이 갑자기 방문하는데요. 그때만 문이 닫혀요. 대개 스케줄이 엄청 빽빽한데, 갑자기 누가 와서 1시간이나 야스다 씨의 시간을 붙들어요. 그때는 저도 곤란하더라고요. 하지만 이제 그만이라고 말할 수 없어요. 조금 지나면 대부분이 울면서 회장실에서 나옵니다.

무슨 말이 하고 싶은 거냐면 야스다에게 가장 중요한 것은 어려운 사원의 이야기를 들어주는 일이라는 거예요. 대하기 어려운 존재이지만 모두 자신이 가장 힘들 때 이야기하고 싶은 사람이 누구냐고 하면 바로 야스다 씨인 거죠."

요시다 씨가 가장 사랑하는 가족을 잃었을 때 누구보다 슬퍼해준 사람도 바로 야스다 씨였다. 일주일 동안 절대 회사에 오지 말라고 엄명을 내린 것은 지금도 잊히지 않는다고 한다.

돈키호테라는 유일무이한 성장 기업을 창출해 정이 넘치는 분위기를 만들고, 누구나 의지할 수 있도록 했다. 그런 야스다 씨도 언제나 지켜봐주지는 않는다. 진정한 의미에서 부모와 떨어져야 할 시기는 시시각각 다가오고 있다.

"야스다 씨의 근본적인 사고방식 중에 **미래는 예상할 수 없다**는 것이 있어요. 그래서 우리 회사는 사업을 변화대응업이라고 지칭하고, 계속해서 대응하려고 합니다. 그 속도가 중요해요. **꾸준한 성장이 가능하냐의 여부는 간단해요. 우리 회사가 『원류』을 엔진으로 하는 집합체가 되느냐에 달려 있습니다.**"

명확한 승패, 시간제한, 최소한의 규칙

요시다 씨가 『원류』 중에서 특히 좋아하는 구절은 '명확한 승패' '시간제한' '최소한의 규칙' '대폭적인 자유재량권'(차세대 리더의 마음가짐 12개 조 제4조)이라고 한다. 이것을 '권한위임의 4대 요소'라고 파악해 널리 알렸고, 현재 사원이라면 누구나 즉답할 수 있을 정도로 사내에 스며들었다.

"대폭적인 자유재량권은 권한을 주는 쪽의 최종 형태로 그 전에 몇 가지 서로 결정해야 해요. 우선 명확한 승패입니다. 과감한 도전을 하는 동시에 빠른 철수를 두려워해서는 안 된다는 거예요. 우리는 속도를 중시하는 회사이기 때문에 언제까지 할 것인가 하는 시간제한도 매우 중요합니다.

여기서부터는 권한을 주는 사람에 대한 경고가 되는데, 규칙을 최소한으로 해야 합니다. 과정을 컨트롤해서는 안 되는 거죠.

최소한의 규칙은 **기본적으로 상사의 입에 지퍼를 채우라는 것**입니다. 명확한 승패, 시간제한, 최소한의 규칙이 있어야 대폭적인 자유재량권이 됩니다. 이것은 저 자신도 항상 유념하고 있고, 임원진도 실천해주었으면 합니다."

요시다 씨에게 맡겨진 미션은 현장의 권한위임보다 한층 더 난이도가 높은, 경영의 권한위임이다. PPIH가 끝없이 번영해나가기 위해 앞으로 회사를 부흥시켜 나갈 다음 세대를 향해 커다란 비전을 그려냈다.

"큰 방향은 누군가가 정할 필요가 있어요. 당사가 중장기 경영계획에서 2030년 6월기에 영업이익 2,000억 엔, 연평균성장률(CAGR) 10% 이상이라는 목표를 세운 것은 처음에 큰 목표를 설정해두지 않으면 초라한 성장이 되기 때문입니다.

앞으로 20년 정도는 주식시장에서 성장주로 취급받을 수 있는 회사이고 싶습니다. 그런 기업은 거의 없지만, 예를 들어 소니 그룹은 최근 새로운 것을 여러 가지 하고 있어서 매우 흥미로워요. 우리는 소매업계에서 똑같이 도전을 해나갈 것입니다.

　그리고 굳이 말하자면 회사는 겸허한 편이 낫다고 생각해요. 컸다고 잘난 척하지 말고요. 고객이 찾아줘야 성립하는 장사니까요."

　그렇게 한참 결의를 말한 후, 요시다 씨는 생각났다는 듯이 야스다 씨의 말을 인용해 이렇게 말했다.

창업자의 말은 비법 소스와 같다

"야스다 씨에게는 **결과가 전부**예요. 야스다 씨에게 제안을 하면 대개 'OK'가 나와요. 고개를 끄덕이며 듣다가 마지막에 빙그레 웃으며 결과가 전부라고 한마디 해요. 다만 실패해서 혼난 적은 없어요. 철수하지 않고 질질 끌다가는 야단을 맞지만요."

　PPIH 임원들은 모두 야스다 씨의 가르침을 직접 받은 야스다 학교 학생들이다. 하지만 야스다 씨는 2015년에 은퇴해서 싱가포르로 이주해서 국내에서 진두지휘하는 일은 없어졌다.

　"우리 회사에는 (업무에 관한) 매뉴얼이 없기 때문에 야스다의 말이 비법 소스 같은 거예요. 저도 다른 회사의 점포를 함께 보러 갔을 때, 조용히 계산대부터 보는 거라고 들은 적이 있어요. 야스다가 현장에 들어가 함께 일할 기회는 최근에 국내에서는 없어요. 하지만 동남아시아, 특히 싱가포르에서는 가능하기에 사원들이 현지에서 일하는 매력 중 하나가 되고 있습니다. 무엇보다 야스다는 화상 회의의 달인이라서 그의 목소리는 자주 듣고 있습니다."

* * *

불과 60m²의 잡화점 도둑시장에서 성장해서 장사의 외길 인생을 걸어온 야스다 씨와 세계적 컨설팅 회사에서 옮겨온 영업 미경험자 요시다 씨. 좋은 의미로 대조적인 두 사람이기 때문에 PPIH는 균형적인 기업이 되었는지도 모른다.

'돈키호테' 이름의 유래가 된 스페인 문호 세르반테스의 『돈키호테』는 대항해 시대가 무대였다. 35기 연속 매출 및 이익 증가를 확실시하고, 세계적인 기업이 되도록 PPIH는 그야말로 대항해에 돛을 올리고, 기세 좋게 나아가기 시작했다. 앞으로도 계속 성장하면 세계적으로 아무도 가보지 못한 영역에 이를 것이다. 야스다 씨는 요시다 씨나 PPIH의 앞날에 대해 이렇게 말했다.

"요시다 씨는 매우 유능한 남자이지만, 비영업 부문 1위예요. 영업 부문의 최고는 누구냐 하면 많은 사람이 집단으로 있습니다. 전무든, 상무든, 보통의 집행임원이든 이미 많이 있어요. 지금은 어쩌다 비영업 부문의 수장이 사장을 하고 있지만, 장래에는 영업 부문의 누군가가 사장을 할 수도 있고, 그 반대의 경우도 있겠죠. 그 부분은 알 수 없다고 말할 수밖에요."

자신의 모든 생각을 담은 『원류』를 후진들이 터득해가는 모습을 야스다 씨는 든든하게 바라보고 있다. 지금으로부터 35년 전 돈키호테 1호점을 열고 권한위임을 선언했을 때 조마조마했던 마음은 더 이상 그곳에 없다.

『원류』가 진정한 CEO로 군림하는 한, '돈키호테이즘'이 사라지지는 않을 것이다. 『원류』에게 배워 돈키호테가 PPIH의 이름 그대로 거대한 태평양(팬 퍼시픽)을 무대로 하는 세계 기업으로 올라섰을 때, 『비저너리 컴퍼니』(짐 콜린스 『Built to Last: Successful Habits of Visionary Companies』의 일본 출판명)의 다음 편(가상의 책)에는 돈키호테라는 이름이 틀림없이 들어갈 것이다.

세르반테스의 돈키호테가 아니라 일본의 돈키호테가 세계적인 베스트셀러가 되는 날이 과연 올까? 진격의 돈키호테 이야기는 앞으로도 계속된다.

"솔직히 생각해보면 참 멀리까지 왔네요."

돈키호테를 운영하는 팬 퍼시픽 인터내셔널 홀딩스(PPIH)가 도쿄 시부야에 대형 복합시설 '도겐자카도리'를 오픈하고 바로 했던 단독 인터뷰에서, 창업 회장 겸 최고 고문 야스다 다카오 씨는 지금까지의 인생을 되새기듯 이렇게 중얼거렸다. 2023년 8월의 일이다.

거슬러 올라가기 8년 전인 2015년 은퇴를 결심하고 발표했을 때도 그랬다.

"그렇다 해도 (도둑시장이라는) 이 작은 영세점이 매출 6,000억 엔의 거대 기업으로 탈바꿈하리라고 누가 상상할 수 있었을까요?"

6,000억 엔으로 감회가 남다르다고 했는데, 이제는 2조 엔 기업이다. 창업자가 경영의 제일선에서 물러나고 더욱 진격에 진격을 거듭해, 10년도 안 되어 매출액이 3배 이상으로 부풀어 올랐다. 돈키호테의 테마송 〈미라클 쇼핑〉처럼 가히 경이롭다. 당연히 미라

클이라고 할 수 있는 성과가 아닐까?

도쿄도 후추시에 돈키호테 1호점이 생긴 것은 1989년의 일이다. 일본에서 매출액 2조 엔 이상인 기업의 면면을 보면 1937년 설립된 도요타 자동차(당시 도요타 자동차 공업)를 필두로 같은 소매업에서는 세븐&아이홀딩스, 이온 등 돈키호테보다 훨씬 선배들뿐이다. 후배라고 할 수 있는 기업은 1997년 창업의 라쿠텐 그룹(매출수익이 2조 713억 엔, 2023년 12월기 기준) 정도밖에 없다.

일본 대기업 중에서 돈키호테는 비교적 역사가 짧다. 그래도 35년이나 되는 역사가 있다. 창업자도 눈이 휘둥그레질 정도로 사업 내용도, 전개 지역도 확대된 지금, 기업의 전체 모습을 그려내기는 매우 어려운 일이다.

이 책의 기점은 〈닛케이 비즈니스〉 2023년 9월 18일 호의 메인 특집 **'진격의 돈키호테 어느새 소매업계 4위가 된 이단아'**이다. 31쪽짜리 특집은 주간지에서는 긴 분량이지만, 한 권의 책으로 만들기에는 너무 짧아 상당한 가필이 필요했다.

담당 편집자 오노 다즈 씨에게 "우선은 200쪽을 목표로 합시다"라는 격려를 받아 '진격의 돈키호테' 서적화 프로젝트를 시작했다. 그런데 막상 쓰기 시작하니 도저히 200쪽으로는 정리되지 않을 것 같았다. 써야 할 것, 쓰고 싶은 것이 산더미였기 때문이다. 게다가 구성하기가 어려웠다. '경영자'가 많았기 때문이다. 이사뿐 아니라

집행임원과 지사장, 점장에 이르기까지 각각이 좁고 깊은 권한을 위임받고 있다. 그것은 이야기의 주인공이 무수히 많다는 말이기도 하다.

각각의 주인공을 어디에 배치하고, 어떤 에피소드를 담을 것인가. 장편소설을 엮듯이 말과 글을 신중하게 써 나갈 필요가 있었다.

4년 전, 『워크맨은 상품을 바꾸지 않고 판매 방식을 바꾼 것만으로 왜 2배 팔렸을까』(국내 미발매)를 저술했을 때 나는 단편소설의 집합체라는 구성을 선택했다. 이때 단편소설이라고는 해도 전체적으로 읽으면 이야기가 연결되어 있고, 전편을 다 읽으면 '워크맨'이라는 기업의 본질, 강점이 꽤 입체적으로 드러날 수 있도록 장을 쌓아 갔다고 맺음말에 적었다.

돈키호테의 경우는 반대였다. 해외에서 본 광경을 보고, 국내로 눈을 돌려 중간에 휴식 같은 칼럼을 사이에 두고, 종반에 가까워질수록 구조 만들기나 조직론 같은 근원적이고 깊은 이야기로 전개한다. 흩어져서 나왔던 등장인물들이 마지막 끝에 모여, 사장의 독백이 마지막 주가가 된다. 이런 장편소설의 플롯을 항상 염두에 두면서 개별적인 에피소드는 단편소설처럼 재미있게 읽을 수 있도록 마음을 썼다.

다 쓰고 보니 엄청난 쪽수의 책이 되었다. 당초 예정의 2배다. 게다가 오노 씨에게 "이번에는 기본적으로 컬러로 갑시다"라고 제안

받아 한층 더 놀랐다. 전체 페이지가 올 컬러인 책. 도대체 원가는 얼마나 될까? 과연 이 이야기가 얼마나 많은 독자들에게 전달될 수 있을지. 걱정거리는 끝이 없지만, 지금 이 끝맺음에 도달해 북받쳐 오르는 것은 "솔직히 생각해보면 참 멀리까지 왔다"라는 그 한마디뿐이다.

그것은 뜻밖에도 큰 규모로 진행된 서적이 드디어 내 손을 떠나기 때문만은 아니다. 내 생활 자체가 확 달라져서 정말 멀리 왔기 때문이다.

2024년 4월 1일자로 나는 영국의 런던지국에 부임하게 되었다. 첫 해외 생활. 게다가 1인 지국이다. 주재 비자 신청으로 시작되어 각종 절차와 이사 준비에 정신이 없어 아예 책 쓰기는 시작도 못했다. 해외 부임이 이렇게 힘든지 부끄럽지만, 처음 알게 되었다.

자백하자면 담당 편집자 오노 씨에게는 1권 분량의 원고를 쓰고 나서 영국에 건너가겠다고 약속했다. 하지만 프롤로그 원고를 제출한 것은, 4월 10일이다. 런던에서 산 책상과 의자가 새집에 도착한 뒤였다. 도쿄에서 발송한 가재도구는 좀처럼 도착하지 않았다. 긴박한 중동 정세로 인해 일본에서 오는 배편이 우회 루트를 피할 수 없어 2개월 반이 지나서야 겨우 수중에 도착했다.

회삿돈으로 영국에 부임한 이상 돈키호테의 원고를 쓰는 일은 본연의 업무가 아니다. 당연히 지금 이 순간에도 런던 지국에서 할 일은 돌아온다. 현지에 있기 때문에 쓸 수 있는 소재를 파악해 기사를 보내야 한다. 하지만 런던에 있다고 영문으로 메일을 보낸들, 동아시아 출판사의 취재 의뢰를 호락호락 받아줄 만큼 유럽 대기업들도 만만하지 않다. 기획을 상담해도 일본과의 시차는 8시간(윈터타임은 9시간)이다. 밤에 잘 때 일본은 이른 아침이고, 아침에 일어나면 일본은 저녁 무렵이라는 날들이 반복된다. 가까이에 있었던 동료도 없다. 모두 자력으로 길을 개척해야 한다.

문득 지난해 여름 인터뷰했던 PPIH 해외 사업 담당 임원의 얼굴이 떠올랐다. 주재원으로 바다를 건너 언어도, 문화도, 관행도 다른 가운데, 과감하게 점포망을 넓혀 갔다. 그것이 얼마나 힘든 일인지 뼈저리게 느꼈다. 멀리 왔기 때문에 공유할 수 있었던 감각이다.

유럽에서는 '필드 워크'라고 칭하면서 가는 곳마다 다양한 점포를 방문하고 있다. 그러나 돈키호테만큼 강렬한 개성을 지닌 매장은 아직 만나지 못했다. 돈키호테가 세계적으로 봐도 이단아 같은 경영을 하고 있음을 일본 밖에서 바라보며 새삼 확신했다.

이 이야기는 여러 사람의 협조 없이는 결코 세상에 나오지 못했을 것이다. 이 책을 위해서 시간을 할애해준 수많은 PPIH의 간부, 종업원분들. 과밀한 일정을 꿰매듯이 방대한 취재 스케줄을 조정해준 PPIH의 홍보실 분들(가마타 고헤이, 우오즈미 지히로, 모로즈미 도시히코…). 신세 진 사람들의 이름을 대자면 끝이 없다. 마지막으로 이 자리를 빌려 감사드리고 싶다.

회사 내에도 감사할 사람으로 가득하다. 〈닛케이 비즈니스〉에서 함께 돈키호테 특집에 도전한 이토 마사노리, 사토 요시히코, 세키히라라. 내가 런던으로 여정을 떠난 후 소매업 담당을 이어준 우메쿠니 노리. 느긋하게 원고를 기다려주고 일본과 영국의 시차를 잘 이용한 24시간 체제로, 서적의 형태로 아주 빠르게 마무리해준 오노 씨와 디자이너 나카가와 에이스케. 정말로 많은 사람의 지지를 받은 행복한 시간이었다.

모처럼 먼 길을 떠나 런던에 왔음에도 이 책의 집필을 위해 지장보살처럼 의자에 앉아 김규디를 보며 자판을 두드리는 날들이 이어졌다. "오늘은(오늘만?) 바빠"라고 고하며, 제대로 시내 관광도 시켜 주지 못한 아내 이지에에게도 미안함을 전하고 싶다.

본편 마지막에 '진격의 돈키호테' 이야기는 아직도 계속된다고 적었다. 비즈니스는 야스다 씨의 입버릇처럼 결과가 전부인 세계다. 앞으로 좋을 때도, 나쁠 때도 있을 것이다. 여러 가지 어려움을 직면할 수도 있지만, 그래도 돈키호테라면 실패를 거듭하면서도 씩씩하게 진격을 이어갈 것이라는 기대를 담았다.

돈키호테가 돈키호테로 존재하는 이상 이 이야기는 끝이 없다. 아무쪼록 내가 런던에 있는 동안 유럽에 돈키호테가 생겼으면 좋

겠다고 마음대로 상상 중이다. 그때는 일본에서 날아온 지인에게
이렇게 말을 걸지도 모른다.

"생각해보면 참 멀리까지 왔네요."

〈닛케이 비즈니스〉· 닛케이BP 런던 지국장,

사카이 다이스케